JN148479

日韓関係論とキリスト教史

徐正敏 著

かんよう出版

まえがき

私が韓国の延世大学教授として在職中、研究と教育の場所を日本へと移動したのが、二〇一二年春のことだ。その後十三年間、明治学院大学で研究と教育活動を続けてきたが、二〇二五年春に定年退職することとなった。それ以前の二〇〇八年には、延世大学のサバティカルの折も明治学院大学の招聘教授として一年間在職した。まず、大学に所属している現役研究者としての最後の期間、たいへんお世話になった明治学院大学と、先輩や後輩、同僚たちに深く感謝の気持ちを申し上げたい。

韓国の延世大学と大学院で教え、特に大学院で弟子たちを育てるとき、そして自分で研究者として研究活動に没頭するときの主なテーマは韓国を中心にしたキリスト教の歴史や宗教史などだった。しかし日本へ活動のベースを移動してからは、日本留学時代より元来興味を持っていた日本キリスト教の歴史、日本近代の宗教と思想史、より具体的には日韓関係論を主要な研究テーマとトピックにした。もちろん、ここでの日韓関係論はただ宗教、特にキリスト教分野に限られたものだけではなかった。日韓関係論についての関心は私の研究者としての実存的な課題や使命でもあるからだ。

明治学院大学に在職する期間、国内外複数の大学や学会、研究機関での学術発表のチャンスがあり、その結果としての論文、論説などは学内外のジャーナル、または海外の複数のジャーナルにも掲載された。

明治学院大学の定年を前にして、それを記念する単行本として研究論文集を出版する企画が提起された。そこで国内外のジャーナルに掲載された明治学院大学在職期間中の論文、論説の中より、あわせて十五編を選んだ。そのうち十四編は日本語文で掲載された論文であり、一編は英文で発表、掲載された論文である。そして、選んだ論文の全体に対して内容の補充はもちろん、全面的に加筆修正し、新しく編集した。

本書は、日韓関係論を念頭に置いて特に近現代両国のキリスト教の歴史を重要な主題とする。したがって、本書の内容を一貫する中心キーワードは「日韓関係」、「キリスト教」、「近現代史」に集約される。これらを基本として本書のタイトルを決定した。

本書は、明治学院大学教員として二〇二四年度明治学院大学学術振興基金による出版補助を受けた。大学当局へ心より感謝申し上げたい。そして本書の企画から刊行まですべてのプロセスにおいて積極的に協力し、お世話になったかんよう出版と、その代表松山献氏へ心より感謝を差し上げたい。

日韓関係の未来にさらに創造的なモーメントが展開されることを願いつつ

二〇二四年秋、明治学院大学研究室にて

著者

目次

日韓関係論とキリスト教史

徐正敏

第一章　李樹廷と日本キリスト教との関係

一、序論　李樹廷研究の土台としての日本キリスト教

朝鮮末期の状況下において、最も具体的に開化、解放を実践しようとした朝鮮の政治グループは、日本と関わりつつ活動した諸人物であると言える。

代表的な人物として、まず「甲申政変」の主導者である金玉均、朴泳孝を挙げることができる。彼らは、キリスト教を個人的信仰として受け入れなかったものの、朝鮮の開化、解放の必要性とキリスト教の有効性を主張した人物である。特に朴泳孝は、甲申政変に失敗し日本に亡命、そしてアメリカを往来した後に日本最初のキリスト教学校である明治学院初の朝鮮人留学生として英語を学んだ経歴もある。[1]一方、福沢諭吉（慶應義塾の設立者）の助けで朝鮮人留学生のための「親隣義塾」が設立されたが、彼の周辺にいる日本の近代化論者、宣教師なども協力に加わった。[2]後の出来事として、いわゆる「朴泳孝大統領説」と「独立協会解散事件」（一八九八年）に多数の開化政治家が関わり、政治犯として漢城監獄に収監された知識人たちが集団でキリスト教に改宗することにな

る。彼らを朝鮮最初の官僚社会におけるプロテスタント受容者として評価できるが、そのほとんどが朴泳孝を含む一八八四年前後の日本亡命者と間接的に関係を持っていた[3]。朴と直接的な関係を持ち、朝鮮のキリスト者として一翼を担った人物がまさに李樹廷である。李樹廷のキリスト教受容は、朝鮮プロテスタント史において知識人階層の受容においてその中心軸を成す。ここでよく比較されるのが、満洲でのキリスト教の受容過程である。すなわち、徐相崙など『ロース訳聖書』の翻訳者によるキリスト教受容のルートが「民衆階層における受容」という特性を持っていることとは異なり、日本を拠点とした李樹廷などのキリスト教受容過程は、「両班・知識人における受容」という特性を持っている。このように、李樹廷は朝鮮プロテスタント史において最初の知識人キリスト者の代表格である。これまで彼に関する研究は、その生涯や活動、アメリカ宣教師による朝鮮宣教着手を勧告する宣教師誘致のための努力、そして特別な業績として聖書翻訳に関するテーマを中心に行われてきた。これらの研究は、朝鮮キリスト教受容史における李樹廷の立場を忠実にまとめ上げることがテーマである[4]。

本章では、李樹廷のプロテスタント受容活動の土台、すなわち「コンテクスト」（context）になる当時の日本、日本キリスト教、そして李樹廷と関わった日本の助力者たちを中心に考察する。これは、朝鮮キリスト教受容史において日本が持っていた役割を一つの重要な関係軸として、どのような意義を持つのかを明らかにする作業になると考える。

二、李樹廷の渡日経緯と活動概要

朝鮮後期の一八七六年以降、朝鮮は日本と修交し何度か「修信使」を日本に派遣した。一八八一年四月には「紳士遊覧団」が渡日し、その団員の一人である孫鵬九は日本に残って東京外国語学校の朝鮮語教師として勤めた。「紳士遊覧団」の他のメンバー安宗洙は近代的な農業問題に関心を持ち、著名なキリスト者農学者であった津田仙に出会った。[5] この二人の活動が李樹廷の渡日と日本での活動に直接的なモチベーションを与え、先行活動として大きな意義を持っている。

朝鮮人我外務省の案内にて、有名なる津田仙の宅に到り、農業の事を聴て悦びに堪へず、（中略）馬太伝五章が認めたる掛物を示して、昔論語贈られたる報恩いは燈火よりも輝く処の日光を贈るべしとの意を述べられたり異客之を読で感佩措く能はず、津田氏此幅を進ずべしと申されければ、異客之を辞して曰く、実に耶蘇教の徳あるを悟るが故に、帰国の上は必ず宗教の自由を国王に請願すべし。然れども今般予国を出るとき、必ず耶蘇教を携へて帰国せざるを誓たれば、暫く君家を預くべし。[6]

安宗洙と津田仙の最初の出会いを記録したものだ。近代農法を師事した安宗洙は、キリスト教を接する機会も同時に得ていた。その後、李樹廷は安宗洙が津田仙に会うことを願い、孫鵬九の後任として東京外国語学校の朝鮮語教師として活動した。李の渡日において、最も直接的な関係があったことは確かである。ついに李は、一八八二年九月の「壬午軍乱」が鎮まった後、開化政権が派遣した朴泳孝を代表とする修信使節の一員となり日本に渡った。李樹廷が朴泳孝の使節団に参加し、その後日本にとどまり近代文物に接触、学習する機会を得たのは、「壬午軍乱」当時危険にさらされた王妃（明成皇后）を救った功労によるという記録と、彼の渡日、洗礼までの過程を記した史料が日本にも伝えられている。これを大部分の研究者が活用してきた。すなわち、一八八三年五月一一日に発行された雑誌『七一雑報』[7] 第八冊一九号（第三面）の内容である。この記録を現在まで李樹廷研究者がそのまま引用し、参考にして李の渡日経緯と日本でのキリスト教への入信、洗礼までの過程を研究してきた。ここで、この史料を整理することによって彼の活動をまとめる。

韓人受洗

朝鮮國人李樹建[8]といへる者去年内國騒乱[9]の際王妃を擁護り千苦万艱を経て之を田舎に隠し鎮静の後賞功の沙汰と蒙るべき所ろ朋友閔泳翌[10]（閔台鎬の男にて当時協辦総理内外機務大員なり）と謀り党員数名と共に或いは清國李鴻章の許に行き又日本に来りなどせしが李樹建は其中の首領にて前年までは宣略将軍なりしも今は其官を辞し日本に於て農学法律の二科を専ら修め又廣く我が國内の郵便運送などの実地と目撃経験する為同士五六輩と孜々奔走せる折柄偶々去十二月津田仙氏の誘引により築地のクリストマスの臨場され大に感ずる所ありて其後は長田氏に就て聖書の大意を学び又安川氏に就て仏教と聖教の異同を質問し終に去月二九日の安息日に東京露月町教会に於て安川氏より聖洗を受けられたり此李氏の叔父に天主教を信ずる者ありし偶々大院君が國内の天主教を○戮せし時奮然として之を諫めしに大院君立どころに之を捕縛し初には両手を切り次に両股を切断し後四体を寸断にして死に至らしめ且其家産を没収せりと斯る迫害に遭し親族のあるにも係らず信心を起せしは実に敬虔の士と云ふべし朝鮮人の日本にて洗礼を受けしは此者と始とし朝鮮國内にてもプロテスタントにても此者が鼻祖なるべしとの事なりと東京より報知因にいふ近頃西京デベス氏の所にも一の朝鮮人来りて其本国に伝道師を送らんことを乞ひたるよし該地にて伝道会社の集ありし節デベス氏より話ありたり[11]

この記録が当時、李の渡日に関する最も直接的な史料であるが、ただ朝鮮内の事情と関わる部分は他の史料との綿密な比較、検討が必要である。しかし、この雑誌の記録が李の日本滞在当時に発行されたことを考えると、李自らの陳述と事実関係を直接確認した記事として評価できる。したがって、現時点ではこの史料が最も事実に近い渡日経緯に関する記録であることは確かだ。この記録は、本章の論旨と直接的な関係は薄いものの、当時同志社の教授であった「アメリカン・ボード」（American Board）の宣教師デーヴィスを訪ね、朝鮮への宣教師派遣を要請した朝鮮人が誰であり、その経緯は如何なるものだったのか綿密な調査と研究が求められる。これは、もう一つの研究課題として残されている。特に「アメリカン・ボード」は会衆教会、すなわち日本組合基督教会（以下、組合教会）を設立した宣教支援団体であり、この組合教会は後に朝鮮での「植民地伝道」に尽力し、いわゆる「朝鮮伝道論」を遂行したという点でその歴史的「アイロニー」が大きい。

前述した『七一雑報』の一次史料を中心に、李樹廷の渡日経緯と改宗の背景、そしてその後の動向を簡潔にまとめた金テジュンの考察を紹介する。

一八八二年（高宗一九、明治一五）年九月下旬に東京に来た李樹廷は、農業に関する研究を目的として日本農学界の代表的存在であった津田仙（一八三七―一九〇八）に会ったが、彼を通してむしろキリスト教に入っていった。東京に来てから三か月、その年（一八八二年）のクリスマスには津田仙の案内によって築地教会のクリスマス礼拝に参加、そこで信仰を告白し、翌年（一八八三）四月末には露月町教会で安川亨牧師から受洗した。続いてアメリカ宣教師 G.W.Knox（長老教会）、R.S.Maclay（メソジスト教会）などと親交を深め、清教徒精神に心酔した。また同年五月、東京新営教会で開かれた「日本全国基督教徒大親睦会」で李樹廷は母国語（朝鮮語）で祈りを捧げ、内村鑑三などに深い感銘を与えたと伝えられる。この時の記念写真には、韓服を着た李樹廷が海老名弾正、津田仙と並んで前列の中央に座り、新島襄と内村鑑三が二番目の列に見られるなど、四〇人余りの基督教指導者たちとともにいた。[12] 洗礼を受けてから二ヶ月後に、李樹廷は『懸吐漢韓新約聖書』の四福音書を翻訳し、翌年には『馬加福音』のハングル翻訳作業を完了した。[13]

また、李が『六合雑誌』に漢文で書いた朝鮮カトリック伝来の歴史に関する文章がある。これは一八八三年八月一四日付の『福音新報』(関西)[14]に再録されている。これに関して『日韓キリスト教関係史資料』(一八七六―一九二二)は、次のように解説している。

李樹廷が『六合雑誌』に漢文で発表した朝鮮天主教渡来の歴史を「婦女子のため」日本語で要約し『福音新報』(関西)一八八三年八月一四日に掲載された。[15]

李が来日していた当時、彼について詳しく扱った『七一雑報』(一八八三年六月一日)には、すでに彼が朝鮮のカトリック迫害の歴史とその状況について述べた内容を詳しく報道している。その内容は次の通りだ。

朝鮮信者の殺害

此頃東京にて洗礼を受けられたる李樹廷と云る人の話を先頃朝鮮に於て天主教を信ずる者の漸次に殖しれば暴悪なる大院君は盡く之を殺戮んと思ひ探索を入て國中を掻集しに男女合せて百八十人を獲たり大院君は是らの者を盡く縛りて刑場に居併べ其首を斬まへ一人一人問ぬるに「爾今より耶蘇を信ずることを止にする乎止るとならば許すべし若止ぬといふならば只今此場にて刑を処すべし」と云に首坐の者答ふるよう如何に厳命なるとも霊魂には替がたければ命に従う○事能はずと之に依て其首は忽まち地に落たり次の者とも亦その如く問掛しに同様従がはざりしかば斬れて其首を地に落され第三番目には八歳ばかりの童子なりしが此童子は目前に父母を殺されし者にて役人は此子に向ひ同じ尋をかけしに童子の答ふるやう父と母と既に殺されたれば仮令教を信じませずとも此世に生活へることを好ませんと其決断の確乎なるにより見物人の中に信仰

を起すものあるに至れり而て此百八十人終に殺されたれども信者は増加せりと[16]

これは李の家族の来歴とも関連があるが、李自らがカトリック教会についてすでに強い関心を持っていたことを証明している。それだけではなく、李のプロテスタント改宗を朝鮮カトリック信仰史の延長線上で解釈する史料的な手がかりを提供しているとも言える。当時、日本の各キリスト教界雑誌と新聞は、カトリック受難史と関係のある李の家族来歴に関する陳述、また朝鮮カトリック迫害史に関する証言などを比較的詳しく扱って報道した。しかし、朝鮮プロテスタント史研究者がこの部分を大きく扱ってこなかったことは、カトリックとの断絶意識、新・旧教の相互関係理解の脆弱さを如実に現わしたともみなすことができる。いずれにせよ、李のプロテスタント改宗において、彼自らのアイデンティティは、朝鮮カトリック信仰史との関係を重要視した可能性が十分に残されていると言える。

一方、李のキリスト教改宗以後、日本での彼の活動の中で最も比重が高く重要な業績は聖書翻訳作業である。しかし、これに関しては別の機会に扱わなければならないだろう。また、李は孫鵬九に続き、一八八三年八月から二年の任期で東京外国語学校の教師を務めた。この職場のおかげで、李は日本で安定した生活を享受し活動することができた[17]。さらに、彼はアメリカのキリスト教界に朝鮮への宣教を請願する書簡を送り、これが宣教雑誌に掲載されることで朝鮮への宣教師派遣を触発した面でも大きな貢献を果たした。

イエス・キリストの僕である私・李樹廷はアメリカの兄弟姉妹に挨拶させていただきます。
（中略）福音伝播の時代に、私の祖国はまだキリスト教の祝福を享受することができない世界の隅に置かれています。ここで私は、福音を伝えるために聖書を朝鮮語で翻訳しています。この仕事の成功のために日夜祈っております。『馬加福音』はほとんど終わっているところです。（中略）皆さんの国はキリスト教国家として私たちによく知られています。皆さんが私たちに福音を伝えなければ、他の国が宣教師を送るのではないかと心配です。（略）皆さんが私の言葉に傾聴し、私の要請を承諾してくださると大いなる喜びであります。[18]

李のこの文章を、朝鮮に派遣された初期のアメリカ人宣教師は読んだに違いない。一八八五年、朝鮮に到着した最初のプロテスタント宣教師であるアンダーウッド（H.G.Underwood）、アペンゼラー（H.G.Appenzeller）などが朝鮮に渡る途中、日本に寄って李に出会い、朝鮮宣教に関するオリエンテーションを受け、彼が翻訳した『馬加福音』を持って朝鮮に入ったということが[19]定説になっている。

そして李は、在日期間中に東京外国語学校の教科書、学習教科書を含めて漢文小説『金鰲新話』の日本復刊に参加するなど聖書以外の著作活動においても功績を残した。[20] 一八八二年九月から李は約四年間日本に滞在した。帰国後の彼の動向は明らかになっていない。[21] これも今後の研究課題として挙げておかなければならないだろう。

三、李樹廷の活動当時における日本のキリスト教の状況

李樹廷が日本に滞在した期間は、一八八二年九月二〇日から八六年五月二八日までとされている。[22] この時期における日本のプロテスタント・キリスト教界の状況をここで考察しておく必要があるだろう。当時のキリスト教界を理解する方法としては、大きく二つのアプローチが可能である。第一に、導入されたキリスト教、つまり「宣教師中心の理解」、第二に、受け入れたキリスト教、つまり「日本人中心の理解」である。

まず、一八七三年二月に日本政府のキリスト教禁止の「高札」が廃止された後、それ以前まで秘密裡に行われていた宣教師の伝道活動が自由化し、伝道団体の動きも積極的になっていった。一八五九年、初めて活動を開始した宣教団体である「PE」（Domestic and Foreign Missionary Society of the Protestant Episcopal Church in the USA）を筆頭に、聖公会系宣教団体が三つ、同年に活動を開始した「PU」（Board of Foreign Missions Of the Presbyterian Church of the USA）などの長老派教会の団体が七つ、一八六九年から開始した「AB」（American Board of Commissioners For Foreign Missions）、すなわち会衆教会係（組合教会）が一つ、一八六〇年から開始した「ABF」（American Baptist Free Mission Society）などのバプテスト教会が三つ、これに遅れて一八七三年から活動を始めた「MEC」（Methodist Episcopal Church）などのメソジスト教会が三つ、その他に一八七六年から始めた「EA」（Evangelical Association of North America）など、福音系の諸教派の宣教団体が十四、それぞれ日本宣教に従事することとなった。李樹廷の活動時期を含めて、それから約十年後の時点である一八九六年までを考えると、初期のプロテスタント宣教を遂行した海外宣教団体は計三一に至る[23]。これら各教派、宣教団体別に「ステーション」（station）を設置して日本での宣教活動を遂行したが、特に「長監」（長老派とメソジスト教会）宣教師の中に、李の改宗と聖書翻訳活動に直接、間接に影響を与えた人々が登場した。

しかし、日本のプロテスタント・キリスト教の歴史、特に李の改宗と彼の活動に影響をより大きく及ぼした「コンテクスト」（context）を理解するならば、日本の初期キリスト者を中心とする理解が重要な観点になってくる。実際、在日宣教師の役割も大きかったが、李の改宗と意欲的な活動の助力者には、日本のキリスト教界の指導者たちが存在していた。

> 日本で最初にプロテスタント・キリスト教を受容した人々は大部分は、没落した武士たちであった。（中

略）彼らは明治期において政治的には不遇な境涯にあった。しかし彼らは、明治維新の中心勢力も、政治的には反対側でありながらも、日本の「近代化」を目指す点では、思いを同じくしていると漠然と考えていた。「近代化」をするためには、欧米の文明、文化を受け入れなければならないが、その西欧の文明はキリスト教を基盤として作られたものであった。そうだとするならば、キリスト教を先に受け入れた自分たちこそが「近代化」のパイオニアたり得ると、彼らがそう自負しても不思議ではないと考えられる。つまり、政治的に疎外されていた「武士階級」の中から現れた初期プロテスタント受容者は、彼らなりの情勢判断に従って、すでに日本の近代国家の目標は「近代化」と「西欧化」にあり、それは西欧文明の受容を意味し、それ故にその根幹をなしているキリスト教の受容は必須の過程であると考えたのだ。したがって、自分たちは政治的な疎外を経験しているが、先駆的にキリスト教を受容することによって、政治的領域においても新しい役割転換をなし得るとの期待を持ったのだろう。[24]

すべてではないが、このような政治的な理由でキリスト教に対する積極的立場を取った人々も確かに存在していた。特に、日本のプロテスタント史の三大バンド（band）がよく取り上げられる。

まず、西欧の宣教師が密集した場の一つである横浜地域を中心に、西欧文化とキリスト教に接触したグループが「横浜バンド」である。このグループは、主に長老派宣教師との関連が特に深かった。そして、熊本に洋学校を建てたアメリカ人の信徒、教師であるジェーンズ（L.L.Janes，1838-1909）を招待したことがきっかけとなりキリスト教グループが形成されるが、これが「熊本バンド」である。

このグループは、特にジェーンズの帰国後洋学校の維持が難しくなると、新島襄が京都に設立した同志社にその本拠を移した。つまり、このグループは「会衆教会」系、すなわち組合教会と深く結びつくこととなった。そして、もう一つの独自のグループは、北海道の札幌農学校を中心に形成された。国立教育機関であった札幌農学校にアメリカ人教師クラーク（W.S.Clark、1826-1886）が招聘されたが、彼は篤信なキリスト者であった。彼の影響を受けた農学校の秀才たちが独特なキリスト教信仰グループを形成したが、これが「札幌バンド」である。内村鑑三を筆頭に、「札幌バンド」の人々はほとんど「無教会系グループ」とつながっていく。[25]

もちろんこれらの中には純粋な求道者も多かったが、その一部には前述したようにキリスト教を受け入れることによる個人的な政治的立場の変化、大きくは日本近代化への貢献などを目標にする者もいた。しかし、これら政治的意図を持った人々の期待は、結局頓挫した。

明治政府の政策が「脱亜入欧」を目指して邁進していたことは確かであるとしても、より重要な精神は「和魂洋才」であった。すなわち、日本の近代の国家社会の流れは、キリスト教を受容したエリートたちの予想通りは展開しなかったのだ。しかし、それは「脱亜入欧」という近代日本の「ハードウェア」が、「ソフトウェア」、すなわち、精神的で本質的な価値目標として「和魂洋才」を採用したためであったと思う。そして、これこそ、明治維新を推進した人たちの高度な政治・宗教的戦略であった。近代日本が「脱亜入欧」へと進むなば、その西欧文明の根本である「キリスト教」もまた、優先的に採用していかなければならないはずだ。しかし、さらに「和魂洋才」へも進むということは、表面的には西欧の文明を受容するけど、新しい日本の近代文明の「内在」、すなわち、「魂」は日本固有のものとするという二元的な目標を設定したということであったと思う。これは、近代日本の国家目標が「脱亜入欧」であることを素早く見抜き、その根本であるキリスト教をまず受容することによって先頭を走り、政治的疎外を克服して、国家・社会の未来の主導権を掌握しようとしたキリスト教受容者たちの足元を大きく揺るがすものであったと考えられる。[26]

こうして初期のキリスト者の雰囲気はある程度再編された。つまり、政治的、世俗的な目標に邁進した彼らは、キリスト教活動の分野では消極的な姿勢をとった。あるいは、最初はそのような目標を持ちキリスト教に関心を持つ人々も徐々にキリスト教自体に、新しい宗教、信念、思想としてより高い価値を見つけて、純粋なキリスト教運動に参加するという方向の転換がなされた。特に彼らの多くは知識人であったので宣教師の指導と教えにそのまま従うというよりは、日本の歴史的伝統、価値などを土台にしたキリスト教を受け入れる態度を示した。その代表的な事例が、宣教師グループ、宣教団体の教派、分派から大きな影響を与えられるよりも、日本の歴史的、地域的伝承と関連する特徴をみせたことである。そして、全く異なる教派や系列の影響によって、キリスト教に接触して改宗した者が独特な「エキュメニズム」を形成し、相互協力と連帯を作り上げていった。その代表的、また具体的な団体が李樹廷に最大の影響を及ぼした「日本基督教親睦会」である。

李の改宗と在日活動期における日本のキリスト教は、その後の「国家に適応するキリスト教」、「天皇制イデオロギーを積極的に受け入れたキリスト教」として歩む前段階であったことが確認できる(27)。

四、李樹廷と日本キリスト教界の人物

(一) 津田仙

津田仙こそ李樹廷の日本における活動、特にキリスト教改宗に最も貢献した者に違いないだろう。安宗洙の紹介によるが、津田仙との出会いによって李のすべての活動が遂行されたと言える。津田仙は、一八三七年八月六日生まれ。下総国の佐倉藩地域(28)の出身である。新しい文化に関心を寄せ、一八歳で東京(当時江戸)へ上京、当時日本と唯一の交易相手であったオランダに関心を持ち、オランダ語を勉強したが、その後すぐ英語学習にも力

を傾けた。一八六一年、津田初子と結婚し、彼女の姓を名乗った。一八七一年には、明治維新以後、海外女留学生募集に八歳にも満たなかった次女の梅子を応募させるほど新しい文物輸入に積極的であった。

遂に、自らも一八七三年にオーストリアのウィーンで開かれた万国博覧会に参加する日本政府派遣団の一員として初めてヨーロッパ訪問に出た。まさにこの万博で聖書を見つけ、優れた西欧文物に心酔していった。帰国後、米国メソジスト教会宣教師ジュリアス・ソパー（Julius Soper, 1845-1937）に会い、遂にキリスト教入信を決意した。一八七四年一月三日、ソパー宣教師から洗礼を受けて、メソジスト教会の信徒になった。彼にとって重要なことは、西欧の近代農業を取り入れることとキリスト教伝道であった。この二つの目的を実現しようと、一八七五年に東京麻布本村町にあった自宅に「農学社」を設立した。この機関は、キリスト教精神に基づいて、海外の近代農学を日本に取り入れることを目標としていた。

安宗洙と李樹廷もこの「農学社」を訪問し、李のキリスト教入信と受洗、そして活動の拠点になったのである。津田仙の「農学社」は、初期には高い評価を受けたが、日本近代化プログラムの急激な変化などから役割の中心としての求心力を失い、設立十年で閉校となった。その後、津田仙は、日本キリスト教界の禁酒・禁煙運動に邁進し、著名な節制運動家として名声をあげ、一九〇九年四月二四日に急性脳出血のため召された。[29]

（二）内村鑑三

内村鑑三は、日本で最も著名なキリスト教思想家の一人であり、朝鮮でも最も広く知られている日本のキリスト者である。特に「無教会主義者」として、彼の弟子たちも朝鮮で「無教会グループ」を形成した。金教臣、咸錫憲などが彼の弟子として、彼らを中心とした雑誌『聖書朝鮮』の編集者や執筆者は植民地時代の朝鮮において「民族主義キリスト教」の中心的な思想の基盤を形成した。[30]

内村は、一八六一年三月二三日に上州の高崎藩[31]で生まれ、東京の小学校と外国語学校で学んだ。その後、国立札幌農学校第二期生として入学した。彼はここでキリスト者になり、一八八二年に札幌独立教会を設立して、いわゆる「札幌バンド」の中心人物になった。

その直後の一八八三年、東京で開催された「日本基督教親睦会」で、李樹廷と初めて出会ったが、これが彼の朝鮮人と長年にわたる関係の出発点と考えられる。この時の李に対する印象が強く、親睦会プログラムの中で、一八八三年五月十日の午後の最初のプログラムで、「空ノ鳥ト野ノ百合花」という題目の演説を行った[32]。親睦会で李と出会った後、内村の記録に残った感想は、『内村鑑三信仰著作全集』に次のように記されている。

その上、こんなこともあった。出席者の中に一人の韓国人がいたが、彼はこの隠遁的の国民お代表する名門の出で、これより一週間前に洗礼を受け、自国風の服装に身をととのえ、気品にあふれて、われわれの仲間に加わった。彼もまた自国語で祈った。われわれにはその終わりのアーメン以外はわからなかったが、それは力強いものであった。彼が出席していること、彼の言葉をわれわれが理解できないことが、その場の光景をいっそうペンテコステらしくしたのである。これを完全なペンテコステにするためには、ただ現実の炎の舌だけが必要であったが、われわれはそれを自分たちの想像力で補った。われわれの上に、何か、奇跡的な、驚くべき事が起こりつつあることを、一同は感得した。われわれは、太陽がなお頭上に輝きつづけているかをさえも怪しんだ[33]。

李樹廷に出会った体験は、彼にとってペンテコステの経験のようであったという感想が印象的である。一八八五年、内村はアメリカのマサチューセッツ州、アーモスト大学に留学し、一八八八年の帰国後、多くの学校で教えた。そして、一八九〇年に東京第一高等中学校嘱託教員として赴任し、ここで「不敬事件」[34]が起こる。これはプロスタント初期における、近代天皇制イデオロギーとキリスト教の具体的な衝突事件とみなされるが、この事件以前と以後で日本のキリスト教史を時代区分することも可能である。

この事件において、個人的に大変な困難を経験した内村は学校を辞し、執筆と聖書研究、『聖書之研究』発行と弟子の養成に没頭した。この頃、多くの朝鮮人が彼に師事した。彼の独特な「日本的キリスト教論」は、その後しばしば言及された政治的、国粋的意味の「日本的キリスト教」とは異なり、朝鮮のいわゆる「聖書民族主義」にも肯定的な影響を及ぼした。晩年には「再臨運動」にも傾倒し、一九三〇年三月二八日に天に召された[35]。

(三) 安川亨

李樹廷の改宗に最も直接的に、その形式や内容において大きな影響を与えた人物が安川亨である。『七一雑報』には「安川氏に就て仏教と聖教の異同を質問し終に去月二九日の安息日に東京露月町教会に於て安川氏より聖洗を受けられたり」[36]と記され、二人の関係が記録されている。安川は、李の信仰に関する質問に応答する教師でもあり、結果的に李に洗礼を授けた当事者であった。李に伝統的な東洋宗教の思想的背景を基盤に、キリスト教との接点（連結性）と独自性を見出させ、信仰的確信を植え付けた。さらに、西洋人宣教師から李が受洗する可能性もあったものの、結局日本人牧師である安川が李の洗礼式の司式者になった。これは李の改宗と活動の中心に日本のキリスト者グループとの関係があったことを示していると言える。

安川は、下総国法典村[37]の富農家で出生した。一時、高橋家門の養子に入ったことがあったが、後に再び本家の安川家へ復帰した。宗教に強い関心をよせ、ギリシア正教会、カトリックを転々としながら学び、一八七三年に米国長老会のデイヴィッド・トンプソン（David Thompson, 1835–1915）宣教師から受洗した。「日本基督公会」の一員となり、その後、一八七八年四月には東京第一教会で牧師按手を受け、李樹廷が受洗した露月町教会と品川の大井町教会の兼任牧師として働いていた。この頃、故郷である法典村の伝道にも積極的で、法典村教会を設立した。李が日本で活動していた頃の一八八四年からは、高知伝道に出ることもあった。しかし、一八八八年以後、築地美以教会（後に日本メソジスト教会銀座教会と合同）やドイツ普及福音教会などに移籍することになる。[38]

そのため初期に活発だった伝道および牧会活動が徐々に消極的な傾向にならざるを得なかった。一九〇八年三月三日に召されたが、[39] とにかく、安川は李の改宗と日本での活動の序幕を開いた瞬間に決定的な役割を果たしたパートナーであった。

（四）ノックス（G.W.Knox）とルーミス（H.Loomis）などの日本駐在宣教師

李樹廷の日本での改宗と活動には在日宣教師の支援が大きかった。宣教師もまた、隣国朝鮮に対する宣教の展望を考えるという意味でも大きな期待があった。李と関係が深かった代表的な宣教師として米国長老会宣教師のノックス（G.W.Knox）を挙げることができる。

一八八三年四月二九日主日に、東京露月町教会でジョン・ノックス（John Knox）[40] 牧師の入会の下、安川亨牧師が洗礼問答をしたが、大変答えが明確で、ミスがなく、聞き取った牧師や立会った牧師が皆驚き、洗礼を施すことに全く問題がなかった。また、受洗するに値する資格者として認められ、荘厳な洗礼式を施すことができた。特に、日本で初めて施す朝鮮人への洗礼式であると同時に、朝鮮新教の先駆者になるマケドニア人の役割をする人物の洗礼式典であるだけに、宣教師と日本の基督教信者及び指導者たちを緊張させたのである。[41]

これは李の洗礼に、日本のキリスト者と在日宣教師とが関心を持って協力していることを示している。特に、朝鮮プロテスタントの開拓者としての李樹廷について意味深く考えていたのが、まさに在日宣教師であったということだ。実際、呉允台はこの本文に関する注釈で、ノックスがこの洗礼式の司式者であった可能性を指摘している。

ところで、Foreign Missionary によれば、Rev. G. W. Knox が洗礼式の司式者に間違いないと、筆者は立会の下と書いた[42]。このように、ノックスは李樹廷改宗の重要な人物であった。彼は一八五三年八月一一日、ニューヨークで牧師の息子として生まれた。ハミルトン・カレッジ（Hamilton College）、アーバン神学校（Auburn Theological Seminary）を卒業し、一八七七年には米国長老会から日本の宣教師として派遣され、横浜指路教会で活動を始めた。明治学院の前身である「ヘボン義塾」の教師を経て、東京一致神学校の説教学教授として活躍した。一致神学校が明治学院大学の神学部となって同大学の弁証学、説教学、牧会学教授になり、東京帝国大学でも哲学と倫理学を教えた。この頃（一八八三年）東京で開かれた「日本基督教親睦会」に参加し、李樹廷と交友関係を持ったとみられる。その後、一八八八年にプリンストン神学校で神学博士学位を授与され、ニューヨーク・ユニオン神学校の教授を務めた。一九一一年六月には、中国と朝鮮などで巡回演説を行ったが、翌年の一九一二年四月二五日の旅行中、朝鮮ソウルで急性肺炎のため召された。李樹廷改宗と洗礼において大きな存在感を放ったノックスがソウルで亡くなった出来事も歴史的な意義を持つだろう。宣教師と同時に神学者であった彼は、『神学略説』（一八八四）、『説教学大義』（一八八五）、『基督神子論』（一八八六）、『神学提綱』（一八九〇）、*The Development of Religionin Japan*（1907）などを著書として残した[43]。

一方、李の改宗と洗礼、伝道意欲の動機誘発にノックスが深く関与したと考えると、李の最大業績である聖書翻訳作業に関しては宣教師ルーミス（HenryLoomis）を挙げなければならない。

米国聖書公会の日本駐在総務ルーミス牧師（HenryLoomis）と親しくなり、彼の要請で聖書飜訳をすることになったが、一八八四年まで懸吐漢韓の『馬太福音』、『馬加福音』、『路加福音』、『約翰福音』、『徒行伝』を飜訳し、その翌年である一八八五年には『馬加福音』を国文（ハングル）で翻訳した。そして、『路加福音』も翻訳をしたと言うがその飜訳書は光を見なかった。[44] ルーミスは、一八三九年三月四日にニューヨーク州で生まれ、アメリカの南北戦争当時、陸軍大尉として参戦した。終戦後、神学に志を抱いてアーバン神学校を卒業した。海外宣教に関心を持ち、宣教師になるための様々な教育課程に参加、同級生の三人が共に宣教師を志望し、牧師按手を受けた。

一時的に健康を害して静養したが、一八七二年に結婚と同時にアメリカ長老会宣教師として来日した。横浜に駐在しながら、ルーミスは日本人に英語聖書を、夫人は英語賛美歌を教えて宣教活動を始めた。一八人の信徒と共に一八七三年九月に横浜第一長老公会（横浜指路教会）を創立し、初代牧師を務めた。牧会活動以外には賛美歌翻訳、本国の長老派教会の海外伝道支援事業の実務などを担当する中、健康状態が再び悪くなって一八七六年に一時帰国した。しかし、一八八一年「米国聖書公会」横浜駐在幹事（日本事業総務）資格で再度来日し、その後の活動期に李と出会い、李の朝鮮語聖書事業を激励、支援した。さらに、宣教活動以外にもアメリカと日本の多くの農業関連事業などに携わり、一九二〇年八月二七日、横浜で召され、横浜外人墓地に葬られた。[45]

その他にも李は、在日活動期において日本に駐在したメソジスト教会のマクレー（R.S.Maclay、一八二四―一九〇七）宣教師と交友関係があったようだ。マクレーは、かつて中国の宣教師として大いに活動し、李の活動時期には日本のメソジスト宣教における責任者であった。[46] そして、彼は李との協力関係が持続した一八八四年六月に朝鮮を訪問、高宗を謁見した。その時、教育と医療分野に限定されてはいたが、プロテスタントの朝鮮宣教着手の許可を受けるに至った。[47] 米国宣教本部の政策とも関連があったが、このような在日メソジスト宣教師マクレーの積極的な朝鮮宣教事業開拓も李との関係を前提に見直す必要がある。

五、李樹廷と「日本基督教親睦会」（一八八三年）

李樹廷と日本キリスト教について論議する時、最も重要な集会は「日本基督教親睦会」であろう。一八八三年、第三回親睦会に参加した李樹廷は、朝鮮語で祈祷し、自分の信仰を告白した。そして、今も残っていて李の日本における活動、日本のキリスト教界との密接な関係を象徴する団体写真も撮影された。ゆえに、この集会に参加した日本のキリスト教指導者たちと李の関係を取り上げることによって、本章の主題と目標はほとんど達成されることができると考える。

一般的に「日本基督教親睦会」と呼ばれるこの集会の正式名称は、「全国基督教信徒大親睦会」（General Fellowship Meeting for all the Protestant Christians of Japan）である。日本各地に散らばって活動するキリスト教の指導者が、二、三年に一度集まって数日間プログラムを共に準備し、親交を分かち合い、情報を交換する集まりであった。この集会は、一八七八年七月に東京で初めて開催され、引き続き第二回は一八八〇年七月に大阪で、第三回は一八八三年五月に東京で開かれた。その後、集会は一八八五年五月に京都で開かれた。キリスト教指導者たちが互いに相手の演説を聞き、自分の活動に新しい挑戦を与える機会でもあった。第四回の大会において、この集会が暫定的に取りやめになることが決められ、ロンドンに本部を置いた「万国福音同盟会」に加入するため、この団体を発展的に解体し「日本基督教福音同盟会」を結成する事とした。この集会は、一八八三年五月の第三回の東京大会に李樹廷が参加していた[48]。この集会は、プロテスタント教会においてその歴史の初期段階にみられた代表的な「エキュメニズム現象」である。日本も各教派が先を争ってそれぞれの宣教事業を展開したことは周知の事実である。しかし、キリスト教を受容した各教派、各団体所属の日本人キリスト者は、日本の「コンテクスト」（context）を重視するという共通点を持ち、相互連帯と協力に努め、神学的にも土着的キリスト教会を目指したという点において評価することができる。特に、朝鮮の初期におけるプロテスタント教会が宣教師の主導によって一九〇五年に単一教会設立をめざしたが失敗に終わり、結局初期キリスト教宣教活動が教派協力と連合の精神によって進められた、いわゆる「宣教エキュメニズム」(49)と、その主導勢力の特徴において対照的に比較されることとなるだろう。

李は、一八八三年五月八日から一一日まで開催された日本基督教大親睦会第三回大会に参加した。この大会の全般的なプログラムを『七一雜報』は次のように報じている。

五月八日火曜日初日
午前九時ヨリ十時マデ「祈祷」新榮會堂
同十時ヨリ十二時迄「議事」同所
午後二時ヨリ二時半迄「歡迎演説」津田仙同所
二時半ヨリ五時マデ「各地景況」同所

五月九日水曜日第二日
午前九時ヨリ十二時迄「議事」淺草會堂
午後一時半ヨリ「演説」於・井生村樓(50)
「論題未定」吉岡弘毅（東京）

「法律ト信仰ノ関係」海老名弾正（安中）
「聖書ト解釈」稲垣信（横浜）
「献身ノ説」金森道倫（岡山）
（通倫が正しい。—訳者註）
「論題未定」上原方立（大阪）
「一身上ノ信仰」小崎弘道（東京）
「傳道論」新島襄（西京）（京都を意味—訳者註）

五月十日木曜日第三日
午前九時ヨリ十二時迄「議事」浅草會堂
午後一時半ヨリ「演説」於・井生村樓
「公ノ烏ト野ノ百合花」内村鑑三（札幌）
「基督教教會の傳道」宮川經輝（大阪）
「論題未定」押川方義（仙台）
「責任論」杉浦義一（兵庫）
「人ハ万物ノ零」木村熊二（東京）
「荏弱者ノ勝利」伊勢時雄（今治）
「爾ハ誰ゾ」松山高吉（神戸）
「我國ノ神道、仏法遺存ノ道」平岩愃保（甲府）
五月十一日金曜日第四日

午前九時ヨリ「聖餐」新榮會堂
説教者新島襄
執行者奥野昌綱
午後一時ヨリ「懇談会」同所
五月十二日土曜日第五日
午前カラ「郊遊」飛鳥山邊[51]

この行事の公式スケジュールだが、李の場合は公式会員として招請されたわけではなく、彼の祈祷や信仰告白の表明なども事前に計画されたプログラムではなかった。特に、参加者名簿三九人[52]の中にも見当たらないが、李がオブザーバーとしての資格で参加したと考えられる。このプログラムに参加した多くの日本人キリスト者のリーダーたちの教派や地域分布を見ると、親睦会の広範囲なエキュメニズムの性格を充分に把握できる。多くの演説がなされる中、甲府出身の平岩愃保の演説主題が「我國の神道、仏法遺存ノ道」であった点を見ると、この集会の参加者が、日本の伝統的宗教、文化価値とキリスト教のつながり、すなわち土着化に注目していた点もうかがえる。引き続き『七一雑報』の記事を取り上げると、李の登場は、大会四日目の五月一一日の金曜日、早天祈祷会であった。

東京大親睦会記事、第四報：第四日（明治十六年五月十六日）午後八時祈祷会会場新栄会堂司会上原方立氏○讃美歌○聖書朗読（羅馬書十二章）○勧奨○祈祷○奥野氏の発議にて朝鮮人李樹廷氏に其邦語を以て祈祷する事を許す

○李氏祈祷○会衆祈祷[53]

李は、この日の早天祈祷会に出席し、当日午前の聖餐式を執行する奥野昌綱の提案により、母国語で祈祷をしたことが確認できる。彼は、日本の初代牧師の一人であり、日本語聖書翻訳委員であったという点から、李のその後の聖書翻訳活動とも関連があったのではないかと思われる。李は、翌日の五月一二日の土曜日、郊外で野遊会が予定されている日の朝、大親睦会の参加者たちと東京九段坂の鈴木真一の写真館で、歴史的な写真を撮影した。その日の事情を呉允台は次のように記録している。

翌日は、一八八三年五月一三日[54]、東京九段坂鈴木真一氏の写真館で全国基督教信徒大親睦会の幹部らが撮影をしたが、全面の中央に李樹廷と津田仙が座り、二人の背後に立っている人物が内村鑑三である。これを見ても、李樹廷が日本全国代表からどれほど尊敬されていたのかが分かる。この日、すなわち五月一二日（復興親睦会第五日目）の天気予報は、雨天で、郊遊が不可能であると予測され、五月一一日に委員会が決定したことによると、明日（一二日）に雨天となれば、大親睦会の場所を神田淡路町旭日楼に集まることと決定し、一二日の朝八時に幹部一同が九段坂写真館で記念撮影をしたのである。

しかし、意外にも午前九時三〇分から雨雲は消え晴天となり日光が当たったため、郊外へ出かけた。はじめ郊遊場所を決める時には、飛鳥山辺にしたが[55]、それよりも日暮里の修生院が良いという意見が支配的であったので場所を日暮里の修生院に移すこととなった[56]。

次頁の写真が、当日九段坂写真館で撮られた歴史的な写真である。最前列の韓服を着た人物がまさに李樹廷で

第三回全国基督教信徒大親睦会（1883年5月8日～12日）
最前列右から四人目が李樹廷。左から二人目より奥野昌綱、松山高吉、津田仙。右端は海老名弾正、右から三人目は湯浅治郎。前から二列目右から四人目より新島襄、内村鑑三。前から三列目左から三人目が井深梶之助、右から二人目より稲垣信、横井時雄、宮川経輝。前から四列目左から四人目より小﨑弘道、植村正久、金森通倫、押川方義。

あることは言うまでもない。

呉允台によれば、日暮里で野外親睦会に参加した日、李樹廷が筆を執ってヨハネによる福音書一四章をテキストに、信仰告白書を作成したと記録されている[57]。その内容は『七一雑報』、第八冊二一号、一八八三年五月に二五日付に載せられた。李の漢文信仰告白書を紹介する前に、『七一雑報』の編集者は次のように李の信仰告白の意味について説明している。

左の一編は去ることバプテスマを受けられし朝鮮人李樹廷氏が其信仰を言いあらはしものにて我等

の愛し奉る仁慈深き天父の愛のかく速くに彼の國人に伝はりて今日此証文を視る事は実に喜ばしき至りならずや是は其往年欧米の兄弟か千里の波濤と打越えて我が日本に道を伝へよとの神意にはあらざるか我愛する兄弟等よ李○の事について聊か考へあらまほし！(58)

続いて、李は信仰告白を表明した。彼は先述したように、ヨハネによる福音書一四章一〇節の「わたしが父の内におり、父がわたしの内におられること」という聖書箇所に基づいて告白を展開したが、その内容の一部を紹介してみよう。

「（上略）…
天父在我我在父我在爾爾在我卽神人相感之理有信必成之確證耶蘇設譬曰我父爲圃人我乃眞葡萄樹爾爲此樹枝其理已直捷易解不煩穿鑿今僕更有何辭發明乎曰。（略）
蓋神人相感之理如譬燈炷不燃卽無光燈炷是向道心燃然信心火爲神感故神感非由信心卽不可得徒有炷不成爲燈故不燈時終不見光不信時終不得救。（略）
神之在天如聲之在鐘擊卽響槌有聲鐘與槌雖具而各懸一處其有聲乎故燈以大炷燃卽光大鐘以小槌

叩卽聲小卽多求多與小信小成之意惟無不成之理
（略）故欲確知得救之成否只自省信心之有無莫問
於師莫求質於神。（下略）[59]」

これは朝鮮プロテスタント・キリスト者の最初の信仰告白文として神学的、歴史的意義がきわめて深いと言える。これらは、日本の初期キリスト者たちと李樹廷の間に深い交流があったからこそ成り立った歴史的な出来事であることを、再度確認しておく必要があるだろう。

一方、李が自分の信仰告白を要約した内容の一部を漢詩で著し、京都（当時は西京）教会の新島襄に贈呈した原文が、現在も同志社の新島旧邸宅に保管されている[60]。

六、結論　李樹廷と日韓キリスト教関係史の変遷

李樹廷は、朝鮮のキリスト者であるのみならず、日韓キリスト教関係史における最初の人物である。また、彼は朝鮮におけるカトリック、プロテスタント両者のアイデンティティを持った人物でもある。また、アメリカの宣教師による朝鮮宣教の開始を導き、初代宣教師の来韓に関与することで韓米キリスト教の仲介者としての役割も担った。結局、李は互いに異なる主体との関係を成立させる使命を果たしたのだ。

本章では、特に李樹廷と日本のキリスト教との関係、さらには日韓キリスト教の初期関係史の観点に留意した。もちろんこの時期に朝鮮キリスト教の実体は存在しなかったが、李樹廷時代の日韓キリスト教の関係は肯定的なものから出発した。日本の初期のキリスト者たちは李樹廷を一人の実例と考えながら、自分たちにとっての宣教

者として、さらに根本的にはキリスト者としての使命を見つけたと言える。しかし李樹廷時代、まさにその直後から日韓の歴史的に不幸な関係が始まり、日韓キリスト教関係史も暗黒期に入っていった。日本のキリスト教は、結局長い間、日本帝国主義の朝鮮侵略において先頭に立つ役割を果たしたのである。すなわち、国家に隷属したキリスト教として、総体的に国家目標を優先視する屈辱的なキリスト教会の特性を見せた。

しかし解放以後、一定の期間が経ち、日本のキリスト教は新しい覚醒時代に入った。特に、一九六七年「日本キリスト教団」議長名義で発表された「第二次世界大戦下における日本基督教団の責任についての告白」以後、その動向は確実に変わった。これを基点として日本のキリスト教は、日本社会で苦しんでいる少数者へ関心を示しつつ実践したが、その最初の対象者が差別を受ける「在日コリアン」であった。そして、その後、朝鮮の進歩的なキリスト教が民主化運動と統一運動に力を傾けた時代に、日本のキリスト教は新しい日韓キリスト教関係史を形成し始めた。朝鮮のキリスト教における正義を求める闘いに犠牲的な協力を惜しまず、あらゆる手段で献身した。この時期、日韓キリスト教関係史において歴史上第二、第三の李樹廷が登場し、彼らはまた日本のキリスト者の協力者あるいは同志として友愛を築きつつ自分たちの時代的使命を果たしていった。また、李樹廷時代には、彼が日本のキリスト者たちと日本駐在宣教師の窓口として、アメリカの教会に朝鮮宣教を要求したように、民主化、統一運動時代の朝鮮のキリスト者たちは、日本のキリスト教を窓口にして世界教会に向けて朝鮮のキリスト教の良き目標に対する理解と援助を求めることができた。

李樹廷時代には、肯定的な関係史により歴史の開始を見せた日韓キリスト教は、長年の桎梏の時代を経て、また新しい時代に第二、第三の李樹廷と共に新しい日韓キリスト教関係史を樹立してきた。このような観点から李樹廷と日本のキリスト教、日本の初期キリスト者との関係を考察することが最も有効な観点の一つと考える。

注

（1）『明治学院歴史資料館資料集』（第八集）「朝鮮半島出身留学生から見た日本と明治学院」、明治学院歴史資料館、二〇一一年、などを参照。

（2）朝井佐智子『日清戦争開戦前夜の東邦協会』（愛知淑徳大学大学院現代社会研究科現代社会専攻）参照。

（3）李承晩「獄中伝道」、『神学月報』、三—五、一九〇三年五月：李光麟「旧韓末獄中での基督教信仰」、『朝鮮開化史諸問題』、一潮閣、一九八六：徐正敏「旧韓末李承晩の活動と基督教」、『朝鮮基督教史研究』、第一八号、韓国基督教史研究会、一九八八年二月、などを参照。

（4）呉允台『朝鮮基督教史Ⅳ 改新教傳來史先驅者李樹廷編』、惠宣文化社、一九八三。上記をはじめ次のような研究成果がある。任展慧「李樹廷の活動」、『日本のおける朝鮮人の文学の歴史』、法政大学出版局、一九八四年。李光麟「李樹廷とその人物活動」、『史学研究』、朝鮮史学会、一九八六年九月、二一七—二三三頁。金ヨナ『朝鮮のマケドニア人』、大韓イエス教長老会総会出版局、一九九四：金テジュン「李樹廷、同胞の霊魂の救済のための念願」、『翰林日本学』第二巻、翰林大学校日本学研究所、一九九七、六一—三三頁。金テジュン「殉教者李樹廷研究」、誠信女子大學校教育大学院修士論文、二〇〇三年。金守珍『朝鮮基督教先驅者、李樹廷』、図書出版振興、二〇〇六年。李スファン『日本で朝鮮を宣教した李樹廷宣教師の物語』、図書出版牧養、二〇一二年。また、李樹廷の聖書翻訳に集中した研究としては、全スンミン『李樹廷の「新約聖書馬可傳」と「新約聖書マルコ福音書諺解」の對照研究』（延世大学校大学院国語国文学科修士論文、二〇一四）：金秉喆「李樹廷譯刊の『新約聖書マルコ福音書諺解』研究」『象隱趙容郁博士頌壽紀念論叢』、一九七一年。金成恩『宣教と翻訳漢字圏・キリスト教・日韓の近代』、東京大学出版会、二〇一三年、などがある。

（5）呉允台、前掲書、四五—四七頁。

（6）『七一雜報』、第六巻第四七号、一八八一年一一月二五日。

（7）李樹廷に関する内容が主に記されている『七一雜報』は、日本最初のキリスト教界雑誌である。一八七五年一二月に創刊され、一八八三年七月に『福音新報』（関西）に改称し、また一八八六年二月には、『太平新報』になる。

（8）李樹廷の名前の「廷」が「建」と誤記されている。
（9）壬午の変（壬午軍亂）を意味する。壬午の変（朝鮮末期）の一八八二年、旧軍人の新式軍隊に対する不満と一三か月滞った給料としてもらった米の中に砂がまじっていた事をきっかけにして起った変乱である。
（10）閔泳翊の名前の「翊」も「翌」と誤記されている。閔台鎬の息子として、当時には「協辦総理内外機務大員」という官職に努めていた。
（11）「韓人受洗」、『七一雜報』、一八八三年（明治一六年）五月一一日、三―四面。
（12）李樹廷が日本人キリスト教指導者たちとともに撮った写真（本書三二頁）に写っている人物たち、また李樹廷が参加した第三回日本基督教親睦会の参加メンバーに関しては、大会について詳しく報告した『七一雜報』（一八八三年五月一一日）に名簿とともに三九人の参加者について記録されている。そして、この大会を後日記録した『同志社百年史：通史編一』（同志社社史史料編集所編、京都：同志社、一九七九、二七八頁）などには、参加者の人数が三二名であったと記録されているが、これは大会期間が五月八日から一二日までの数日間であったので参加者人数の算定には若干差があるようだ。
（13）金テジュン「李樹廷、同胞霊魂救済念願」、『翰林日本学』第二巻、翰林大学校日本学研究所、一九九七年、九頁。
（14）「天主教朝鮮に入事実」、『福音新報』（関西）、第一冊第七号、一八八三年八月一四日。
（15）小川圭治・池明觀『日韓キリスト教関係史資料』（一八七六―一九二二）、新教出版社、一九八四年、.四頁。
（16）「朝鮮信者の殺害」、『七一雜報』、一八八三年（明治一六年）六月一日、四面。
（17）『東京外國語學校沿革』、一九三二年：金・テジュン「李樹廷、同胞霊魂救済念願」、一四頁。
（18）RijuteisAppeelforMissionaries,YokohamaDec.13,1883,・TheMissionaryReview,vol.VII、1884,pp.145―146.
（19）金テジュン、前掲書、九頁。
（20）同右、一四―二〇頁。
（21）呉允台は自分の李樹廷研究書の中で、宣教師ルーミス（HenryLoomis）の史料（FriendofEast、ThingsKorean、p.80）を紹介した。その内容は、「一八八六年五月帰国したが、帰国するやいなや保守党につかまって全身がずたずた切られる刑罰に処刑されてしまった」という内容である。しかし、これに対して呉允台は言い切って、ルーミスを含む宣教師と日本のキリスト者たちが誤った言い伝えをきいて、記録したことであると主張する（呉允台、前掲書、二七〇頁参照）。これと関連して、呉允台はやはり間違った情報による誤解の所産であると断定したが、『明治学院五〇年史』に李樹廷を含む日本留学生グループの帰国とその後本国で処刑を残念がる追悼文を紹介した（呉允台、前掲書、二七一—二七二頁参照）。

(22) 金テジュン、前掲書、六頁。

(23) 土肥昭夫『日本プロテスタント・キリスト教史』、新教出版社、一九八二年、一一—一四頁。

(24) 徐正敏「植民地化とキリスト教」、『植民地化・デモクラシー・再臨運動』、教文館、二〇一四年、三七—三八頁。

(25) 土肥昭夫、前掲書、一一頁。

(26) 徐正敏、前掲論文、三八—三九頁。

(27) 日本のキリスト教が国家適応の姿勢に転換した明確な時点に関しては、様々な立場があるが、筆者は一八九一年に至る「内村鑑三の不敬事件」をその基点とみる。つまり、当時代表的なキリスト者であった内村が、キリスト教信仰を理由に天皇の「教育勅語」に対する敬意を表する態度が不敬であったということが世間に知られ、日本国家社会で内村個人はもちろん、キリスト者全体を「非国民視」する排他的な世論が起こった事件以後を意味する。この時からキリスト教界の多くは、近代日本の国家体制とその根幹にある天皇制イデオロギーに順応して、具体的に日本の朝鮮植民統治を支持する態度を一貫させた。このような態度の転換は、朝鮮、朝鮮人に対する認識も大きく変わる展開を見せる。すなわち一八九一年以後の国家隷属的なキリスト教の朝鮮認識と、それ以前の李樹廷の在日活動期におけるキリスト教の朝鮮認識とは格段異なっているといえる。（土肥昭夫「近代天皇制の形成とキリスト教」、『天皇制とキリスト教』、新教出版社、一九九六年。徐正敏『日韓キリスト教関係史研究』、日本キリスト教団出版局、二〇〇九年、三七—四七頁）。

(28) 現在の千葉県佐倉市。

(29) 『日本キリスト教歴史事典』、教文館、一九八八年、八八六頁。都田豊三郎『津田仙明治の基督者』、大空社、二〇〇〇年。金文吉『津田仙と朝鮮朝鮮キリスト教受容と新農業政策』、世界思想社、二〇〇三年、などを参照。

(30) 徐正敏「聖書朝鮮事件に対する新しい理解」、『キリスト教史学』（第六四集、キリスト教史学会、二〇一〇年七月）、一三五—一四七頁参照。
(31) 現在の関東地域である群馬県高崎市。
(32) 『七一雑報』第八巻、第一九号、一八八三年五月一一日、九面。
(33) 内村鑑三『内村鑑三信仰著作全集』、第二巻（呉允台『朝鮮基督敎史Ⅳ 改新敎傳來史先驅者李樹廷編』、六二一—六二三頁、再引用）。
(34) 注26参照。
(35) 土肥昭夫『内村鑑三』、日本基督教団出版局、一九七五年。政也仁『内村鑑三』、三一書房、一九五三年、などを参照。
(36) 注11参照。
(37) 現在の千葉県船橋市の地域である。津田仙とは同郷として親しい関係であったと考えられる。
(38) 現在の「日本キリスト教団芝教会」である。
(39) 船橋市教育委員会編『安川家史資料目録』、一九七六年。『日本キリスト教歴史事典』、一四二〇—一四二一頁参照。
(40) 呉允台は、自分の書物の中で「JohnKnox」と書いたが、実際には在日宣教師「George William Knox」を意味する。「JohnKnox」と記したのは、スコットランドの宗教改革者「John Knox」（一五一〇—一五七二）の名前と混同した結果と考えられる。
(41) 呉允台、前掲書、六一一頁。
(42) 同右、二一〇頁。註三二の中で呉は他の項目を叙述しながら、「洗禮式を擧行する時、安川亨牧師とノックス牧師がともに行ったが、日本の記」によれば、安川亨牧師が執典したと記され、宣教師たちの報告書である『ForeignMissionary Vol. XLIII 1884—1885』の一四九頁には、ノックス牧師から受洗したと記されている」と紹介し、ノックス宣教師の役割をより強調した（同書、六八頁）。
(43) 『日本キリスト教歴史事典』、一〇八九頁参照。
(44) 呉允台、前掲書、六八—六九頁。

(45)『日本キリスト教歴史事典』、一五一〇頁参照。

(46) http://en.wikipedia.org/wiki/Robert_Samuel_Maclay 参照。

(47) 徐正敏『韓国教会歴史』、ソウル、二〇〇三年、一二頁参照。

(48)『日本キリスト教歴史事典』、四二八頁参照。

(49) 徐正敏、前掲書、一四―一五頁参照。

(50) 井生村楼（いぶむらろう）は、明治時代に東京浅草にあった大集会用の会場である。政治、宗教の演説会場として利用された。一八七四年（明治七年）東京浅草須賀町に井生村楼という貸席が建設され、東京の代表的な演説会の会場として利用された。一八八〇年五月に創立された東京青年会（東京ＹＭＣＡ）も創立当初は頻繁に利用していた。一八八〇年（明治一三年）八月にはインド人牧師ナラヤンの「インドの過去・現在」という演説が、グイド・フルベッキと井深梶之助の通訳で大盛況を治めた。一八八〇年一一月のクック宣教師の第二回学術講演なども開催され、一八八三年には、第三回全国キリスト教徒大親睦会が開かれた。一八八七年（明治二〇年）九月、には旧自由党と立憲改進党合同の「大同団結大会」が開かれる（『日本キリスト教歴史大事典』、教文館、一九八八年、参照）。

(51)「東京大親睦會記事續き」、『七一雑報』、第八巻第一九号、一八八三年五月一一日、九面。

(52)『七一雑報』、第八巻第二〇号、一八八三年五月一八日、七面。「議員名簿」参照。

(53)『七一雑報』、第八巻第二一号、一八八三年五月二五日、六面。

(54) 五月一二日の誤記と考えられる。

(55) 注51参照。

(56) 呉允台、前掲書、六三頁。

(57) 同右、六四―六七頁参照。

(58)『七一雑報』、第八巻第二一号、一八八三年五月二五日、七面。

(59)「東京大親睦会記事、第四報」、『七一雑報』、一八八三年五月二五日、七面。ハングル翻訳文は、呉允台『朝鮮基督教史Ⅳ 改新教傳來史先驅者李樹廷編』、六四―六七頁を参照。

（60）http://kidok.net/madang/content.php3?board=board36&uid=190&keyfield=&key=&bunho=36 参照。

第二章　韓国の近代教育とキリスト教宣教と近代思想の形成

はじめに

韓国の近代化とキリスト教の受容は、中国と日本と比較すると遅れてはじまった。その理由の一つは、当時朝鮮政府の鎖国政策が原因である。したがって韓国カトリックは、長い間迫害を経験し、プロテスタントの宣教は一八八〇年代にはじまる。韓国プロテスタントの初期宣教方法は、「トライアングル・メソッド」(triangle method)である。これは「学校―病院―教会」を地域の宣教ステーションにセットとして設置し、運営したことを意味する。特にミッション系学校は、韓国近代の教育システムにおける基礎を形成した。しかし、一九一〇年日本による朝鮮半島の植民地化以降、韓国のキリスト教界の教育事業は、危機に直面した。私立学校令による宗教教育の禁止、神社参拝問題などがそれである。このような状況においてもキリスト教の教育活動は、韓国社会において近代思想、価値、倫理の形成に貢献してきたと考えられる。特に女性教育、身分と職業差別の撤廃、社会啓蒙などにおいては先駆的存在であったといえる。もっとも特別なことは、韓国の「近代民族主義」、つまり日本の植民地侵略に対する抗日民族独立運動の初期発出がキリスト教界の近代思想教育としての学校や社会教育団体に発端があることである。本章では、プロテスタントに関する事柄に限り、韓国近代史における教育とキリスト教の関係について取り扱うことにする。

一、宣教の方法としての教育、「トライアングル・メソッド」

韓国プロテスタントの最初の宣教師は、中国の上海において宣教活動を行い、一八八四年に韓国に派遣された宣教師アレン（H. N. Allen）である。彼は医師として宣教師の資格をもって来韓し、病院と医療教育機関（現在の延世大学校）を設立した。そして翌年、韓国に派遣された長老教のアンダーウッド（H. G. Underwood）、監理教のアペンゼラー（H. G. Appenzeller）らは、キリスト教の宣教師としての資格ではなく、韓国における教育活動という教師の身分によって許可を受けて、入国したのである。その背景は、一八八四年六月日本に駐在した監理教宣教師マクレー（R. S. Maclay）が韓国に訪問し、国王高宗に韓国における教育と医療事業を可能にするようにとの許可を得たことに関係している[1]。

これをみると韓国のプロテスタント宣教は、布教と教会設立より、まず医療と教育活動が中心にならざるを得ない状況であった。これに一八八五年に入国した宣教師の中で監理教のアペンゼラーは「培材学堂」、長老教のアンダーウッドは「アンダーウッド学堂」（後に儆新学校）を設立し、教育活動をはじめた。続いて一八八六年には最初の女性教育機関である梨花学堂も設立された。このように開始された韓国プロテスタントの宣教は、ソウル、平壌、大邱、元山、全州などのいくつかの中心都市、さまざまな教派が宣教を担当する地域の拠点であるステーションを開拓するとき、例外なく、学校、病院、そして教会という宣教機関を別途に、あるいは相互関係をもたせつつ設置・運営した。筆者はこれに「トライアングル・メソッド」という名称をつけた。

このような初期の韓国宣教豊作の特徴を内外面一点ずつ挙げると、一つは形式的な「トライアングル方式（Triangle Method）」の使用である。これは宣教拠点ごとに病院、学校、教会が三角点をなして建てられ、相互有機的な宣教協力をとる方式である(2)。

二、韓国近代教育の中心としてのキリスト教学校

このようなプロテスタント宣教部の宣教政策、韓国社会の近代教育に対する必要性の認識と要求にしたがってキリスト教の教育事業と学校設立は増加し続け、韓国近代教育の中心的役割を担うようになった。しかし一九一〇年以後日本の韓国植民地統治以後、私立学校の教育についてさまざまな統制が起こり、特にキリスト教学校に対して宗教教育である近代思想教育の制限政策が一つの否定的状況として作用したのであった。

それにもかかわらず、少なくとも次の二つの統計を参考にすると日本の植民地化においても韓国の近代教育におけるキリスト教教育活動の占める割合がいかに大きかったかを確認することができる。

年度	一般私立学校	宗教系私立学校数	総計	宗教系学校の比率
一九一〇	一、三〇二	七七八	二、〇八〇	三七%
一九一一	一、〇四四	六七七	一、七二一	三九%
一九一二	八一七	五四五	一、三六二	四〇%
一九一三	七九六	四八七	一、二八三	三八%
一九一四	七六九	四七三	一、二四二	三九%
一九一五	七〇四	四五〇	一、一五四	三九%
一九一六	六二四	四二一	一、〇四五	四〇%
一九一七	五一八	三五〇	八六八	四〇%
一九一八	四六一	三一七	七七八	四一%
一九一九	四四四	二九八	七四二	四〇%
一九二〇	四一〇	二七九	六八九	四〇%
一九二一	三五六	二七九	六三五	四四%
一九二二	三五二	二六二	六一四	四三%
一九二三	三七六	二七三	六四九	四二%

一九一〇―一九二三年までの韓国私立学校中宗教系学校の比重[3]

一九二五年一二月現在キリスト教界教育機関数(4)

教派	専門学校	中学校	小学校	幼稚園	日曜学校	私塾	計
カトリック		一	二三	一〇	三	一九	五五
長老教	一	二三	一五六	四七	二、〇九五	一九二	二、五一四
監理教	一	九	六一	四〇	二六五	八二	四五八
東洋宣教会					四二		四二
救世軍			一八		九六		一一四
聖公会			二	一	四〇	二五	六八
朝鮮基督教会			一		二		三
朝鮮会衆教会				二	一四		一六
日本基督教会					一四		一四
日本メソジスト教会				一			一
日本組合教会					五		五
再臨教団		一	五			二二	二八
長監連合	二						二
総計	四	三四	二六五	一〇一	二、五七六	三四〇	三、三二〇

この統計において「日韓併合」以後キリスト教界の学校の数字が減少傾向にあるのは、朝鮮総督府当局が「私立学校令」などの法律を通してキリスト教学校の教育活動をはじめとする私立学校教育を制限したためである。しかし比率においては、韓国の近代教育分野においてキリスト教の役割はむしろ増加あるいは現状維持というような状態であったと確認できる。

三、キリスト教教育と近代思想の拡散

近代以前の朝鮮は、徹底した専制封建社会であった。特に身分、男女、職業の差別が非常に強い社会であった。これは東アジアの他のどの国家より、その程度がきわめてひどい状態にあり、特にそれと同様に社会的要素により個人の人権が徹底的に蹂躙される社会であった。

これに韓国のキリスト教はカトリックとプロテスタントを問わず、宣教以来この問題と衝突する過程を経なければならなかった。特に「血の歴史」と呼ばれる激しい迫害を経験し、韓国カトリックの歴史は、伝統的に韓国社会の秩序について、革命的挑戦でもって認識され、葛藤が増大したのである。すなわち教会共同体の「身分」と「男女」区分を超越する信仰実践は、既存の国家社会の根幹を虚無にすることへと認識されるより他なかった。このような現象はプロテスタントの受容と共にさらに広がり具体化した。しかしキリスト教の近代的思想、価値観の広がりを実際に具現した道筋としては、キリスト教学校、キリスト教系社会教育システムがその中心的役割を担ったのである。

第一に、男女差別を克服する近代思想実践の先導を行った。この部分においてもっとも重要な役割を担ったのがキリスト教の女性教育であり、女学校の設立である。プロテスタント宣教師たちはソウルをはじめ、各ステー

ションにおける「トライアングル・メソッド」を実践する際に男子学校と共に必ず女学校をともに設立した。これは男女すべてに近代教育の機会を同様に与えるという形態的な差別撤廃だけでなく、これらの教育機関を通して女性に対しても神からの付与された同一の人間としての価値、権利があるという価値を教えた。しかし初期韓国社会において女性のための学校は、その基盤を作り上げる過程で多くの混乱と失敗、紆余曲折を経験しなければならないのは当然のことだった。

同じ頃女学校も設立された。一八八六年五月スクラントン夫人（M. F. Scranton）によって始められた米監理会の梨花学堂と一八八七年六月エラーズ（A. J. Ellers）によって開始された長老会の貞洞女学堂がそれであった。培材学堂のように出世志向的な男性たちが集まり、できた男子学校とは異なり、女学校は女性たちの教育を忌み嫌う封建的な慣習のために学生募集においても容易ではなく、初期の学生らは孤児や娼婦、妾のような疎外された階層が大部分であった[5]。

しかしこのような過程を通して、韓国の近代女性史、すなわち女性たちも国家社会の各分野において重要な役割を担う位置、ときには指導的なリーダーシップを発揮する存在となり得る実際的基盤が作り上げられたのである。ゆえに韓国近代女性史とキリスト教の分離することのできない関係が形成されたのである。

第二に、身分制度の打破において決定的に寄与した。韓国の伝統社会は、両班、中人、平民、賤民などの徹底した身分制度が存在し、それを世襲した。したがって出身の身分を越えて社会的階層を形成することは原則的に不可能だった。特に賤民の身分に生まれた場合、一生の間、人間として生きるという待遇を受けるということは、不可能な状態であった。しかしキリスト教は初期からその身分の区分を受け入れない点はもちろんのこと、人間としての最小限の人権も守られなかった賤民に対しても神が付与した同様の人権を備えている被造物であることを強調したのである。これを通して韓国近代史における身分制度の打破、ことに賤民解放史に積極的に寄与した。当時韓国社会の賤民は「白丁」と呼ばれる「アウトキャスト」（Out Caste）[6]として、人間としての基本的な待遇も受けることができない状況であった。しかし初期韓国のプロテスタント宣教師であるエビソン（O. R. Avison）、モーア（S. F. Moore）などは「白丁」にも同様の教育機会を与え、教会内においても両班である貴族と同様に取り扱ったのである。[7]当初このことは韓国人の間に大きな違和感があったが、韓国近代史の賤民解放、身分差別打破の画期的基盤になった。

第三に、韓国社会のまた異なる差別は、従事する職業によっても厳格に上下関係の生じるものであった。すなわち、「士農工商」の順番が徹底しており、学問と文官に従事する大部分の「両班」、それに続き「農者之天下之大本」と言い、農業をその次に重要視したのである。しかし、さまざまなものを作り、製作する技術者として工業従事者、それよりさらに軽蔑されたのが商業従事者である「ジャンサチ」、「ジャンサクン」として蔑視され、社会においてもっとも低い職業として考えられた。これは近代化を妨げる深刻な問題でもあった。キリスト教は教会の内外においてこのような職業差別を否定し、克服するために力を尽くしたのである。それはキリスト教専門の高等教育過程における具体的な例において見ることができる。一九一五年ソウルに長老教、監理教の連合によってキリスト教系において最高水準の高等教育機関である「延禧専門学校（現、延世大学校）」が設立された。この学校の学部設置を見ると、文科、神科、農科などとともに商科、数物科が同じく設立された。これはもっとも冷遇を受けた商業分野を高等教育課程のひとつとして設置し、職業分野による差別撤廃の先頭に立ったと言える。[8]それ以前に平壌のキリスト教学校である崇実学校などを中心にすでに教科過程の中に「実業教育」を積極的に実施する社会的雰囲気を扇動した多くの事例[9]を挙げることも可能である。

第四に、韓国キリスト教は、学校内の教育はもちろん社会啓蒙教育を通して、新たな倫理実践、節制、禁欲の価値を具現してきた。つまり、韓国プロテスタント・キリスト教は宣教初期からアヘン、酒、たばこ、妾、賭博などを禁止する個人倫理をキリスト教の准教理水準として強調した。このような伝統は現在の韓国キリスト教にも一部の伝統として残っている。これとともにキリスト教界の学校とＹＭＣＡ、ＹＷＣＡのような青年社会団体は社会啓蒙活動に率先して、近代思想、価値の普及はもちろん、具体的な識字運動、個人衛生啓蒙、伝染病予防、農村地域運動などの様々な部門の啓蒙事業にも力を注いだ[10]。

四、日本の植民地教育とキリスト教教育との葛藤

韓国の初期キリスト教学校と社会教育システムが韓国の社会に及ぼした影響の中でもっとも特筆しなければならないテーマは「近代民族主義[11]」の拡散である。つまり初期韓国キリスト教の教育は、帝国主義の侵略と植民地状況下において、民族的アイデンティティを自覚する契機を提供した。このような韓国キリスト教の民族主義との連結は独特なケースである。すなわち大部分の西欧帝国主義による植民地支配の経験、そしてそれらの植民地侵略国家からキリスト教を受容した異なるアジア、アフリカ、ラテン・アメリカ地域の例とは全く異なる歴史的経験であった。何より韓国において初期、キリスト教を受容したエリートキリスト者の動機は、キリスト教の近代文明的価値とキリスト教の宣教国家の政治外交的な力に頼って自国の独立する力量を向上させることに焦点を置いていた。そして一部米国中心のキリスト教宣教師たちも同一のアジアの国家であり、非キリスト教国家である日本の植民地侵略の前に置かれた韓国人たちの独立熱に対して積極的に協力することもあった。このような状況において韓国のキリスト教学校と教育プログラムは、民族主義イデオロギーの認識と拡散を可能にするために

もっとも重要な役割を果たしたのである。

代表的な例のみを挙げると、ソウルにおいて形成された「尚洞派[12]」が運営した「尚洞青年学院」、平安北道の定州の五山学校[13]はキリスト教教育機関であると同時に韓国近代民族主義の教育の中心であった。これ以外にも直接キリスト教宣教師たちが設立し運営したミッションスクールの学生と教師たちを中心に、韓国民族独立運動における拡散の基地としての役割を担った。その代表的な事例が一九一九年の植民地下の韓国で生じたもっとも代表的な独立運動である三・一独立運動当時のキリスト教学校と病院の貢献である。その結果、三・一独立運動によってとりわけキリスト者の犠牲が多かった。統計から分かるように無宗教者をはじめとする全体の収監者を見ると朝鮮総督府の統計は九、〇五九名の全体の中でキリスト者が二、〇三六名（二二・五％）、日本憲兵隊の調査による他の資料で検挙された者は、全体で二〇、五二一名中、キリスト者は四、四二六名（二一・五％）である。これを宗教者だけに限定してみるならば総督府の集計ではキリスト者が五六・九％、憲兵隊統計ではキリスト者が六〇・五％に至る[14]。当時韓国のキリスト者は、韓国人全体の二～三％程度であったため比率を見ると驚くべき結果を示している。それ以外にも水原の堤岩里教会をはじめ全国のいくつかの教会が放火、集団虐殺などの被害を受けた。これは韓国の民族独立運動の主導勢力がキリスト者であることを日本帝国の当局も把握していた結果でもある。

日本の植民地統治勢力は、このような韓国キリスト教の民族意識拡散の役割を把握しており、特にその中心にキリスト教学校とその教育課程が重要な焦点であることも把握されていた。これに初期から韓国キリスト教教育は、日本帝国当局の監視と規制の対象であった。これに具体的な各種教育関連の法令によりキリスト教学校を制限したのであった。

キリスト教系私立学校における教育は民族的反日的な性向が濃い。このため日帝は私立学校に対する統制、監督を強化する目的で一九一五年「(改定)私立学校規則」を交付し、学校における宗教儀式と宗教教育を禁止させ、日本語で教えるように強要した。このような日帝の弾圧によって一九一〇年頃八二九を開校していた宗教系私立学校が一九一八年一二月には三三三の開校、一九一九年五月には二九八の開校のみになった。[15]

その後も日本帝国当局の韓国キリスト教、特にキリスト教系学校に対する警戒と弾圧は持続していた。

一九〇八年統監府時期の私立学校令、一九一一年朝鮮教育令と私立学校規則中の宗教教育の制限、一九一五年の布教規則とキリスト教布教機関の統制令、一九一五年の改正私立学校規則が代表的である。つづいて一九二〇年の改正布教規則、同じ一九二〇年と一九二二年の改正私立学校規則等を追加することができる。[16]

これは日本帝国が持続的にキリスト教学校教育に制限政策を行ったことを意味する。しかし、日本帝国下においてもっとも深刻であったキリスト教学校の危機は、「神社参拝の強要問題」であった。神社参拝を植民地朝鮮まで強要するようになった背景は、徹底した「日本化」政策の一環であった。「内鮮一体」と呼ばれる植民地施策を通して、朝鮮全体を戦争を行う兵站基地として活用する目的が強力であった。それゆえに日本の国民統合の一つの方策である国家神道の参拝、天皇制イデオロギーに対する崇拝を植民地朝鮮にも強要する必要があったのである。

しかし、この問題は比較的保守的な韓国のキリスト教である長老教宣教師たちと敬虔主義信仰に徹底したキリスト者には信仰的抑圧、偶像崇拝の強要として認識されたのである。この問題がもっとも具体的な葛藤として現れたのが、主に長老教系の宣教師が運営に参与したキリスト教学校の神社参拝の強制においてである。

日帝が神社参拝拒否を理由にキリスト教系学校に対して直接制裁したのが「平壌キリスト教系私立学校長神社参拝拒否事件」である。一九三五年一一月平安南道道廳において開かれた道内の公・私立中等学校校長会のはじめに道知事が校長たちに平壌神社参拝を要求した。しかし、平壌の崇実学校校長マッキューン（G. S. McCune）、崇義女学校校長代理の鄭益成、順安の義名学校校長リー（H. M. Lee）などはこれを拒否し問題に火がついた。これに総督府と道当局は、校長および学生の参拝状況まで明確に回答するように要求し、その結果にしたがって校長罷免および閉校も辞さないという強硬な方針を発表した[17]。

以後、神社参拝問題は、韓国キリスト教学校の存廃与否を決定する重要な鍵となった。おおよそカトリック、プロテスタントのなかで監理教系学校は神社参拝を受容し、学校を存置させる方向を選択した。しかし大部分の長老教系統の学校は、宣教師たちが学校経営から退き、一旦は学校を閉めるという選択をした。ただソウル中心のいくつかの長老教系の学校など一部は学校の存立を優先した事例もある。しかし時期の問題であり、日本帝国末期のファシズム絶頂期には、すべて西欧出身の宣教師たちが韓国から追放された状況であったために、これ以上この問題は学校運営の鍵になることはできなかった。

しかし神社参拝の強要について長老教系の宣教師たちの反発、学校の廃校、保守的信仰を堅持した韓国キリスト者の一部の殉教的抵抗は事実前述した抗日民族主義の発露であったといえる。むしろ民族主義の実践や政治的動機よりは、信仰的動機、純粋なキリスト教の敬虔を守ろうとする信仰的抵抗が主たる理由であった。ただし、それを外から見るとき、日本帝国当局の政策に対して強力な抵抗になるため日本帝国下の抗日アイデンティティーの最後の表現になった。しかし、これはまた少数の抵抗に終わり、多数のキリスト教学校、そしてキリスト者は日本帝国の強力な圧制の前に屈従し、神社参拝を容認し、天皇制イデオロギーに順応するほかなかったのである。

注

（1）R. S. Maclay, "Korea's Permit to Christianity," "The Missionary Review of the World," 1896.4." pp.289—290.参照。
（2）徐正敏『韓国キリスト教史概論—その出会いと葛藤』、かんよう出版、二〇一二年、二一頁。
（3）韓国基督教歴史学会編『韓国基督教の歴史二』（改訂版）、基督教文社、二〇一二年、八六頁。「比重」は筆者の追加。宗教系学校は、そのほとんどがキリスト教系学校であった。
（4）同右、八七頁。
（5）同右、一五〇—一五一頁。
（6）インドの Paraiyar あるいは日本の部落民に類似する階級。
（7）エビソンが校長として在籍した最初のキリスト教医学校セブランス医学校の第一期卒業生の中には白丁出身の朴瑞陽が含まれる。彼は最初の外科医であり母校の教授になった。一方、モーア宣教師が牧会したソウルのゴンダンゴル教会に出席した白丁の朴晟春が長老に選任され、同じ教会の両班たちの反対により騒動が起こり、ついには教会が分裂することもあった。朴晟春は、朴瑞陽の父親である。
（8）延世の発展と韓国社会編纂委員会編『延世の発展と韓国社会』、延世大学出版部、二〇〇五年。
（9）崇実大学校一〇〇年史編纂委員会編『崇実大学校一〇〇年史』、崇実大学校出版部、一九九七年参照。
（10）金興洙・徐正敏『韓国基督教史の探求』、大韓基督教書会、二〇一一年、六二—六八頁参照。
（11）本章において筆者が設定した「近代民族主義」の概念は、主に近代帝国主義の時代以後「帝国主義」と闘争した実践的なイデオロギーとしての「民族主義」を意味する。つまり強大国による植民地支配に抵抗し、被圧迫民族としてのアイデンティティを確立し、独立民族国家を志向する政治的、社会的イデオロギーを意味する。ただし統一した近代以後の民族主義の流れの中でも、極右のファシズムと連結する「攻撃的民族主義」(Offensive Nationalism)があり、その一方として弱者としての独立を追求した「守備的民族主義」(Defensive Nationalism)を区分することができ、先の概念は後者の「守備的民族主義」を指す。筆者ブログ http://blog.naver.com/chhistory12/150155381136 を参照。

(12) ソウルの尚洞監理教会と宣教師スクラントン(W. B. Scranton)、韓国人牧師の全徳基を中心に形成した平信徒の独立運動家グループである。金九、李東寧、李承晩、李東輝などなど初期韓国独立運動家がすべて網羅されたキリスト教界の民族運動グループである。

(13) キリスト者である李昇薫が宣教師の援助を受け設立したキリスト教系民族教育機関である。

(14)『韓国基督教の歴史二』(改訂版)、二〇一二年、四五頁参照。

(15) 同右、二九―三〇頁。

(16) 徐正敏「一九四五年前後の韓国キリスト教の受難―信仰と良心の圧制に対する抵抗、そして屈折と懺悔の問題―」『明治学院大学キリスト教研究所紀要』、第四八号、二〇一六年二月、二四〇頁。

(17) 朝鮮総督府『(極秘)平壌における外国人私立中等学校長の神社不参拝経緯概要』、一九三六年(『韓国基督教歴史二』(改訂版)、二〇一二年、二六一―二六二頁、再引用)

第三章　「日韓併合」に対する日本プロテスタント教界の見解

一、序論　初期日本プロテスタント受容者の国家社会的位置

日本プロテスタント教界は、「日韓併合」に対して、どのような見解を表明してきたのであろうか。「日韓併合」当時、日本プロテスタント教界の新聞や雑誌に掲載された論説を中心に整理してみたい。何よりも、この歴史的事件に対して日本プロテスタント教界の指導者たちは、どのような媒体に、どのような論説を寄稿したのかを、実名と匿名の別にかかわらず検討し、その実態と類型を整理したい。また、多数派を形成した「日韓併合」を支持し、積極的に宣伝する立場の事例とその論旨を整理する。そして、少数派に過ぎなかったが、その問題に対して問題意識を持っていた人たちの視点を紹介すると共に、その立場がもっていた一定の限界も探りたい。また、結論として、その後、特に八・一五[1]以降、日本プロテスタント教界が「日韓併合」に対する立場をどのように表明してきたのかに言及することが、本章の最終的な目標である。

まず、「日韓併合」が進められる中、それに対する一定の見解を示した当時の日本プロテスタント受容者の国

家社会内における位置や立場がどのようなものであったのかを検討することが、彼らの見解の背景を考える上で必須の要素である。

近代における大部分のキリスト教受容国の状況がそうであったように、日本においてもやはり西欧の近代文明との接触とキリスト教受容は不可分の関係であった。とくに、積極的に西欧化を志向し、西欧式の富国強兵をその目標に据えた日本の場合、初期プロテスタント受容者にとって西欧文明の根幹であったキリスト教の受容は必須の課題と考えられた。解放へと向かう明治初期の政治・社会的な流れの中で、また、「脱亜入欧」を目指して邁進していた状況の中で、初期キリスト教受容者たちは、一種の先頭意識、先駆者的な優越感をもつほどであった。この時期について原誠は、「明治以後、官民をあげて進行させてきた日本の『脱亜入欧』の路線の中にあって、総じてキリスト教徒たちは、われわれこそが日本の目指す西欧近代の基礎となる精神的、宗教的意義と意味の本質を深く認識しているという、いわば西欧近代に関する『本家意識』にもとづいた自負を保持してきたといえよう[2]」と分析している。とくに当時の日本の政治状況を見ると、「尊皇派」と呼ばれる明治維新の推進勢力に比べて、旧「佐幕派」と関係の深い地方の有力者たちは、政治的に疎外されていたと考えなければならない。まさにこのような疎外された「武士階級」の中から初期プロテスタント受容者が現れた。彼らは彼らなりの情勢判断にしたがって、すでに日本の近代国家の目標は「近代化」や「西欧化」にあり、それは西欧文明の受容を意味し、それ故にその根幹をなしているキリスト教の受容は必須の過程であると考えたのである。したがって、自分たちは政治的疎外を経験しているが、先駆的にキリスト教を受容することによって、政治的領域においても新しい役割転換をなし得るとの期待を持った。すなわち、戊辰戦争に破れ、政治的に疎外された武士たちが西欧文物の積極的受容という方法によって政治的な再起を目指した様相が見てとれる。原誠は、彼らのキリスト教受容の性格について次のように評価している。

彼らのキリスト教への接近と入信は、キリスト教に個人的煩悶や救いを求めてという宗教的な動機というよりは、儒教の価値観や世界観に基礎づけられていた彼らが、国家社会に対する危機感によって先進欧米諸国の根底的精神をつかみ取ろうとしたものであった。そこにはキリスト教を通して国家の救済と将来像を求めようとする精神的なエリートとしての自己に対する強い矜持があった[3]。

しかも、彼らの「キリスト教」はどこまでも「日本」を前提にした「キリスト教」であり、その志向自体の順序においてすでに日本がまず先にあった。これが神学的弁証によって次第に、「日本的キリスト教」という命題に発展していった。このことをさらに展開して言うなら、キリスト教をどんな状況にあっても「日本的価値」とは対決させず、もしもそうしなければならない場合には、かえって「キリスト教」を放棄したり、「日本」に従属する「キリスト教」へと変容させたりといった可能性までをも予期させるものであった。そして、この可能性は現実のものとなった。

すなわち、日本の近代の国家社会の流れは、キリスト教を受容したエリートたちの予想通りには展開しなかったのである。それは、「脱亜入欧」を目指した近代日本の「ハードウェア」の目標が、「ソフトウェア」、すなわち、精神的で本質的な価値目標を設定しつつ、「和魂洋才」を採用したためであった。そして、これこそ、明治維新を推進した人たちの高度な政治・宗教的戦略であった。「脱亜入欧」へと進むならば、その西欧文明の根本である「キリスト教」もまた、優先的に採用していかなければならない。しかし、さらに「和魂洋才」へと進めたということは、表面的には西欧の文明を受容するけれど、新しい日本の近代文明の「内在」、すなわち、「魂」は日本固有のものとするという二元的な目標を設定したということであった。これは、近代日本の国家目標が「脱亜入欧」であることを素早く見抜き、その根本であるキリスト教をまず受容することによって先頭を走り、政治的疎外を克服して、国家・社会の未来の主導権を掌握しようとしたキリスト教受容者たちの足元を大きく揺らがすものであった。

明治政府は最初、強力な「和魂洋才」の実践方法として「神道国教化」を志向した。しかし、これは、ややもすれば「政教一致」とも見なされる「前近代性」の問題、すなわち、世界的に近代国家が共通の基調とし始めていた「信教の自由」にそった宗教政策に背くといった問題に直面したと考えられる。[4] 結局、明治政府の選択は、「神道分離政策」、すなわち、神道を「国家神道」と「教派神道」に分離し、「国家神道」に「天皇制イデオロギー」を結合させて「超宗教」の位置に置き、これにすべての人民が義務的に尊崇の念を表すようにしたのである。そして、その下に位置づけられるものとして、さまざまな宗教、すなわち、仏教、教派神道、キリスト教などにおける「信教の自由」を許容するといった形式がとられた。ここには二つの問題があったが、それらは、「超宗教」として政治的国家儀礼であった「国家神道」と「天皇制イデオロギー」内に強力な宗教性を伴っていたという点[5]であり、他宗教に付与する「信教の自由」も、限りなく制限されたものであったという点[6]である。したがって、明治以降、日本の国家社会には、政治イデオロギーの言葉で包まれ唱えられてはいたが、強い宗教性をもった国家神道や天皇崇拝に深く追従せざるを得ない、あるいはその下に位置づけられるべき価値としての宗教信念を信奉したとしても、国家社会の価値秩序には順応せざるを得ないという雰囲気が流れていた。

このような流れの中、日本の初期キリスト教受容者たちは、国家への順応という安易な進路を自ら選択した。これはすでに見たように、多数のキリスト教受容者が当初から持っていた「日本的価値の優先」の一つの帰結でもあった。このようなキリスト教受容者たちの態度について、土肥昭夫は次のように述べている。

天皇・皇后の恩徳を語り、忠誠の意を表明してきた。彼らは天皇制のもとに追い込められ、そのイデオロギーのとりこにされたという被害者意識はなく、天皇制のもとにある自己を自覚し、そのイデオロギーとキリスト教をさまざまな方法で結びつけながら、自らの活動をすすめてきた。[7]

しかし、当時の日本の国家社会の流れは、日本のキリスト教受容者たちの望み通りには展開されなかった。日本的価値に優先順位を置き、国家順応的なキリスト教を唱えたとしても、当時の日本社会では、彼らに対する冷淡な排斥の気運が顕著であった。キリスト教の努力にもかかわらず、「キリスト教を反国体観念を唱える外来宗教として一方的に排斥した。キリスト教に対する彼らの妨害や排撃は、仏教系や保守系の新聞・雑誌によって行われた[8]」のである。

さらに、日本社会において、「反キリスト教感情」を高揚させる事件が発生した。すなわち、日本キリスト教の初期受容者の一人として近代的知性の代表的人物であった内村鑑三の「不敬事件」である。一八九一年一月九日、天皇が直接署名した「教育勅語」の奉読式において、当時、キリスト者であり、第一高等中学校の嘱託教員であった内村が「最敬礼」によって敬意を表さなかったということが原因となって起こった事件である。これを、特に当時の東京帝国大学の哲学の教授であった井上哲次郎は、「教育と宗教の衝突」と煽り[9]、結局、日本社会の「キリスト教邪教論」とキリスト者を「非国民視」する世論を拡散させた。[10]

これに対して内村は、「日露戦争」の時期に「非戦論」を主張し、再び日本社会から自らとキリスト教に対する反対世論を沸き立たせた。[11]これら一連の出来事により、日本の国家社会内におけるキリスト者に対する否定的な視線は固定されていった。

このような国家社会における否定的世論に対して、少数の日本キリスト者たちは、自分たちを弁護し、特に内村の立場を支持する抵抗的な見解を公にしたり、論説を発表したりすることもあった[12]が、大多数は、そのようにはしなかった。彼らは、結局、すでに見たように、国家社会の流れにさらに追従し、徹底的に日本の国粋主義に立脚した思想や行動に邁進した。そのことがかえって日本におけるキリスト教会を維持し、キリスト教信仰のアイデンティティを形成していく道であると判断したのである。このようなキリスト教界の大勢が、「日韓併合」に対する日本キリスト教界の見解を方向づける背景となったといえよう。

二、「日韓併合」に対する日本プロテスタント教界の反応実態と論説の類型

一八九四年の日清戦争期、すなわち、日本の「韓国併合」に対する野心が具体化し始めた頃から、実際に「日韓強制併合」が進行し、三・一独立運動が起こる前までを一つの時代区分として、日本のプロテスタント教界の論説を詳しく見てみたい。もちろん、韓国問題を主題として扱っているものの中で、まずは、直接・間接的に「日韓併合」と関連する「政治的問題」、あるいは宣教と信仰上の問題をテーマにしたものに限定した。この整理にあたっては、一九八四年に刊行された『日韓キリスト教関係史資料 一八七六―一九二二』(小川圭治・池明観編、新教出版社、以下、『資料集』と表記)を参照した。

まず「日韓併合」という主題と直接・間接的に連関する日本キリスト教界の新聞・雑誌の論説計四四篇をまとめてみた。もちろん、ここには、「日韓併合」という主題から一部はみだした広い範疇の内容を扱った論説や、時期的にそれよりも少し前のものや、相当後に書かれた論説もある程度含んでいる。それればかりでなく、ここに選別された論説の他にも「日韓併合」という主題に関連した日本キリスト教界の論説を追加しうる可能性もある。[13]

ここで、先の直接的なテーマの論説以外に、「日韓併合」という主題あるいは一部内容について直接的に言及している関連論説の目録を調べると、一九篇の論説を追加することができる。

一九篇の論説は、全体あるいは内容の一部分において比較的直接的な言及によって「日韓併合」に対する見解を表した論説である。しかし、すでに『資料集』の分類に依拠してまとめた前述の四四篇の論説のみによっても、本章の目標に接近し、その傾向を把握することにおいては特別に問題はないと考えられる。刊行物別に見ると、『福音新報』[14]八篇、『護教』[15]八篇、『基督教世界』[16]一一篇、『新人』[17]十篇、『上毛教界月報』[18]二篇、『聖書之研究』[19]四篇、その他書簡一篇の計四四篇（追加した別途目録は除外）である。これは、各刊行物にそった分類であると同時に、それぞれ日本基督教会系、日本メソジスト教会系、日本組合基督教会系、無教会主義系のものとして分類することもできる。これら四四篇の論説のうち、筆者が明記されている論説、個人誌の性格などにより各論説の筆者の名前が明記されていなくても自ずから筆者が明らかな論説[20]、また、対談などの形式によってその陳述者が明らかな論説[21]が二二篇にのぼる。その他、ペンネームで書かれた論説三篇[22]があると共に、筆者が明らかにされていない論説が一九篇に達する。しかし、筆者が明らかではない論説であっても、該当刊行物がもつ性格や発行者、所属教派などを考慮すれば、その立場の展開における特性と傾向を探ることには特に問題はない。

三、「日韓併合」に対する日本プロテスタント教界における多数派の肯定的見解と論点

先にまとめた論説中、大ざっぱに見積もって八〇～九〇％の論調が、「日韓併合」に対する支持や肯定的な反応を見せているという点は、考えられる範囲内のことである。そのような反応の背景となる主な原因が、すでに序論において見た日本プロテスタント初期受容者たちの国家社会内の存在方式や時代認識と深い関連があるという点は再論の余地がない。ただここでは、彼ら多数派の日本プロテスタントの「オピニオン・リーダー」たちがどのような論旨でこれを扱ったのか、また、支持したのであればどのようにその支持の名分や根拠を挙げている

のかに注目したい。支持する立場からの代表的な論説を詳しく見ていく中でその論点を分析する。

(一) 西欧列強、ロシア、中国から韓国を救済するため

片岡健吉は、すでに一八九七年に「東洋の前途を如何せんとするか」という論説において、日清戦争後にヨーロッパ列強は東洋を占領しようとしており、東洋の風雲は危ういという前提のもと、「朝鮮は終に独立を失ふ可く、支那〔ママ〕の前途また崩壊の外あるべからず。然るに日本は独り其の望みある」[23]と断定し、朝鮮も中国もロシアにのみ頼ろうとしているが、日本は東洋の後進国を導かなければならないと主張した。これは、「日韓併合」に対する名分の蓄積とその予測を論ずる論説である。一方、一九〇五年九月に『護教』に掲載された「韓国に於ける教育事業拡張の急務」と題された論説には、さらに具体的な論調で次のように記されている。

日清の戦争も韓国の事より起り、日露の戦争も韓国の事より起りたる次第にて、其向背は我国家の運命に至大の関係を有するに拘はらず、(中略)韓人は毫も我国に心服することなく、却て著しく人種、宗教、言語、風俗を異にせる敗戦国たる露国に向て秋波を送りつつありしとのことなる(中略)若しも此儘にして打過ぎなば、五年十年を出でずして、韓国は遂に我掌中のものに非ずして、露国に非ずんば独逸、独逸に非ずんば仏国の掌中に帰せんこと殆ど火を観るよりも明也。是れ畢竟我政府対韓策の根本より誤れるに帰せざるを得ざることなれば、我政府は此際先ず其対韓策を根本的に厘革して将来の禍根を艾除せざる可らず[24]

これは、日本政府の対韓政策をより強力な基盤へと催促するものであり、「併合」の必要性を力説する内容である。その名分は、このままいけば、韓国が西欧列強の植民地になるというものである。これに先立ち、「日露

戦争」以前の一九〇一年五月に『新人』に掲載された「満州問題と朝鮮経営」という論説にも次のような内容が登場する。すなわち、ロシアが満州と遼東を経営（支配）することを日本は黙認してきた。満州経営がロシア、中国、日本のいずれかの国の責任であり、それを経営する能力が誰にあるのかを問いただしてみなければならないが、日本が本来経営しなければならないのは満州ではなく、朝鮮であるということは忘れてはならないという。(25)

しかし、このように他国に先んじて、韓国に対する領有権の確保が必要であるという論旨や、とくに西欧列強、ロシアなどに隷属する韓国を日本が支配することは当然であるという議論からさらに進み、それらの国ではなく、日本に併合されることこそが、かえって韓国の「独立」であり、それは「復活事件」を意味するといった積極的な見解が提起された。すなわち、海老名弾正が「日韓併合」以降に寄稿した「日韓合併を祝す」と題された論説である。その論説で海老名は、日本人と韓国人すべてのために、「神国」の発展のために合併を祝している。彼によれば、韓国は他の国への隷属から抜け出し、ついに独立したのであり、韓国が亡国となり、韓国人が亡国民となったというのは浅はかな感想であるという。韓国は滅亡したのではなく、復活するのである。復活には死が前提とされており、韓国は従来の隷属国の状態において死に、独立した大国として復活しなければならない。そして、隷属根性から抜け出し、独立の英気を発揮しなければならないという。(26)

このような主張を見れば、日本キリスト教徒の日韓併合に対する立場は、単なる国家の政治的進路に対する支持や順応に始まって、より積極的に日韓併合の名分を創出する段階に至っていたと考えられる。そして、さらに進んで、神学的比喩までをも援用し、それを鼓舞するほどにまでなっていたと見ることができる。

（二）韓国の更新・改革のため

坂本直寛は、一九〇四年の「韓国に於ける我邦の経営」と題された論説で、「我邦が従来執り来りたる対韓経営策は皮相的にして根本的ならず、（中略）是故に我将来の経営は永遠にして鞏固なることを計らざるべからず、予は対韓経営に付て最も重要なるもの凡そ二つあるを信ずるなり、一は韓人の精神をして根本的に更新ならしむること、他は我邦の実地的勢力を扶植すること是れなり」[27]と記した。坂本は、韓国経営をより積極的な植民地経営にすること、その中で精神面にまで拡大する方向を提示している。その名分は、「韓国の更新」であった。このようなテーマ、すなわち韓国の改革・更新論に至る合併支持の議論には、日本に駐在する米国メソジスト監督教会の監督であったハリス（Merriman C. Harris）の意見が中心に登場する。これは、日本プロテスタントの信徒が米国宣教師ハリスの見解に依拠し、日韓併合の名分を支えようとした面にも見られる。

日本が韓国の指導者たるは天の摂理と謂ふべし、日本の助力を排斥するは韓国のために決して策の得たるものにあらず（中略）余は韓国の更新を望むの外に他意なき事前述の如くなるが、（中略）日本が韓国経営のために費したる資金は莫大にして（中略）、是外教育の制度を設け病院を開設するの類は皆日本が韓国を思ふの余りに出でたるものにて究竟の目的は韓国の更新にありとせざるべからず、（中略）余が合邦と云はずして合同と云ふ（中略）韓国の為に日本の如き指導者あるを感謝せざるべからず。（中略）〔韓国民は〕国内を通じて截然二派を樹立せり、其一派は日本に親善して合同（併合にあらず）を希望せるもの、他は全然独立を夢想せるものこれなり（中略）余は目下日韓両国民の誤解を除くに努め居れり（中略）日韓両国は新基礎の上に合同すべし而して日本は誠実に韓国民の為めに指導し宣教師も亦これと協力して教化の実を挙げ、韓民は之れに順応して興国に尽くせば新韓国は玆に出現すべし、（中略）両国の交際は益す友情的になりつつあり、（中略）今後も両国民の間に協力一致の精神を失はず相提携して韓国の福利を図らん事を熱望して止まざるなり、之を要するに宗教家として余が韓国経営の為に貢献せんと欲するは善男善女を造るにあり[28]

このようなハリス監督の見解は周知の通りであるが、とくに彼が「合併」ではなく、「合同」を主張したことは特記するに値する。両政府や国民間にいわゆる円満な「合併」、すなわち「合同」は決して実現され得ないのであり、結局、日本の圧力による「合併」の手順を踏むという逆説的な隷属を可能にする意見である。

これより前の一九〇七年に『新人』に掲載された「帝国の使命と韓国の復活」と題された論説では、韓国更新論の根源となる主張ではあるが、前述の「復活論」にまで拡張した妄言が語られている。匿名の筆者は、韓国は実際には独立国家としての経験がなく、過去の歴史、現勢と世界の大勢を見れば、将来においても独立国家とはなれないと釘を刺している。そして、日本との合併を通して、「帝国臣民同様の教育を受くるを得んか、二三代を経ずして、日本人と同等の智能を有し、大帝国を経営するの要素たらんこそ、吾人の信じて疑はざる所[29]」と述べている。これは、いわゆる「文明改造論」の根幹をなすものであり、ここでの主題である「韓国更新論」についての別様の方向をもった主張である。また、韓国が将来、日本帝国と合併し、帝国臣民としての権利をすべてもつようになるなら、帝国と同様の生活を享受することができるという。しかし、この論説のクライマックスはここに止まらない。この論説によれば、韓国は滅亡ではなく、復活の道に入っているのであり、合併によって韓国人を属国民ではない帝国臣民につくりあげることが復活なのだと結論づけている[30]。これはその後に継続して登場する植民地支配の論理である、韓国の「文明改造論」の前兆であり、合併の名分である「韓国更新」の系列に属するものである。それは、キリスト教の立場から「韓国」の「日本化」、すなわち「韓国人」の「帝国殖民地化」が「復活」なのであるという主張にまで至るといった神学的な愚を犯している。

(三)　東洋平和のため

先に論議した諸名分が、韓国の救済、あるいは韓国の更新といった少しばかりより具体的な名分に没頭していたとするなら、韓国と直接的に結びつけられた「東洋平和」という巨視的な名分に重点を置いた論説も登場する。

前述の坂本は、一九〇四年三月に「対韓経営に就て我党の士に望む」と題した論説を書き、継続して東洋平和の論理を展開している。それは、日本はゴリアテを殺した羊飼いダビデとして、弱小国の韓国を「黄龍」(すなわち清)から救ったように、今度は「大鵬」(すなわちロシア)から救わなければならないといった形の「韓国救済論」に立脚している。また、弱小国家の独立を保たせるために、ロシアとの戦争も必要であり、韓国の堅固なる維持と「東洋平和」のために最善を尽くさなければならず、それ以前の日清戦争も韓国の維持と東洋の平和のためのものだったと述べている。[31] ここでは、韓国を救うための戦争と日本の覇権維持が東洋平和のための道であるという主張が結びつけられている。

一方、同年五月の『基督教世界』に登場する匿名による「日本民族の膨張」と題した論説において、やはり「東洋平和論」が登場するが、同論説内でその「東洋平和論」の虚構性と自国利益追求の内幕が露呈してしまっている。論説では、「日露戦争は其主なる目的に於て、東洋平和の為満韓保護の為[32]」であると主張するが、その直後において次のような自国利益のためといった実際の目的が露わになっている。

> 毎年の統計によれば一ヵ年凡そ五十万人の増加を見る(中略)我国民の前途実に慶賀すべきの至りならずや然れども如何にして此五十万人の人口を生活せしむるかに就きては内外の識者が我邦人の為に慮る所の事なり、今回の日露戦争は(中略)又一の理由は我邦に於て年々増加する人民の生殖地を求むるにある論を俟たず、(中略)海外移住の必要此の如く大なり、(中略)朝鮮支那〔ママ〕に向つて、移住を試むべきの時となれり、然るに此移住に就きては我国民は大なる欠点を有す。其欠点の第一は世界的大精神のなきことなり。(中略)第二は家庭の和楽に乏しきことなり、(中略)我邦人は未だ英人の如く家庭に其喜楽を求むることを

知らず（中略）我国民は宜しく英国人に倣ふべきなり、第三は独立永遠の精神に乏きことなり、（中略）我軍清国に勝ちて（中略）今又露国と戦つて大に世界的飛躍を試みんとす、我国民たるもの今より大に覚悟する処あり戦争後平和の戦場に於て、国民膨張の事業を完ふせざるべからず。[33]

結局、東洋平和を名分とした戦争は、周辺国の領有を目的としたものであった。とくに韓国支配において自国民の膨張を優先視することによって、「東洋平和」というものが偽善的な名分であることを自ら明らかにしている。さらにこのような膨張事業に消極的な自国民の特性を叱咤しながら、当時の代表的帝国主義国家の典型である英国をロールモデルに挙げている。このような虚構的主張が、当時の日本知識人、特にプロテスタント教界における論説の重要な流れだったのである。

（四）本来韓国は神の摂理として日本に属する

先に併合を支持するさまざまな名分を分析してみたが、最も強力な併合名分は、元々韓国と日本は一つなので一緒にならなければならないというものではないだろうか。島田三郎は、一九〇五年三月に『新人』に発表した論説「朝鮮人に対する日本人の職分」において、「朝鮮人は支那〔ママ〕人種に属せずして寧ろ古代我国の西南部を開きし民族と種を同うする事是なり。（中略）朝鮮人は実に言語を同ふし祖先を同ふし人種を同ふする我同胞にてあるなり[34]」としている。これは、人種的・文化的同一性を掲げて、日本の韓国併合が自然な帰結であるとの根拠をうち立てる主張である。これに先立つ一九〇四年七月の『新人』の社説「朝鮮民族の運命を観じて日韓合同説を奨説す」においても、次のような同一人種説、さらには婚姻による二つの民族の完全混合の仕方について力説している。

韓人の合同すべき民族が日本たることは火を見るよりも明なり。左に其理由を陳ふべし。日韓民族は同一種の民族なり（中略）韓人が日本人と合同せずして露人と合同せんとするは、合同の順序に反対するものなり。此の如きは合同にあらずして併呑なり、（中略）日本民族と合同するときは、先づ日韓人雑婚して家庭を作ること容易の業に属す。日韓人雑居するに至らば、百年を出でずして其区別を弁すべからざるに至るや明けし。[35]

「合同」と「併呑」（併合）を区別し、日本こそ韓国と「合同」することができる相手であるとの主張が特筆すべき部分である。しかしながら、結局、日本は韓国を「強制併合」し、以後のさまざまな論説の中には、「併合」、「合併」という用語が自然と度々登場する。しかし、この論説においてより注目されるのは、「同一種族説」の流れに立っている点はもちろん、韓日二つの民族間の「雑婚」を政策的に勧告し、ついには「完全なる一体」を目指している点である。「日韓併合」が進められるかなり前である一九〇四年に、しかもキリスト教界によってなされた主張であるという事実は、かなり衝撃的である。

一方、韓国は日本に属するものであるという日本人の意識を前提にした主張も提起された。石原保太郎は、一九一〇年四月の『福音新報』に寄稿した「韓国の宣教師問題につきて」と題した論説において、「外国人は韓国を以て日本のものにあらずと考へ、日本人は之を日本のものの如くに考へ、其の間に双方の考への統一せざるところあるは已むを得ざることなり。故に余は早く合邦を断行するを得策なりと思考す[36]」と断じている。

しかし、日本の韓国併合の名分として最も強力で、とくにキリスト教的観点から注目しなければならない主張は、やはり「神の摂理」による「併合」という主張である。このような立場をもっとも鮮明に表している論説は、一九一〇年九月の『福音新報』に匿名で寄稿された「大日本の朝鮮」である。

韓国は遂に帝国の版図に併合せられたり。（中略）我が国の朝鮮に於ける関係は、其の由つて来るところ深く且つ久し。実に神が此の国民の「祖先等に与へん」と誓はれしものなりと感ぜずんば有らず。（中略）「（中略）韓国が禍乱の淵源たるに顧み」て韓国を其の保護の下に置きしが、此の目的を貫徹せんが為めに、更に進んで今回の併合を決行するに至れり。唯帝国自己の存在を安全にし、禍乱を根絶し東洋の平和を維持するに必要なるがためのみならず、日本は彼の半島を開発し、其の人民を誘掖し、東洋の進歩に貢献し、広く人道を世界に興起せしむべき天職を帯び、此の大任を負担するに最もよく適当せる、即ち既に神より「先祖等に」朝鮮国を「与へられ」たるものなるが故に、之を併有するの権利有るなり。（中略）日本は韓国の併有に於て、自己の親権を行へるものと解釈せらるるを最も至当なりと信ず。（中略）日本は今回の膨張に由りて、（中略）大帝国となりぬ。[37]

これは、聖書的・神学的に韓国併合の名分を主張したものであり、キリスト教界の主張としてのみ可能な論理である。韓国は、日本にとって「約束の地」であり、論説ではこのことを主張するにあたっての聖書的比喩として「中命記的な基調」が援用されている。このような聖書使用の目的の一つは、日本キリスト教徒の内部に向けての韓国併合の名分の説き明かしであった。さらに言えば、日本の国家社会の世論に向かって、キリスト教界がどれほど明確な名分を、とくにキリスト教だけが構築しうる聖書的・神学的論理を通して韓国併合の名分を提起するほどに国家目標と併進しているかを強調する適応主義的な発言とも解釈することができる。

（五）「日韓併合」に際しての韓国人に対する忠告

当時の日本プロテスタント教界の論説には、「日韓併合」問題に関する名分の提起だけでなく、韓国人、あるいは韓国のクリスチャンに対する「忠告」をその内容としたものが登場する。その内の代表的な論説を見るとすれば、次のものがある。まず別項目ですでに見た一九〇四年七月の『新人』の社説「朝鮮民族の運命を観じて日韓合同説を奨説す」においては、比較的一般的な意味での忠告が登場する。

我同胞たる韓国民族に一片の忠言を呈せんと欲するものあり。（中略）余は実に地を代へ、韓国人となりて熟慮したるなり。（中略）昔時羅馬がイタリ半島に起り、海陸の大権を掌握したるは、其地理に大関係ありしや疑ふべからず、韓国は半島なり、海陸の大権を掌握するには最も便利なる地位といはざるべからず。然るを韓国が羅馬と正反対の歴史を作るに至りたるは亦理由なくばあらず。其理由といへば、朝鮮半島は海陸に対して比較的に小なるを持て、イタリ半島が海陸に対して比較的に大なるものと正反対の歴史を作りしなるべし。韓国は大陸に圧せられざれば、大海に制せられて、遂に自主独立の権威を発揚すること能はざりき。（中略）韓国の如きは古来純乎たる独立国の体面を有し居らざるに於いてをや。世には属国ほど憐むべきものはあらざるなり、属国たらんよりは寧ろ滅亡するに若かず、又保護国となるも決して名誉にはあらざるなり（中略）合同は名誉を完うし、幸福を完うするを得。[38]

ここでは、地政学的な論理を展開し、韓国人が併合に対して幸いなる思いをもつようにと勧告している。匿名の筆者は、立場を代え、自分は韓国人の立場から忠告していると述べているが、それは限りなく日本の観点から出た「忠告」であると言える。しかし、より注目し得る論説は、聖書的・神学的比喩を動員し、韓国のクリスチャンに注文をつきつける忠告である。その代表的なものは、西内天行が一九〇七年八月の『基督教世界』に寄稿した論説「韓国基督教徒に贈るの書」である。

韓半島の国民よ、郷等の頭上を離れざる歴史的運命は、曽つて世界の最大聖者を産出したる猶太国民のそれに均しく（中略）卿等を支配せんとする鉄則は、単に卿等の如き弱き国民の上にのみ存するにあらず（中略）少しも国家の運命に対して、徒に悲むを要せず（中略）貴国々民の精華たる可き基督教徒は、（中略）今後に処するの覚悟を明白にせんことを要す（中略）貴国の暴徒が各地に蜂起して感情一片の憤怒を漏らす（中略）〔チユダの徒〕は基督の自党の首領に推されざるを見て、矛を逆にして迫り来れり。（中略）猶太国民か基督の「豊富ならしむる生命」に充実せざりし（中略）予は韓半島の国民の為に基督の「富豊ならしむる生命」の充実を完ふして、猶太国民の愚を再演せざらむことを祈らさる能はす、今後若し不断の暴徒を起すことあらむか、猶太国民が属国の状態より一変して亡国と成れる如く、同一の運命は貴国の頭上にも降るならむとも思はる。（中略）貴国々民中尤も賢明なる基督教徒は、尠くとも百年後を達観するの活眼を開ひて、一死以て不明の徒を開発指導せざる可らず（中略）ああ韓半島の同胞よ、徒に失望すること勿れ、徒に悲観すること勿れ、活ける神を信じて永遠の生命を発揮せんことを。前途の勝利は確信あるクリスチヤンの掌中に存す。[39]

韓国民族史や韓国キリスト教史において「韓国」を「ユダヤ」に喩えるメタファーはおおよそ、苦難の民族史にもかかわらず、民族の粘り強いアイデンティティを守ってきたことをその内容の中心にしたものである。さらに、「民族信仰」という主題に至ると、韓国クリスチャンとユダヤ民族との類比が聖書的・神学的次元へと進み、「摂理的な希望」へと展開されることが通例であった。ところで、先の論説において西内は、滅亡した国ユダヤと韓国を比較して、韓国の独立運動の路線とその実践をユダヤの熱心党の活動に喩えている。韓国キリスト教徒には、「生命」に立脚し、独立運動に進み出る民族運動家たちを悟らせて思い直させ、指導せよとの主張を展開した。これこそ、日本のキリスト教徒たちが聖書テキストに自己中心的に作為的な解釈を加え、韓国のキリスト教徒たちが置かれた状況を徹底的に否定する論理であると言える。先の「韓国併合」に対する聖書的意義の解釈と共に、最も過度な併合合理化の論理ではないだろうか。

四、「日韓併合」に対する日本プロテスタント教界における少数派の否定的視点と限界

日本プロテスタント教界の「日韓併合」に対する反応の中にも、一部、否定的視点と議論があったことも事実である。もちろん、限りなく少数であったことは明らかである。ここでは、彼らの論点の重要な主題を分類して、その意義と共にそれがもつ限界について代表的な関連論説を通して探ってみたい。

(一)「日韓併合」を遂行する日本側に対する注意・忠告

当時の日本キリスト教徒たちが、「日韓併合」に対する憂慮、すなわち、否定的見解を表す上での最も中心的論旨は、日本の官憲や民間が朝鮮を併合する過程において見せる方法的な問題の指摘であった。これは、日本の責任に対する自覚の促進あるいはこの併合によってもしかすると日本が失うかもしれないものの指摘にまでつながっている。代表的なものとしては、一九〇六年一月に「鼎浦生」というペンネームで『新人』に掲載された「朝鮮に対する罪悪」と題する論説が注目される。この論説は、まず、日韓の永遠の「康福」の観点から合同と同化をすべきことを主張すると共に、日本政府の愚策や日本人の悪行を考えると「実に痛怛、抗慨殆んど熱涙の迸るを禁じ難き者あるなり」としている。[40]そして引き続き、韓国人に対する日本人の悪行の具体例を列挙している。例えば、日本人が韓国商店で商品の代金をきっちりと払わず、それに抗議した店主に暴行したことや、六名の日

本人が所有者のない土地を発見し耕作を始めるにあたって下方にある他の米作地に引かれた水の流れを変えたため、下方の米作地の地主が抗議したところ、その頭を殴り、争いたければ日本領事館に申し出よといったこと、そして、ある韓国人が日本の両替店に韓価四〇〇円を預金して受取証をもらい、後日、引き出しに行ったところ、その預金はすでに支払済であると言われ、預金を取り返すことができなかったことが挙げられている。また、日本の鉄道会社が韓国官吏を通して、韓国工夫一〇〇名を一日一円五〇銭の賃金で雇ったが、官吏が賃金の三分の一を自分の懐に入れ、五〇銭だけを工夫に渡したので、工夫たちが働くのを拒否したところ、会社と官吏が強制的に工夫たちを働かしたという事例も挙げられている。これらの事例が挙げられた後、次のように記されている。

以上述べたるは日韓人の間に起れる争議の見本と云ふべきものにして、何れも正当の裁断を受くるを得ずして韓人の損失と為りしものなり、日本の移住民は韓国の法律に制せられず韓人は日本の領事裁判により正当の判決を受くるを得ず（中略）吾人が朝鮮旅行家に就て聞く所は、之よりも更に暴戻を極めたるあり[41]

もちろん、円満なる韓国併合のための状況創出、そしていわゆる文明国の国民としての日本人の資質の向上を忠告によって促すことを目的とした内容であったが、日本人の立場からその具体的悪行を詳細に報道していることだけでも、当時の他の論説の論調とは一定の違いをもつ内容であった。引き続き、同じ『新人』の紙面に一九〇七年八月に「皓天生」というペンネームで寄稿された論説「日韓協約の成立」では、感服させるのは簡単であるが、心服させるのは難しく、横暴ではなく、「仁愛の正心」を教化すべきであるとし[42]、韓国併合の方法に対してそれなりに最大の注文をしている。

一方、韓日併合の直後、その公布を目前に控えた一九一〇年八月の『護教』に匿名で掲載された論説「韓国合併後に於ける日本の責任」では、「日本の責任」について次のように確言している。

新聞紙上には既に韓国合併条約の内容なるものが発表されて居る、（中略）我輩は之を読で先づ日本国民として帝国が平和手段に由り彼我の条約を以て韓国の領土合併を結了したことを欣ぶ、しかし従来独立国であつた韓国が国としての生存を喪失すると思へば何だか気の毒のやうな感も起る、この際日本は戦勝国が敗戦国に対するが如き倨傲の態度を慎まなければならぬ（中略）先見ある政策の下に指導の責任を尽し他日鶏林八道の民をして合併の恵沢を感ぜしむる様にせなければならぬ、（中略）眼前の虚栄に酔ひ「おのおの己が事のみを顧みず人の事をも顧みよ」との主義を打忘れて尊大自ら居らば世界の同情は日本より去るやも知れぬ[43]

以上の警告と責任の強調は、すべて合併自体に対する異議ではなく、その方法に対する憂慮と要求にすぎない。しかし、当時の大部分の論調とはかなり隔たりをもっていたという点は一旦、注目しなければならない部分である。これよりはもう少し根本的に、あるいは精神的・霊的な方面から、この問題に注目した人物に内村鑑三がいる。彼は、一九〇九年一二月の『聖書之研究』に記述した「朝鮮国と日本国—東洋平和の夢」という論説において、日本について次のように評している。

余輩は日本国のために此事を悲しんだ、日本国は過去十数年間に於て地上に於て多くの物を獲た、台湾を獲た、樺太を獲た、満州を獲た、亦実際的に朝鮮をも獲た、然し、物に於て獲し日本国は霊に於て多くを失なつた、其士気は日々に衰へつつある、其道徳は日々に堕ちつつある[44]

これには、日本の韓国併合や東洋における覇権確保が、地上における勝利や利益を促進させたようには、精神的・霊的な価値を促進させることはできないだろうという憂慮とため息がこもっている。内村は、その次の論説、すなわち『聖書之研究』一九一〇年九月号に掲載された「領土と霊魂」で、より具体的な心境を表している。

> 国を獲たりとて喜ぶ民あり、国を失ひたりとて悲む民あり、（中略）久しからずして二者同じく主の台前に立たん、而して其身に在りて為せし所に循りて鞫かれん、（中略）我領土膨張して全世界を含有するに至るも我が霊魂を失はば我は奈何にせん、嗚呼我は奈何にせん。[45]

（二）「日韓併合」に臨む日本の指導者の資格問題への言及

一方、また別の論旨として日韓併合問題に言及したものに、韓国併合を指導した者たちの道徳的問題がある。これは、先述の方法論の問題や得失に対する注意・忠告を超え、併合を推進するに値する道徳的資格問題をめぐっての論議である。その代表的な論者が柏木義円である。彼は、一九〇七年七月の『上毛教界月報』に寄稿した「公娼問題雑記」という論説で、非常に具体的な事案を取り上げてこの問題に言及している。

> 貞操問題と外交〔英国と違い〕我国にては国家の大事に任す可き責任あるものと雖ども傍若無人に婦人の貞操を侮辱するの罪悪を敢てして毫も意とする所な〔し。〕（中略）韓国京城に英人ベセルなる者あり、彼なかなかの奸物にて英韓両様の新聞を発行して盛に統監府の施政を攻撃し（中略）、彼れ伊藤統監が一身の素行の修らざるを責めて、（中略）鶴原総務長官の如き亦其不品行を摘発せられ共に其個人の品位を毀損せられ、（中略）統監府は之に堪へ兼ね英国大使に訴ふる所ありしに、大使は京城駐在の英国領事をして事実

を調査せしめたるに英国領事は左の如く返答に及びたり（中略）ベセルが韓英両文を以て新聞に記載する所は悉く事実にて決して虚構に無之候（中略）貞操破壊の英雄尚ほ悟る所なきや如何（中略）癩病〔ママ〕の如く滔々日本の痼となり居る貞操破壊婦人侮辱は決して小事に非るなり、今にして灰を被つて改むる所なくんば将来日本民族の大患を醸すもの必ずや此れならずんばあらざるなり[46]

日本組合教会の牧師として地方において牧会した柏木は、韓日併合問題だけでなく、日本の対韓政策や日本キリスト教の植民地伝道論などに対して、極めて批判的立場をとった人物である。彼は、とくに併合問題に関して、これを先頭に立って遂行していた伊藤博文らの道徳的問題に言及している。外交問題にまで飛び火した性的スキャンダルを強く指摘し、韓国支配の名分問題に言及したのである。これと同様に、当時の日本プロテスタント教界の他の諸論説とは、その主題において、また、その強度においてまったく違った次元を見せている。

(三)「日韓併合」に直面した韓国人に対する慰め

この主題は、やはり前述した内村の論説において具体的に現れている。彼はとくに日韓併合による韓国国民の主権喪失の過程において韓国で起こった大覚醒運動に注目した。これを国権喪失の償いとして天から受けた祝福という神学的論理によって鼓舞した。もっとも積極的な慰労のメッセージであることに間違いはない。

聞く朝鮮国に著しき聖霊の降臨ありしと、幸福なる朝鮮国彼女は今や其政治的自由と独立とを失ひて、其心霊的自由と独立とを獲つつあるが如し、（中略）神は朝鮮人を愛し給ふ、彼等に軍隊と軍艦とを賜はざるも、之に優さりて更らに能力強き霊性を下し賜ふ、（中略）余輩は朝鮮国に新たに聖霊の降りしを聞いて、東洋の将来に大なる希望を繋ぎ、併せて神の摂理の人の思念に過ぎて宏且つ大なるに驚かざるを得ず。[47]

これは、内村の単純な感性とか韓国人に対する臨機応変式の慰めではなく、一定の神学的省察をもった意見である。それ、すなわち、「国権」と「聖霊降臨」を単純に交換可能な価値であると見なし得るわけではないが、民族の危機と絶望の中にも不滅の希望を所有し得るのだという面において、この慰めにはかなりの程度の実質性がある。また、彼は、続けて、韓国キリスト教のリヴァイバルと強力な拡張に対しても摂理的な意義を発見しようとしている。

余輩の旧友にして朝鮮国京城在留の米国宣教師某君より余輩の許に書瀚を贈り、其中に左の一節があつた。我等当国在留外国宣教師全体の世論に従へば朝鮮国は多分日本国に先きだちて基督教国たるべしとのことである（中略）余輩は朝鮮国のために此事あるを喜んだ、彼国は今や実際的に国土を失ひ、政府を失ひ、独立を失ひ、最も憐無べき状態に於てある、（中略）神は必ず何物かを以て朝鮮人の地上の損失を償ひ給ふに相違ない[48]

それだけでなく、彼は自分の米国人の友人に送った私信においても、日韓併合の問題をめぐり、韓国人たちに対する慰労の意を表した。その手紙は、よく言及される次のような内容を含んでいる。

親愛なるベルさん（中略）かあいそうな朝鮮人たちは、彼らの国を失いました。何ものも彼らのこの損失を慰めることは、（もちろん）できません。（中略）彼らの中には立派なクリスチャンがおり、精神的には、原則通り、日本のクリスチャンよりはるかにすぐれています。彼らの間には、私の善い友人が数人います。（中略）われわれの間には「人種問題」なぞは介在しません。[49]

このような内村の文章に出会うと、当時の数多くの合併支持の論説の中で、韓国人をもっとも深く理解していた日本キリスト教の指導者の一例を確認することができる。しかし、そうであっても、伊藤博文が死んだ直後に記述した「粛殺の秋」という論説で、「秋風吹起て草木枯れ、偉人逝く[50]」と嘆いているように、彼が日本人としてのアイデンティティを持っていたことには変わりない。やはり彼もまた韓国人に対する慰めと償いのメッセージを語りながらも、韓国併合の事件的意義、その過程の問題や方法に注目するだけで、それ自体に対する反対や根本的な問題提起はしなかった。それは、当然の限界といわざるを得ない。

五、結論　「日韓併合」に対する日本プロテスタント教界の八・一五以降の立場

これまで「日韓併合」前後の日本プロテスタント教界の見解を整理してきた。ここで結論に代えて、八・一五以降から現在に至るまで、日本プロテスタント教界がこの問題をどのように整理し、その立場を明らかにしてきたのかについて見てみたい。これはその立場の変化の推移を把握することと同時に、歴史に対する評価とその省察の視点を探ることであり、韓日キリスト教間の赦しと和解のための事前理解の面をもつと言える。八・一五以降に日本キリスト教界が「戦争責任」や「日韓併合」などに対して公に宣言した主要な声明書の目録を最大限調査・整理したところ、計三八篇の八・一五以降の声明書を要約した。その内の大部分は、プロテスタント教界に

よる声明であるが、単独あるいは連合で発表された二篇のカトリックの声明書も含まれている。全体的に見た時、八・一五以降の日本キリスト教界の歴史意識と韓国問題に対する意識のはっきりとした変化は刮目に値する。主要な内容では、戦争責任に対する悔改めと告白とその責任問題を取り扱っている。直接的な「日韓併合」に言及した内容は数的には少ない方であると言えるが、とくに戦争協力問題、天皇制イデオロギーに対する妄信的崇拝、国家神道に対する偶像崇拝、アジアの民衆に対する収奪と侵略の罪過に対する率直な告白が主流をなしている。

ところで、日本キリスト教界がこのような立場転換に至るまでには一定の時間が必要であった。最初の声明書としてまとめられた一九四六年六月九日の日本基督教団の「新日本建設」に関する声明においては、先に見たように、敗戦の廃墟の上で新しい日本を建設するためのキリスト者の覚悟が明らかにされている。この声明において最も矛盾した論理は、八・一五以前において主張され続けた「戦争と勝利の福音」がいかなるパラダイム変化の神学的説明もなく、「平和の福音を信奉する基督者」に転換されていることである。[51]この声明書が出されて以降、しばらくの間も日本キリスト教は依然として問題意識が貧弱な国家適応型のキリスト教の様相を見せていた。日本キリスト教の韓国問題、とくに八・一五以前の国家的過誤とそれに対するキリスト教の過ちを最初に率直に告白した画期的な文書は、一九六七年三月二六日に日本基督教団議長名で発表された「第二次世界大戦下における日本基督教団の責任についての告白」である。「心の深い痛みをもって、この罪を懺悔し、主にゆるしを願うとともに、世界の、ことにアジアの諸国、そこにある教会と兄弟姉妹、またわが国の同胞にこころからのゆるしを請う次第であります[52]」という謝罪の第一声は、その後に推進されていくことになる日本キリスト教界の悔改めと反省、新しい歴史意識の形成のきっかけと出発点となった。しかし、周知の通り、この声明が発表されるまでには内部的な激しい議論があり、結局、形式的には教団総会の共同声明ではない議長個人名による発表という形の妥協を見せなければならなかった。それほど、この声明の内容は、日本キリスト教の八・一五以前の歴史の歩みを整理する転換的な意味をもつ声明であったと評価することができる。これは、その後のすべての日本キリスト教の韓国問題意識の基礎となった。

しかし、それ以降にも、日本キリスト教の韓国問題や戦争責任問題に対する意識整理と意志表現には再び相当な期間を要した。日本基督教団による戦責告白の次に注目される表明は、一九七六年四月に出された日本基督改革派教会の「創立三〇周年記念宣言」[53]である。実に十年間、日本キリスト教は再び沈黙したということになる。もちろん、この間にも、韓国教会と日本の各教団との協力経路[54]がつくられ、人的交流[55]が進んだことは事実であるが、依然として日本キリスト教の全体的な認識転換を見ることにおいては限界があった。

一九八〇年代に入り、日本基督教団以外のさまざまな中小の諸教派が先を争い、韓国問題や戦争責任問題に対する歴史的な罪責告白を行っている。日本バプテスト連盟、日本聖公会、日本キリスト教会、日本ナザレン教団、日本福音ルーテル教会などが一斉に声明を発表した。特筆すべきは一九八四年八月二四日に日本バプテスト連盟が発表した「『韓国の主にある兄弟姉妹へ』の書簡」にある内容である。「一九一〇年の日韓併合にはじまる三六年間の植民地としての支配は、多数の貴国民を死に至らしめ、ぬぐい去ることのできない苦悩と痛みをあなたがたとあなたがたの同胞に与えました。（中略）それらの暴挙に対して、日本の教会は無力であったばかりでなく、同化政策を神の摂理として首肯し、積極的に支持し推進しようとしたものも少なくありませんでした[56]」という最も直接的な日韓併合関連の罪責意識が登場したのである。この後、日本バプテスト連盟は、一九八七年、一九八八年、一九九二年、一九九四年、一九九五年、二〇〇五年に計七回にわたって贖罪・責任に関する宣言を発表し続けており、個別の教派としては、韓国問題と戦争責任問題に対する声明を、最も多く発表していることになる。

一方、一九九〇年の日本基督教会（現・日本キリスト教会）から発表された声明書は、その題目自体に「韓国・朝鮮の基督教会に対して行った神社参拝強要についての罪の告白と謝罪」とあり、信仰的問題として韓国のクリスチャンに対して侵した過ちを告白した。声明には、「韓国・朝鮮に対する『明治』以来の侵略行為を肯定し、（中略）隣国の主にある教会の信仰告白をふみにじり、神社参拝を強要した罪を、まず唯一の主なる神の前に懺悔いたします」[57]とある。その他ファシズム時代の末期に自らも苦難を負ったことのある日本ホーリネス教団も、一九九七年三月に「日本ホーリネス教団の戦争責任に関する私たちの告白」を発表し、「日本の進めた侵略戦争によって引き起こされた、神社参拝の強要、日本語教育の強制、虐殺、慰安婦の問題、そして今日では経済力による侵攻や民族の蔑視、責任の回避など、私たちは日本人として、このような国家の過ちについて連帯の責任を負うものです」と告白した。

そして、時期的には、一九九五年のいわゆる「戦後五〇周年」を迎えた時期に、日本キリスト教界の韓国問題や戦争責任に対する声明が堰が切れたように発表されるようになる。先にまとめた三八篇の声明書の中にも、一九九五年に発表された声明書が計九篇あり、全体の四分の一を占めている。[58]すなわち、この時期に至って日本のキリスト教は、歴史的な問題に対するある程度の立場を整理し、日本社会においてもある一定の見解を持ち得る意識ある共同体としてのアイデンティティを手に入れたと評価することができる。

八・一五以後、日本キリスト教界を代表して、日本基督教団と共に韓国問題や戦争責任問題に責任感を持って参与し続け、立場表明を行ってきた機関は、日本キリスト教協議会（ＮＣＣ）であった。韓国併合八〇周年を迎えた一九九〇年三月にＮＣＣ議長が連名者となって、韓国植民地統治に対する国会レベルの反省を要求した声明が発表されたことをはじめ、一九九五年一月に戦後五〇周年声明、同年の戦争・戦後責任に関する声明を発表し、二〇〇七年一一月にはＮＣＣ教育部が日本帝国主義下における教会教育の問題点を反省する内容の声明を発表した。[59]とくに日本ＮＣＣの声明において、韓国問題に対するより積極的な内容展開がなされていることが目につく。「日本社会は、本来の戦後処理（原状回復、真相究明、責任者処罰、国家間賠償、個人賠償、個人補償をふくむ）の責任を自らの手で果たせませんでした」[60]とし、具体的に戦後処理に対する義務の問題を取り上げている。

二〇一〇年に「韓日併合一〇〇年」を迎え、ついに日本ＮＣＣと韓国ＮＣＣが共同発表した声明書の中にもっとも注目される内容が登場した。すなわち、この「併合」の歴史に対する無効宣言[61]と政府レベルの無効化決議の要求である。

日本帝国による一〇〇年前の強制併合は、武力の脅迫によって調印された条約に基づく不法な行為だった。日本と韓国の国会が、「一九一〇年の日韓併合条約」が無効であり、三五年間の植民地支配が不法であって、その期間中、朝鮮半島において起こった独立運動に対する植民地下の法による処罰が全面的に「人道主義に反する植民地犯罪」であったことを確認し、決議すること。[62]

いまや日本キリスト教界の声明や立場表明は、韓国キリスト教界と共同で「日韓併合」の無効を宣言するほどにまで至った。これは、言葉による責任と告白および悔改めが、最後の段階にまで辿り着いたということを意味する。今後の大きな課題は、日本キリスト教界が今まで並行してきた宣教的実践としての行動、そして、日本キリスト教界が確立した韓国併合に対する歴史的反省と悔改めの認識を日本の他の民間レベル、そして政府レベルまで拡散させていくことである。もちろん、そこに韓国キリスト教が協働しなければならないことは言うまでもない。

注

(1) 本章において「八・一五」とは、朝鮮半島が日本の植民地から解放された「八月一五日」のことを指す。
(2) 原誠『国家を超えなれなかった教会』日本キリスト教団出版局、二〇〇五年、三六頁。
(3) 同右、二三ページ。
(4) 徐正敏『日韓キリスト教関係史研究』日本キリスト教団出版局、二〇〇九年、一五―一六頁を参照。
(5) さまざまな方法で論証されうるが、第一に、国家神道の組織・儀式・礼典において、依然として生死禍福祈願の儀礼が横行すると同時に、積極的な宗教行為に該当する痕跡をそのまま保っているという点、第二に、天皇の権威が時代が進むにつれて強力になっていき、ついには「現人神」とあがめ奉られる宗教的なカリスマへと移行していったという点を挙げることができる。
(6) 人民の信教の自由を明示的に言及した一八八九年制定の「日本帝国憲法」の第二八条には、「日本臣民ハ安寧秩序ヲ妨ケス及臣民タルノ義務ニ背カサル限ニ於テ信教ノ自由ヲ有ス」とあり、強力な条件が付されていた。すなわち、安寧秩序に妨害したかどうかについては一元的に日本の国家目標に鑑みて判断なされなければならないという意味で、臣民としての義務とは結局、天皇制イデオロギーへの隷属を意味したと考えられる。
(7) 土肥昭夫「近代天皇制とキリスト教」『近代天皇制の形成とキリスト教』、新教出版社、一九九六年、三〇三頁。
(8) 同右、三〇三頁。
(9) 井上哲次郎「教育と宗教の衝突」『教育時論』第二七九号からの連載を参照。内村の「不敬事件」に対する報道・論説などは、日本の官民五六の新聞・雑誌において一斉に扱われた。内村は、一八九三年三月号の『教育時論』にて「文学博士井上哲次郎君に呈する公開状」を発表し、反駁・自己弁護したこともある。
(10) 徐正敏、前掲書、一八頁を参照。
(11) 徐正敏「内村鑑三の韓国観に関する解釈問題」蔵田雅彦訳、『桃山学院大学キリスト論集』三一号、一九九五年三月、を参照。

(12)本多庸一、植村正久、横井時雄らが、「不敬事件」に対しては内村を支持し、井上らの主張に反駁したが、全体的には、彼らも日本キリスト教の国家社会に対する順応的な立場を模索した。ただし、柏木義円の場合は、より根本的に日本キリスト教の抵抗的な立場を表出したと見なせる(片野真佐子『孤憤のひと柏木義円―天皇制とキリスト教』新教出版社、一九九三年を参照)。

(13)整理過程においては全体的に上記『資料集』の編集者による分類を尊重した。「日韓併合問題」に分類されたものは、『資料集』三六七―三九〇頁。『資料集』においても、「Ⅱ 日本教会の朝鮮伝道」の部分や、「Ⅲ 朝鮮統治問題と日本の教会」内の「日韓併合問題」以外の「三・一独立運動」などの項目に本主題と間接的に関係する論説が一部含まれていることを見つけることができる。

(14)一八九〇年三月に創刊された『福音週報』を前身とし、一八九一年三月に『福音新報』と改称された日本基督教会の機関紙である。後に、日本基督教団への統合と共に一九四二年一〇月に『日本基督教新報』として統合された。

(15)一八九一年七月に創刊されたメソジスト系の機関紙であり、一九二〇年『教界時報』、一九三六年『日本メソジスト時報』などを経て、やはり一九四二年に『日本基督教新報』に統合された。

(16)一八八三年八月に『東京毎週新報』として創刊され、一八八七年『基督教新聞』、一九〇〇年『東京毎週新報』などを経て、一九〇三年『基督教世界』と改称された日本組合基督教会系の新聞であり、やはり一九四二年に『日本基督教新報』に統合された。

(17)一九〇〇年一一月から一九二六年一月まで刊行されたキリスト教系の月刊誌。

(18)日本組合基督教会牧師の柏木義円がその牧会地において一八九八年一一月に創刊した後、一九三六年一二月まで発行した月刊誌。

(19)無教会主義系の日本キリスト教の指導者・内村鑑三が一八九八年六月に『東京独立雑誌』として創刊し、一九〇〇年に『聖書之研究』と改称され、一九三〇年四月まで発行された月刊誌。

(20)代表的なものとしては、個人誌に近い柏木義円の『上毛教界月報』の諸論説、そして内村鑑三と無教会主義グループの『聖書之研究』などのことを指す。

(21) メソジストの監督であるハリス（Merriman C. Harris）との対談、ブラウン（Arthur J. Brown）の視察談の要約などがこれに該当する。
(22) ペンネームとしては、「鼎浦生」が二回、「皓天生」が一回登場する。
(23) 片岡健吉「東洋の前途を如何せんとするか」、『福音新報』一二八号、一八九七年一二月九日。
(24) 「韓国に於ける教育事業拡張の急務」、『護教』七四〇号、一九〇五年九月三〇日。
(25) 「満州問題と朝鮮経営」、『新人』第二巻五号、一九〇一年五月。
(26) 海老名弾正「日韓合併を祝す」、『新人』第一一巻九号、一九一〇年九月。
(27) 坂本直寛「韓国に於ける我邦の経営」、『福音新報』四四五号、一九〇四年一月七日。
(28) 「ハリス監督の対韓意見」、『護教』九六四号、一九一〇年一月一五日。
(29) 「帝国の使命と韓国の復活」、『新人』第八巻九号、一九〇七年九月。
(30) 同右。
(31) 坂本直寛「<寄書>対韓経営に就て我党の士に望む」、『福音新報』四五五号、一九〇四年三月一七日。
(32) 「日本民族の膨張」、『基督教世界』一〇八一号、一九〇四年五月一九日。
(33) 同右。
(34) 島田三郎「朝鮮に対する日本人の職分」、『新人』第六巻三号、一九〇五年三月。
(35) 「<社説>朝鮮民族の運命を観じて日韓合同説を奨説す」、『新人』第五巻七号、一九〇四年七月。
(36) 石原保太郎「韓国の宣教師問題につきて」、『福音新報』七七一号、一九一〇年四月七日。
(37) 「大日本の朝鮮」、『福音新報』七九二号、一九一〇年九月一日。
(38) 「<社説>朝鮮民族の運命を観じて日韓合同説を奨説す」、『新人』第五巻七号、一九〇四年七月。
(39) 西内天行「韓国基督教徒に贈るの書」、『基督教世界』一二五二号、一九〇七年八月二九日。
(40) 鼎浦生「朝鮮に対する罪悪」、『新人』第七巻一号、一九〇六年一月。
(41) 同右。

(42) 皓天生「日韓協約の成立」、『新人』第八巻八号、一九〇七年八月。
(43) 「韓国合併後に於ける日本の責任」、『護教』九九六号、一九一〇年八月二七日。
(44) 内村鑑三「朝鮮国と日本国—東洋平和の夢」、『聖書之研究』一一五号、一九〇九年一二月。
(45) 内村鑑三「領土と霊魂」、『聖書之研究』一二三号、一九一〇年九月。
(46) 柏木義円「<雑録>公娼問題雑記」、『上毛教界月報』一〇五号、一九〇七年七月一五日。
(47) 内村鑑三「幸福なる朝鮮国」、『聖書之研究』九二号、一九〇七年一〇月。
(48) 内村鑑三「朝鮮国と日本国—東洋平和の夢」、『聖書之研究』一一五号、一九〇九年一二月。
(49) 内村鑑三「ベルあて書簡（第九四信」、一九一七年四月一九日。
(50) 内村鑑三「粛殺の秋」、『聖書之研究』一一四号、一九〇九年一一月。
(51) 「新日本建設キリスト運動」日本基督教団、一九四六年六月九日。
(52) 「第二次世界大戦下における日本基督教団の責任についての告白」日本基督教団総会議長 鈴木正久、一九六七年三月二六日。
(53) 「日本基督改革派教会創立三〇周年記念宣言」、一九七六年四月二八日。参照。
(54) 日本基督教団は、韓国の三教団（韓国基督長老会、大韓イエス教長老会 統合、基督教大韓監理会）と協力関係を各々築いていった。
(55) 一九六五年に東京大学出身の澤正彦が延世大学大学院で神学を学ぶために韓国に留学した。澤は、八・一五以降最初の日本人神学留学生である。
(56) 「年次総会から付託の『韓国の主にある兄弟姉妹へ』の書簡」、日本バプテスト連盟、一九八四年八月二四日。
(57) 「韓国・朝鮮の基督教会に対して行った神社参拝強要についての罪の告白と謝罪」日本基督教会、一九九〇年一〇月一九日。
(58) 「日本の戦争責任と戦後責任に関する日本キリスト教協議会声明」、日本キリスト教協議会、一九九五年四月一三日。
(59) 韓国併合条約はその締結当初から無効であったということ。

(60)「韓国強制併合一〇〇年 日本キリスト教協議会・韓国基督教教会協議会の共同声明」韓国基督教教会協議会・日本キリスト教協議会、二〇一〇年八月一五日。

第四章　一九一〇年前後の日本のキリスト教の動向

―「日本帝国のキリスト教」形成期―

一、序論　明治政府のキリスト教政策とキリスト者の対応

明治政府のキリスト教政策とキリスト者の対応近代化過程において、日本政府は政治外交的理由によるものであったにせよ、キリスト教禁教令を猶予した。一九一〇年、部分的であったとはいえ、日本においてキリスト教信仰が許可されてから二七年が経過した時点であった。ここにいう許可とはすなわち一八七三年二月にキリスト教に対する禁教政策を公に撤廃（もしくはキリスト教を黙許）したことを意味する。しかし、これは近代的意味における基本的人権としての信教の自由を保障する措置ではなかった(1)。これが正式に認可されたのは、一八九九年二月に公布されたいわゆる「大日本憲法」第二八条によって名実ともに信教の自由が保証された時というべきであろう。

ところで、こうした法的順序でのキリスト教許可への段階的変化よりも、さらに重要な問題に注目する必要がある。それは明治政府自体のキリスト教、または宗教認識の問題である。明治政府は第一義的に「神道国教化」

を目標としながら「国家神道」を分離し、これを超宗教の位置に格上げして国家精神の根幹として設定し、それ以外の宗教に対しては国家神道への隷属を条件として信教の自由を許可した。すでに、プロテスタントの教えを受け入れていた者たちは、西欧の文物を積極的に受け入れる近代政府の政策基調を誤解し、キリスト教を受容することが国家の当面の目標である「近代化」の先頭に立つことであると認識する時期があった。だが、西洋文明の形式とその精神としてのキリスト教を分離する明治政府の目標を現実のものとして実感するまでにはそれほど長くかからなかった。これに対する初期のキリスト者たちの対応方式にも変化が必要になった[2]。

キリスト教の自由は一応七三年（一八七三年）二月で黙認されたが、キリスト教排撃の社会的風潮は解消しなかった。いなむしろ、キリスト教の伝道が活発になると、この風潮も高まった。…キリスト教を邪教として排撃する運動が神儒仏教関係者によってすすめられた。

キリスト教文書を読み、一定の立場からキリスト教を攻撃したものであり…それによれば、キリスト教は神またキリストへの信仰、自己自身の救済に中心をおき、天皇、国家、家族への忠誠を無視する教えであり、「これは共和制につながる危険思想である。また神の天地創造やアダムの物語などは非科学的妄信である、というのである[3]。

以上のような風潮は、程度の差はあっても一九一〇年前後まで根強く残っていたといってよい。

これに対して多数のキリスト者たちは、このような国家社会の雰囲気に抵抗して対決する立場をとるよりは、むしろ徹底的に順応して包摂される「適応」の進路を選んだ。その適応は大きく二つに集約される。その第一は、「国家神道」と「天皇制イデオロギー」に徹底的に隷属し、国家の精神的指標に並進することである。また第二は、キリスト教を伝えたアメリカの教会や西欧のキリスト教宣教主体との関係を対等に保ち、いわゆる「日本的キリスト教」を確立しようと努力する方向である。まさに一九一〇年は、日本の教会が積極的にこの二つの方向性を一定程度まで遂行し、教会史的特徴を構築する時期であったと判断できる。

本章では、まず信教の自由の過程において日本の教会が国家に適応しようとした代表的な事例としての「三教会同」を考察する。これは日本の国家及び社会のキリスト教に対する排斥的な雰囲気と、多宗教的社会という現実の中で、妥協によってキリスト教の狭小な実存に安住したことを意味する。また、そのような過程で当時の日本のキリスト教の特徴を最もよく表わす言辞として、韓国問題に関する見解とその実践を要約的に提示する。これについては「大正（大正）デモクラシー」の思潮から生まれた日本の教会の少数派による抵抗及び一九一〇年直後に登場した反帝国主義的な動向が注目に値する。しかし、結論として一九一〇年を基点として見た日本の教会は、一九三〇年代以後絶頂を成す「日本帝国のキリスト教」の前兆としていくつかの条件を備えていく時期であったという点を最大の特徴として挙げることができよう。

二、信教の自由と「三教会同」

前述の通り、一八七三年のキリスト教禁教令撤廃（高札の撤去）後、一八八九年二月の「日本帝国憲法」（第二八条）の発布によって信教の自由の法的手続きが完成した。しかし、広く知られているように、第二八条は「日本臣民は、安寧秩序を妨げず、臣民としての義務に反しない限りにおいて、信教の自由を有する」となっており、「絶対的な自由の保障」というよりは、むしろ「相対的、条件的自由の保障」が与えられたというべきである。[4] とはいえそのような限界があったとしても、近代日本に信教の自由がもたらされ、これによってキリスト教受容の法的根拠が確立されたと見なすことができる。そしてこの措置に対して初期キリスト者たちは、国家に対する敬意と感謝の意を表している。当時、それがたとえ国家による作為に基づくものであったにせよ、「天皇の憲法下賜自体が日本国民全体に対する恩寵の下賜行為となる。このような一般的感激に、更にキリスト教者は自分たちの信仰を保障する側面により大きな関心を見せ、これを制限的ではあっても実現された憲法下賜に対して、より特別な恩寵として認めた」のである。(5)

　キリスト教指導者の関心は憲法によってキリスト教にも信教の自由が法的に保障されるかどうかであった。これまで、それが明らかにされず、キリスト教排撃の社会的風潮にも苦しんできたからである。したがって、憲法第二八条に「信教の自由」と記されているのを見て、彼らはよろこび、憲法発布の当夜祝賀会を東京で開いた。横井時雄（一八五七―一九二七）は、キリスト教を広める一段階になったと述べ、井深は、一滴の血も流されずに信教の自由が保障されたと言い、平岩は、これでキリスト教は日本の一宗教になったから、今後は唯一の宗教にしたいと唱えた。(6)前掲資料には、日本帝国憲法の発表当日の夜、東京の厚生館に集まり祝賀会を開いた当時のキリスト教指導者たちが憲法の制定を「陛下の聖徳」として捉えている心境がよく表れている。もちろん、彼らはあるいは心中において信教の自由の獲得を神に感謝したものであろうかとも思われるが、前掲資料に神への感謝は明示されていない。少なくとも表面的にはすべての経緯を「天皇」の「恩恵」に帰する形をとった。そしてこのことは特にプロテスタント受容の過程では、「迫害」や「殉教」を経験せずに信教の自由が成し遂げられたという事実に対する安堵が中心であった。これは当時、日本におけるキリスト教の「適応」の典型的事例であり、「日本帝国のキリスト教」へと前進していく第一歩であった。

　さらに、当時キリスト教界における最も代表的指導者であった植村が寄稿した「天皇の聖徳」に対する讃嘆にまで至っては、その特徴がより鮮明となる。

基督教徒は此の点に於て深く陛下の聖徳を感戴す。（中略）今上陛下の御治世は栄光なり、国民の栄光なり。吾々は（中略）主なる基督を奉ずる国民として、開進の国是に参し、微力を竭して陛下御宿志の万一に報ゐ奉つらんことを期す。[7]

しかし、このようなキリスト者の積極的な態度や天皇と政府の配慮に対して示された謝意と祝意にも関わらず、キリスト者に対する国家社会の排撃的風潮は継続された。すなわち法的な信教の自由の保障を通して、日本におけるキリスト教は近代国家としての対内外的身分を確立したが、明治という時代が内在的目標としていたともいえる「和魂洋才」の確立のために、キリスト教排撃の社会的風潮は維持され続けたのである。

これは国家が中心となって進められたというよりは、神道、仏教界を中心とした宗教界、学会、言論界などを中心とする多方面の圧力を通して進められた。とはいえ、国家を主体とする側面から見ても、教会設置や布教に関する直接的なそれではないが、たとえばキリスト教主義学校の運営や教育内容への干渉などを通して圧力をかけ続けたのである。[8]

ところで、このような国家社会のキリスト教に対する排撃的な雰囲気を一層高揚させる具体的な事件が発生する。それが「内村鑑三の不敬事件」である。一八九一年、無教会主義者にしてキリスト教界の指導者であり、東京第一高等学校の嘱託教師であった内村が、天皇が下賜した「教育勅語」の奉拝式で勅語に対し最敬礼をしなかった事件に起因する社会的非難と論争である。

「欧化主義」に続いて登場した思想は国粋主義、日本主義という、いわゆる排外思想であった。この時期に、特に著しく現れた問題は宗教と教育の衝突であり、その直接的な損害を受けた場がキリスト教主義学校であった。教育勅語が下賜されるとともに、すべての学校においてそれが徳育の基礎となり、これによりキリスト教主義学校は最も大きな打撃を受けざるを得なかった。井上哲次郎が『宗教と教育の衝突』を著したのはキリスト教を攻撃することが目的であり、人々へ多大な影響を及ぼした[9]。

結局のところ、法的手続きとしての信教の自由は、日本社会の中でキリスト教の立場を確立するに十分な条件にはなり得なかった。キリスト教に対する排撃は陰にも陽にも続き、ここに多数のキリスト教指導者は国家及び社会に対してより従属的な態度を堅持しようとした。

一方、このような社会的雰囲気を見通した日本のキリスト教は、いまひとつの生存戦略として「日本的キリスト教」へ自らを再編することを企てた。

「日本的キリスト教」への移行過程は、大きく二つの方向に分けることができるが、その一つは経済的、地理的自立を意味し、もう一つは信仰的、神学的独自論を意味する。その代表的な事例として「日本組合基督教会」、すなわち会衆教会の宣教本部である「アメリカン・ボード」の経済的支援を受けていた教派を中心に見ていこう。

第一〇回総会（一八九五年五月）は、この派の伝道団体である日本基督教伝道会社に対してするアメリカン・ボードの指定寄付金を謝絶する決議をした。当時、日本の世論がキリスト教を外来宗教として排除し、日本のキリスト教がいくら忠君愛国を説いても、ミッションに依存している限り、伝道は困難であるという危機感、新神学の導入以来キリスト教理解や日本の教会の独立に関して組合教会関係者と宣教師たちの間に意見の対立、さらには相互に不信感さえあった。これらは内在的な原因であった。さらに組合教会がこの時にあえてこのような決議にふみきることができた外発的な要因として、日清戦争を契機とする天皇制国家主義の興隆といった社会的風潮があった。それが彼らに独立の国民としての気概や意地を与えたのである。それにしても、組合教会がミッションの援助を断ち切って伝道事業を維持することができるか、ミッションより俸給を受けている伝道者の生活をどうするか、といった現実の問題があった。しかし、日本の伝道は日本のキリスト者の責任である、これまではミッションがなんとかしてくれるという依存心があったが、自主独立と一致協力という組合教会の精神があれば金は集まるという精神的な心構え論が勇ましく述べられ、これが先の現実的な問題を圧倒していった[10]。

それだけではなく、組合教会は神学的、信仰告白的にも「個教会主義」の精神によって規則改定を持続したが、一九〇四年七月第二〇回総会において「信仰告白」部分自体を削除、何も定めない方向へと舵を取り、「本会は自治独立を主義とするキリスト教会として本規約に同意するものをもって組織する」と宣言した[11]。これは結局、神学的にもヨーロッパ教会の流れからの独立と自治を主張するものであった。このような組合教会の「日本的キリスト教」樹立に向けた内外的方向性は、一九一〇年前後に「朝鮮伝道論」につながり、その後ファシズム絶頂期にはさらに形態を変化させ「日本神学」へと移行することとなったと見られる。

しかし、このような葛藤と適用の展開過程においても、日本の教会は社会内に一定のレゾンデートルを確保していった。これに対して日本政府は、意図的にキリスト教を排撃することによって、むしろキリスト教を積極的に国家に有用な集団として利用する政策を採用した。これがすなわち一九一〇年の試験的な企てを経ておこなわれた、キリスト教に対する日本政府の巧妙かつ実用的な試み、すなわち一九一二年三月の「三教会同」である。

次節で詳しく述べるが、日本のキリスト教は韓国問題において日本政府の期待を超える強力な名分を提供し[12]、「植民地伝道」という国粋的姿勢をもって帝国主義経営に加わる意思を積極的に表わした。そして、ここにおいて日本政府もキリスト教の効果的な活用に注目し始めた。すなわち、「教派神道」、「仏教」、「キリスト教」の代表を招集し、国民道徳の振興について宗教界の積極的協力を要望したのである。翌日には、三つの宗教の代表者は別の会合を持ち、「皇運を扶翼し益々国民道徳の振興を図らんことを期す（中略）政治宗教及び教育の間を融和し国運の伸張資せられんことを期[13]」した。これに対して柏木義円、内村、高木任太郎などの少数派は、政府の宗教利用を憂慮し、政教癒着の可能性などを挙げ少数反対の意見を出したものの、多数の主流キリスト教には黙殺された[14]。

彼らには結局、国家社会からの冷笑と排撃を受けてきたキリスト教会がついに日本の主流三大宗教のひとつに編入されたという誇りと、それを通して国家及び社会と共に歩む宗教としての立場を確保したという安堵感があった。一九一〇年以降における最も代表的なキリスト教会史上の事件のひとつである「三教会同」は、キリスト教と日本政府が、各々の立場から相手を理解し自己に都合よく解釈する典型的な同床異夢の事件であったことは確かである。

三、韓国問題と朝鮮伝道論

近代日本の帝国主義の進展において、最も中心におかれた課題と目標は「韓国問題」であった。そして、この問題においていかなる認識を持ち、時にそれをいかに具体的に実行するかによって「日本帝国のキリスト教」の進路も決定された。

世の光たり塩たる身にして、而も斯るときとところとに遭遇せる基督教徒の責任や実に大なりと謂ふ可し。我等奮発大いに任ずる所ありて、内は此社会万般の腐敗を洗滌し、外は東洋の諸国を誘掖し、文明を開発し、正義を樹植せずんばあるべからず。（中略）基督教徒亦東洋の使徒、亜細亜の文化者を以て自ら其の責とし、（中略）教会の名士全国に巡回せしが如く、支那朝鮮にも伝道区域を拡張して、広く福音を宣伝し（中略）一個人の霊性を救ふは重大のことにして、（中略）国家として救はんことも亦我等の忘る可からざることと信ず[15]。

日清戦争以降、一八九七年にはすでに日本のキリスト教の見解は、日本帝国主義の東洋における政治的存在価値を強調し、同時にキリスト教の東洋宣教を宣言している。これは当時の日本のキリスト教の根元的な方向性がすべて反映された見解であるといってよい。すなわち、まず日本の対外拡張という国家目標を積極的に支持し、そこに名分と宣伝の機会を提供しようとするものであった。そして、それを通して国家から認められ、信頼を確保することができるのであれば、その政治的拡張のルートに乗って東洋の国々に宣教区域を拡大していきながら、いわゆる「日本的キリスト教」の思想に立って教化の任務を担おうとする野心があった。もちろんこのような日本のキリスト教の宣教方針は完全に「帝国主義的宣教」の領域に入るだろう。これは、日本の植民地侵略と帝国主義拡張にプラスとなる宣教プログラムであり、国家目標に並進する実践となる。そして、それは再び国家からキリスト教会の信頼と肯定的評価を得ることにより、国内のキリスト教会の立場をより高めていこうとする戦略であったと判断できる。

続いて、日露戦争以前の見解よりも更に具体的に侵略の意図をみせたのは次の坂本直寛の論説である。

> 要するに我邦が従来執り来りたる対韓経営策は皮相的にして根本的ならず、…是故に我将来の経営は永遠にして鞏固なることを計らざるべからず、予は対韓経営に付て最も重要なるもの凡そ二つあるを信ずるなり、一は韓人の精神をして根本的に更新ならしむること、他は我邦の実地的勢力を扶植すること是れなり、（中略）唯智育のみは割合に根本的精神を作ることは能はず、此点に於て最適当なる者は伝道にしくは無かるべし、幸いにして我日本基督教会は韓国伝道の急務なるを悟りて其大会に於て既に議決する所ありき、（中略）希くは他の教会に於ても相次で韓国伝道を決行するに至らんことを、（中略）今一は我邦人をして韓国に移住せしめ以て拓地殖民の事業を経営することなり…弊害を預防するの策は此移民の経営を司る者はクリスチ

ャンの中より適当なる人物を推撰し宗教的主義と其精神とを以て之に当たらしむるを最にとすべし、（中略）欧州諸国が西半球に新欧羅巴を建設せし如く我日本は韓国に新日本を建設すべきなり。[16]

これは日本の対外侵略膨脹における目標地が韓国であることを確認し、政府の韓国経営に加担する方向性を提示している。つまり国家の経営のなかでキリスト教がどのような役割を担うことができるかについて論議しているのである。いわゆる韓国に対する「更新」、すなわち「精神啓発」のためには日本のキリスト教による「伝道」が最も適切な方策であるという主張を繰り広げている。さらに注目されることは、日本人の韓国移住による植民地経済侵略方式を提唱し、その主導者たちが日本のキリスト者にならなければならないと提案したことである。これこそ「帝国主義宣教」の最も堅固なモデルである。そして韓国に「新しい日本」の建設、すなわち西欧の近代化形式に倣った「キリスト教的近代国家樹立」までを理想としている。

このような坂本の主張は「我等の党」[17]においてさらに次のように展開されている。

吾人は清き義しき而かも愛韓の精神に充ちて殖民事業を彼の国に企図す又傍ら韓人の電動を為し其青年を薫陶す、（中略）主の道に由りて之を誡め之を奨励し愛を以て韓人と邦人の間に交友の帯と成る、是れ吾人の任務ならずや（中略）予は特に我党の有為の青年諸氏に望む兄等が将来業を決行するは韓国に非ずや、神は対韓経営の問題を諸氏に提出して諸氏が果して主の業を為し得るや否や試み給ふなるべし。[18]

以上の主張は、日本の韓国侵略においてキリスト者が積極的に協力し、植民地政治と経済経営についての主導的役割を果たし、それを円滑に遂行しうる方法がキリスト教の韓国伝道にこそあるという論理である。さらには、このような過程を通して、国内よりもよりキリスト教的土台を確立するための可能性を秘める韓国に「新しい日本」を建設したいという本音も現われている。

しかし、これよりもやや常識的な論調として、日本の韓国経営とキリスト教の韓国伝道が継続的に並進されなければならないことを主張する意見が登場する。韓国領有がさらに具体化され始めた一九〇七年九月五日発行の『福音新報』には、匿名の論稿「韓国宣教師問題」において、「日本は政治上韓国の運命を担って居るが如く、宗教上にも日本の基督教徒の責任の重いことは云ふまでもない[19]」と記されている。ここで注目すべきことは、韓国の青年たちを日本の「キリスト教主義の学校」で教育しなければならないとする言説である。これは日本のキリスト教が韓国経営に寄与するためのまた別の提案として考えることができる。これと関連し、すでに一九〇五年九月三〇日に発行された『護教』にもやはり同じような主張が登場している。

我輩基督教徒の立場よりして之を見、又我輩基督教徒の事業として之を論ずれば、韓民の子弟を教育するより急務なるもの亦他に之れあることなし。（中略）先づ彼等を教育するは、其事迂遠なるが如くなれ共、実は最も慥なる成功を得るべき捷径なること少しく事理を見るものの直ちに承認すべき処なれ共、如何せん人心目前の利益を見るに急にして、百年の大計を立つることを知らず。もし十年以前即ち日清戦終結後此辺の殊に心付き、直ちに充分の施設を為したらんには、今日其効果の頗る見るべきものありしならんに、（中略）唯独り基督教徒は当時早く既に此辺に着眼する処あり、同士相謀りて海外教育会を組織し、其後京城学堂の設立となり今日に至りたる次第にて、多少国家のために貢献する処ありたるは疑なきことなれ[20]。

これをみると、日本のキリスト教界における韓国問題認識と実践において、いわゆる「朝鮮伝道論」に先立って「朝鮮キリスト教教育論」があったことを明確に想定することができる。とはいえ、やはり日本のキリスト教の韓国経営において果たし得る役割として最も強力な理論と実践は「朝鮮伝道論」にある。具体的に「朝鮮伝道」が日本組合基督教会において立案され、実行されるより少し前の一九〇七年八月に、その前段階となる主張が『基督教世界』に現われる。これは西洋の宣教師における韓国伝道の問題点に関する指摘を伴いつつ、日本のキリスト教における韓国伝道の使命を自覚することによって、結果的に日本の韓国侵略が容易になるとする理論の先駆けというべきである。

余輩は韓国将来の宗教界の為めに宣教師[21]の布教伝道が利益なるや否やを疑はざるを得ず。第一に宣教師の伝道方針が韓国信徒の自給独立心を阻害する傾きある事は余輩の遺憾とする所なり。第二に宣教師の伝道する基督教が時代遅れの陳腐なる神学思想を移植する弊害ある事（中略）これらの苦き経験を嘗めつつある我邦の基督教徒が手を拱ひて韓国民の上に同一の禍の醸されつつあるを傍観するは韓民指導の任に当る者の能く忍び得る所にあらざるなり。斯くの如き宣教師の伝道が成功すればするほど其将来に及ぼすべき弊害は大ならざるを得ず。我党日本の基督教徒が奮つて韓国民教化の大任に当るべきの時機今日を措ひて他あらんや。[22]

「朝鮮伝道論」の契機には、西洋の宣教師たちによる韓国宣教が日本の韓国経営にとって弊害になるという前提がある。そして、このような立場は澤谷辰治郎によって韓国での自身の経験を元に、さらに展開されることとなる。

余が女学校の一室を参観せる際一老韓婦人走って余の側に来り、（中略）日本人たるを知り不快の念を禁ずる能はず、然かも生徒の一人来て妾に君は基督教教師なるを告ぐるや日本にも善き基督教教師を生ずるの余地あるを初めて知るを得て雀躍喜び禁ずる能はざるなり、妾は百人の米国宣教師を見るよりも一人の日本人基督信者を見るを喜ぶ。（中略）嗚呼韓人の多数が日本を解せざる概ね斯の如し元より之れ彼らの罪ならん、然かも一人の邦人の韓人間に日本の基督教を代表せる者なきは之れ日本の教会の怠れる所たらずとせんや。（中略）余は今や韓人基督教に対し最後の批評を試みる時に到着せり。（中略）余は韓国に於ける宣教師の極めて韓国の風習をきずつけずして其性情の進化改善より初めんとせるを見て深く多とするもの也。然りといえども現今の韓国に見るが如き多数の韓人が協会に集まるの故を以て韓国に於ける基督教の前途は好望なる者なりやと問はんに余は俄に然りと答へがたし。（中略）然れど一面に宣教師の教へつつある基督教は韓人の惰弱性に適合せるの状況は之れを認めざらんと欲するも能はざるべし（中略）書籍教育と供に実業教育を与へ次第に健全なる活ける基督教に接せしむるの一層適切なるを思ふ。[23]

このように始まった「朝鮮伝道論」は、いわゆる「韓日強制併合」が進行した一九一〇年にその実行者渡瀬常吉によって理論構築の完成を見る。

吾人にして我が日本本土の伝道に於いて欧米の宣教師に一任し得ずとするの理由を有する者は、同じく新領土における伝道に於いても同じく其の理由を有せざるべからず。殊に吾人が、我が日本人の伝道の必要なるを認むる所以の者は、此に由りて日韓人の融和合同に絶対に必要なりと為すが故なり。[24]

つまるところこれは、「朝鮮伝道」を通じて日本の韓国領有と経営ビジョンを提示するという次元を超えて「新領土」に対する伝道の義務、さらには「融和合同」の必要性に対する応答の実行意志を主張したものである。このような意見が一九一〇年の「日本帝国のキリスト教」の大多数であった。

事実、渡瀬の論稿に先立つこと一週間前の匿名の社説でも、「朝鮮伝道論」の名分が次のように示されている。

今回の事たる実に日韓両国民の幸福を全ふする唯一の道たるや疑ひを容るるの余地なし。日本は当然取るべき道を取りて、聊か衷情の憐むべきものにあらざれども（中略）速かに其思想感情の上に於て全然日本国民と同化し合一し来るに在るのみ。是れキリストの謂ゆる死して又蘇るの福音にあらずして何ぞや。（中略）一面大に国運の発展を祝するの情と共に他の一面莫大の責任俄かに吾人の肩上に落下し来れるの感に戦慄せざるを得ず。吾人は俄かに一千万の新しい同胞兄弟を与へられたり。…此新しき同胞国民に対し之れが指導誘掖愛撫隣の大任を負はせられたる者は、即ち吾人日本国民なるを自覚せざるべからず、（中略）人心の統一和合は宗教を措ひて断じて完からざるや…是に於てか韓人伝道は急務一日も忽せにすべからざるなり。幸いにして基督教は欧米諸国の宣教師によりて伝へられ、世界に稀なる驚くべき長足の進歩を以て伝播せられつつあり。宗教的に韓国民を同化せんと欲せば基督教を措ひて他に道なきを奈可せん。（中略）韓人は今や日本の臣民にして吾人の同胞国民たるを以てなり。（中略）なんとなれば斯かる危惧は外国宣教師に韓人伝道を一任せる過去の時代に於てのみ起るべきものにして、日本人自ら之に従事する場合に適用せらるべき議論にあらざればなり。…政府の懐柔策も軍隊の威力も教育の感化も、恐らく宗教家の協力なくして其功を奏する能はざるべし。（中略）伝道の事業は飽まで純然たる宗教上の動機に基かざるべからず、従つて其間に何等政治的の意味あるべからざるや勿論の事なり、只夫れ宗教夫自身の権威に加へて更に其上に国家的若くは政治的の必要伴ひ来るとすれば即ち如何、（中略）[25]。

このように一九一〇年の状況下において「日本帝国のキリスト教」の進路が定められたかのように見えるが、実に不自然なのは社説の最後の部分、「私は政治的意味での伝道には反対し、純然な宗教的動機に根拠しなければならない」と言う、いわゆる「宣教の純然性」を主張しながらも、その直後に「宗教の権威に国家や政治的必要が随伴されることはまたあり得る」と語るところである。これは結局、今後進められる「朝鮮伝道」の政治性を前提としているという意味において、注目すべきであろう。

ともあれ「韓日強制併合」が進められた一九一〇年一〇月に、「日本組合基督教会」定期総会は朝鮮伝道の実行を決意して、「朝鮮伝道部」を設置することとし、その中心となる宣教師として渡瀬が選任された。一九一〇年一二月までに朝鮮に一〇の日本組合基督教会が設立されたが、その統計報告によると、最盛期とされる一九一九年に、教会数一五〇個、全教会員数一四三八七人、教師は八四人にのぼる飛躍を見せている。[26]このような日本組合基督教会の朝鮮伝道の急速な「成果」は、この伝道事業が純粋な宗教上の目的によって推進された宣教の結果とはいえないことを端的に表している。その間、日本のキリスト教界が国家及び社会の信頼と承認を得るための一つの努力として企図された「韓国経営」が、日本の帝国主義政治家たちの利害関係と結びつきながら、「帝国主義宣教」のモデルを新たに作り出していったのである。これはいわゆる「非キリスト教国家」である日本の帝国主義政治体制が少数派であるキリスト教を政治的に利用した「宣教工作」でもあり、逆にいえば外来宗教たる日本のキリスト教が国内で少数派として排斥されるおそれを回避するための方策として、帝国主義的宣教を実践する道を積極的に選んだということでもある。

ところでこのような日本組合基督教会の朝鮮伝道の成果が、一九一九年の三・一独立運動以後、韓国の民族意識拡大や、さらには日本政府の韓国統治政策の修正によって急激に衰退していったことは、はからずもこの伝道事業の「政治的側面」をより明確に示している。すなわち政治的な目標達成の必要上から支持されてきた「宣教」

が、その必要性の喪失と政治状況の変化により政策的支援が途絶えるとともに、宣教の土台自体が崩れたことを意味しているのである。

一九一〇年前後、日本のキリスト教における国内での「適応」、すなわち韓国問題についての世論への追従としての「朝鮮伝道論」とその実践全般における方向性は、その後の教会史における代替的な進路を決定する画期的な中間点となった。その意味でこの時期を「日本帝国のキリスト教」形成期であったということができよう。

四、結論 「天皇制イデオロギー」と「日本帝国のキリスト教」の進路

日本のキリスト教会には、信教の自由を獲得した瞬間から天皇制イデオロギーに従属するというジレンマがあった。超宗教としての天皇制イデオロギーに対して最高の宗教的、信念的権威を譲歩しなければならないことによって信仰、布教、組織のすべてが「天皇の恩」の範囲内で告白された信仰共同体を形成した。ここからわずかでも逸脱したり抵触したりする言動がある場合には、即刻「キリスト教邪教論」、すなわちキリスト教に対する「非国民視」のもとで排斥の対象となるしかなかった。それゆえにキリスト教勢力の多数は、積極的に国家や社会に自ら適応する道を選んだ。内部的には「天皇の皇雲に扶翼」する臣民の道理を強く主張し、日本帝国の対外膨脹と戦争遂行においては先頭に立ってこれを支持し、「義戦論」を唱えた。より具体的には、日本の韓国侵略と植民経営という状況においては、いわゆる「合併の名分」を主体的に構築、宣伝し、韓国経営の具体的役割を担うところにまで至ったのである。一九一〇年の日本のキリスト教会はまさにこのような展開の只中にあった。もちろんその背景には、再言するまでもなく日本国内でキリスト教会が一定の位置を確保し、自らの存立基盤を構築することによって信仰と布教の自由を獲得しようとしたものであったという事情は認められる。しかし、そ

の過程で日本のキリスト教が本来の目的を喪失する矛盾に陥った点も看過できない。すなわち、教会の自由とキリスト教信仰共同体の意義がどこにあるのかについて、信仰者としての根本的な問いから離れてしまったのである。このことはその後さらに顕著となり、やがて、「日本帝国のキリスト教」設立に陥っていく。一九一〇年前後の動静は結果として一九三〇年代から一九四五年までの期間、すなわちファシズム絶頂期に明らかに現われる「日本帝国のキリスト教」の形成初期となった。

さて、一九一〇年頃にみられる日本キリスト教の「日本帝国のキリスト教」としての特徴は、内実と形式の両面で規定することができる。内実についていえば、信仰的様態においては「最高の権威」が別に存在する「変形されたキリスト教」の特徴を備えている。そしてこれを弁証するかたちで「日本的キリスト教」、「日本的神学」を構築しようとする方向に進み始めた。これに対して、いわゆるヨーロッパ帝国主義とキリスト教の関係はすでにキリスト教がヨーロッパ社会の根幹となる価値体系として確立された状態であり、教会が国家や社会の対外膨脹に同調しながら、戦略論的に「帝国キリスト教主義」のモデルを採択したと規定することができる。しかし、日本のキリスト教は、このような帝国主義の拡張過程において、国家と共存するためにまずは国家に徹底的に従属した「国家隷属キリスト教」としての形態を先行させなければならなかったのである。その意味で日本のキリスト教は、同じく帝国主義的なキリスト教とはいっても、その特徴はより変形的であった。

以上のような構図のもと、一九一〇年前後の日本のキリスト教は、韓国問題に対する積極的介入を通して獲得した国家や社会の信任を基盤とし、「三教会同」や「朝鮮伝道論」の実行を通して、国家との協力関係を結ぶことによって「日本帝国のキリスト教」の進路へと舵を取ることになったものと思われる。

注

（1）土肥昭夫『日本プロテスタントキリスト教史』、新教出版社、一九八二年、三八頁。
（2）このような内容の展開については、徐正敏「'日韓合併'に対する日本プロテスタントキリスト教界の見解」、『韓国キリスト教と歴史』第三四号、韓国キリスト教歴史学会、二〇一一年三月二五日、七九―一二〇頁、緒論の部分参照。
（3）土肥昭夫、前掲書、三九頁。
（4）徐正敏『日本キリスト教の韓国認識』、ソウル：ハンウルアカデミー、二〇〇〇年、七四―七五頁参照、この憲法的制限は後の「治安維持法」（社会の安寧秩序の妨害）、「不敬罪関連法」（臣民としての義務の問題）として実際キリスト教信仰人の思想、行為を制限する条件として具体化された。
（5）同右、第二章一四参照。
（6）「厚生館憲法發布祝賀會の光景」、『基督教新聞』、一八八九年二月一三日、土肥昭夫、前掲書、一五六頁。
（7）植村正久「天長節」、『福音新報』第一九〇号、一八九四年一一月二日。
（8）「近代の西欧文明は受容するが、その精神的根本になるキリスト教の受容は排除しようとした。当時日本の国家社会の風土の中で基督教の教育、特に大学設立を目標にするキリスト教教育以上の実現は順調ではなかった。まず新島は、一八七五年一一月同志社の設立申し込み当時京都府に'聖書を一切教えない'（『同志社百年史』（資料編一）、学校法人同志社、一九七九年）は書類を提出しなければならなかった。このような教育環境は同志社が近代日本と一緒に、特に日本帝国主義とファシズム絶頂期日本国家に対して'国家を超越することができなかった基督教会'（原誠『國家を超えられなかった教会』、日本キリスト教団出版局、二〇〇五年、序文参照）神学的、思想的実体として存在するしかなかった外部的条件だった」（徐正敏「同志社と韓国神学尹聖範と徐南同を中心に」、同志社―監神共同国際シンポジウム発表文、同志社大学、二〇一〇・一一・一三）。
（9）『同志社五十年史』（同志社校友會藏版）、一九三〇年、一六五頁。
（10）土肥昭夫、前掲書、一四六―一四七頁。

(11) 同右一四五頁を参照。
(12) 徐正敏「'日韓合併'に対する日本プロテスタント・キリスト教界の見解」参照。
(13) 「基督教世界」、一九一二年三月七日。
(14) 徐正敏『日本キリスト教の韓国認識』、七七―八〇頁参照。
(15) 片岡健吉「東洋の前途を如何せんとするか」、『福音新報』、第一二八号、一八九七年一二月九日。
(16) 坂本直寛「韓国に於ける我邦の經營」、『福音新報』、第四四五号、一九〇四年一月七日。
(17) 日本キリスト教グループを意味すると同時に、その勢力を政治勢力化しようとする意図も含まれている用語であると思われる。
(18) 坂本直寛「〈寄書〉對韓經營に就て我黨の士に望む」、『福音新報』、第四五五号、一九〇四年三月一七日。
(19) 「韓国宣教師問題」、『福音新報』、第六三六号、一九〇七年九月五日。
(20) 「韓国に於ける教育事業擴張の急務」、『護教』、第七四〇号、一九〇五年九月三〇日。
(21) ここで「宣教師」は西欧教会の韓国宣教師を意味する。
(22) 「韓国傳道と宣教師」、『基督教世界』、一九〇七年八月二九日、第一二五二号。
(23) 澤谷辰治郎「余が視たる韓国」、『基督教世界』、第一三一六號、一九〇八年一一月二六日、一九〇八年一二月一〇日、第一三一九号。
(24) 渡瀬常吉「時論韓國連合と傳道」、『基督教世界』、第一四〇九号、一九一〇年九月八日。
(25) 「社説：韓国合併と韓人伝道」、『基督教世界』、一九一〇年九月一日、第一四〇八号。
(26) 梁賢恵「日本キリスト教の朝鮮伝道」、『韓国キリスト教の歴史』、第五号、韓国キリスト教歴史研究所、一九九六年、一九一二頁、『日本組合教会便覧』、一九一二―一九一二参照。

第五章　反帝国主義のための宗教間の協力
―韓国の三・一独立運動を中心に―

一、「帝国主義」(imperialism) または「植民地主義」(colonialism) とキリスト教

近代帝国主義あるいは植民地主義は、その概念と歴史を宗教改革、ヨーロッパの産業革命期以後の時代に限定すると、キリスト教とのあいだに密接な関連性を有している。先進近代国家は政治的、軍事的あるいは経済的に自国の影響力を行使して利益を最大限獲得し、様々な地域で植民統治の領域を競争的に拡張した。これらの動向を概括的に近代帝国主義あるいは植民地主義と称することができる。近代帝国主義、植民地主義は、一五世紀後半に始まり、一六世紀に範囲が拡大され、一定期間の小康時期もあったが、一七世紀から一九世紀、ひいては二〇世紀半ばに至るまで全世界の様々な地域で持続的に展開された事象である。帝国主義の主軸国家のほとんどが西側キリスト教国家であったことにより、直接的間接的に宗教改革以後のキリスト教の世界宣教プログラムとも連動していた。これらをふまえて、近代帝国主義（植民地主義）を次のように大きく区分してみることができるだろう。

(一) カトリック帝国主義(植民主義)

中心となった国家はスペイン、ポルトガル、フランスなどであり、その対象地域はアフリカの一部、アジアの一部、中南米(ラテン)アメリカのほとんどである。時期的にはもっとも先行し、すでに一五世紀から植民地開拓が始まっており、とりわけ中南米において見られるように、歴史上もっとも酷烈な形態の植民地主義が実行されたとみることができよう。

(二) プロテスタント帝国主義(植民地主義)

中心となった国家はイギリス、オランダ、ドイツ、後発国家のアメリカなどである。その対象地域は北米のほとんどの地域、アフリカのいろいろな地域、インドとインドシナ、マレー、インドネシアなどアジアの大部分、オセアニア地域などである。一五、一六世紀のプロテスタント国家のうち、海洋貿易の強力な推進国であったオランダ、イギリスなどが中心であった。一時期のイギリスの植民地は全世界に広く分布され、「日の沈まない国」という別称をもつほどであった。

(三) 非キリスト教帝国主義(植民地主義)

中心となった国家は日本、その対象地域は朝鮮半島、台湾、中国とアジアの一部であった。もっとも後発の、時期の短い帝国主義であったが、強力な植民地主義の典型であった。

以上の区分では、キリスト教の宣教ルートは、近代帝国主義すなわち植民地主義の侵略ルートと重なりあっており、一方で、日本帝国主義は逆に「キリスト教コンプレックス」ともいうべき西側キリスト教帝国主義に対する極度な警戒を見せている。

一九四五年、第二次世界大戦の終結とともに帝国主義、植民地主義は終焉を迎えた。しかし、アジア、太平洋地域の諸所にはまだその痕跡が残っており、従前とは異なる形態の帝国主義、すなわち政治的、経済的、文化的側面からの直接的間接的影響力が継続されていると考えることができる。このような観点から、近代帝国主義、植民地主義の被害者、加害者としてのアジアの韓国・中国・日本の事例、すなわち帝国主義との関連におけるアジアキリスト教の歴史が重要な研究主題であることはいうまでもない(1)。

二、一九一九年韓国の三・一独立運動とキリスト教

(一) 東京の朝鮮半島出身留学生たちの独立宣言

一九一九年二月八日、在東京朝鮮留学生によってなされた独立宣言は、いわゆる三・一独立運動の先駆けとなりベースとなった出来事である。東京の朝鮮留学生たちの独立宣言の動きと中国における独立運動団体、そして韓国国内の独立宣言運動組織間の有機的三角連帯が、三・一独立運動を生み出した。

その東京における朝鮮留学生の独立宣言は、それこそ植民地支配勢力の中心、心臓部でおこなわれた独立宣言であった。植民地朝鮮の立場から見れば、まさに中央、帝国主義の本体、本領のなかで果敢にも韓国の独立を主張したものである。それこそが二・八独立宣言を生んだ東京が持つ位置的な意味であった。

二・八独立宣言書の草案者は李光洙（イ・グヮンス）として知られている。彼は後日、いわゆる親日派の代表格として歴史的な批判を受けることになるのだが、韓国近代文学の先駆者として、一九一九年当時には二・八独立宣言書に関わり、またその後、中国での独立運動に参加するなど輝かしい業績を持っていたことも事実である。

李光洙はかつて日本に留学して明治学院で勉強し、一旦は帰国して五山学校で教師となるが、再び東京に留学し、早稲田大学で学んだ。彼がキリスト教をはじめとする西欧の先進思想にはじめて接したのは、彼の明治学院留学時代だった。明治学院は宣教師が設立したキリスト教教育機関としては、日本で初の学校である。

聖書を読み、礼拝堂に通ったのも、私の身体と心を清らかにする糧だった。私は心にある汚れたものを捨て去れば、自然に身体から香気が立ち昇るだろうと信じていた。私は私の顔と手足と身体つきを美しくすることができないのが、悲しかった。（中略）寒い冬の夜のような時に道を歩いていて、震えながら通り過ぎる乞食を見て外套を脱いで渡したこともあるし、ある西洋人の乞食にはセーターと、ポケットにある金をまるまるやってしまって、肌着だけを着て家へ帰り多数の人から

2・8東京朝鮮留学生独立宣言の立役者たち、監獄から出獄した1920年4月ごろの写真

怪しまれたこともあった。右手がすることを左手に知らせるなというイエスの御言葉にしたがって、こうしたことはいっさい誰にも話さなかった。(2)

右の引用からは、東京でキリスト教思想に接し、その教えを実践する李光洙の姿を垣間見ることができる。李光洙研究家や評論家たちによれば、その後彼は西欧哲学、特にカント（Kant）に傾倒し、ロシア文豪トルストイに傾倒したという。まさに李光洙など朝鮮人留学生は、日本で、日本人教師や日本語書籍から、近代思想、人権や自由の価値、さらにキリスト教までをも学んだのである。朝鮮の民族的状況で見ると、祖国の主権を奪い、植民地統治をする日本帝国主義のただなかで、あるいはその最高の中心地で、未来への希望、新しい価値、自由へのビジョン（vision）を発見したのだ。そしてそれは、崔八鏞（チエ・パルヨン）、尹昌錫（ユン・チャンソク）、金度演（キム・ドヨン）、李琮根（イ・ジョングン）、宋繼白（ソン・ケベク）、金喆壽（キム・チェルス）、崔謹愚（チェ・グンウ）、白寬

明治学院留学時代の李光洙、前から３列目右から３人目

洙（ベク・クァンス）、金尙德（キム・サンドク）、徐椿（ソ・チュン）など東京朝鮮留学生二・八独立宣言の主役たちに共通する経験であった。

これらの留学生は、朝鮮留学生学友会を組織して活動したが、その本拠地は東京の朝鮮人ＹＭＣＡであった。新しい思想への挑戦、キリスト教精神と信仰の融合、同志的連帯と自信、そしてあたかも「台風の目」のような「中心の余白」ともいうべき東京の雰囲気が、二・八独立宣言の土台となったということができる。一九一八年、留学生忘年会で意気投合し、一九一九年一月六日に開催された留学生弁論大会で、具体的な意見統一が行われた。そしてその年の二月八日、東京のＹＭＣＡ会館に四〇〇人の朝鮮人留学生が集まって、朝鮮の独立を宣言したのである。これらの活動の前後には、事前にお互いの意思を確認し合った中国「新韓青年団」の代表張徳秀（チャン・ドクス）などが日本に派遣されている。

私たちの民族は悠久の伝統のなかに高度な文化をもち、五千年以上にわたって国家を営んできた経験を有している。長年の専制政治下の害毒と不幸が私たちの民族に今日の受難をもたらしているとはいえ、正義と自由を基礎とした民主主義先進諸国を模範として新国家を建設したのちは、建国以来ながく文化と正義と平和を愛好する私たちは、世界の平和と人類の文化に貢献し得ることを信じるものである(3)

ここではまず、民族の歴史と伝統、文化と思想への誇りが示されている。そして正義と自由、民主主義への願いが述べられ、新しい独立国家樹立後には世界の平和と人類の文化に貢献する決意が表明されている。極めて肯定的で未来志向的な宣言であるといえようが、これがそのまま三・一運動の精神に受け継がれ、重要な土台となったのである。

二・八独立宣言の末尾に収録された決議文には、この宣言の実践的、具体的目標が記されている。血戦などという表現にもかかわらず、あくまでもその最終目標は、平和の希求と非暴力平和思想に基づく独立の実現にあることは一読して了解されるであろう。


一．私たちは、日韓併合が私たちの民族の自由意思によらず、私たちの民族の生存発展を脅かして、東洋の平和を揺るがす原因となっていることを理由として、独立を主張する。

二．私たちは、日本の議会と政府に対して、朝鮮民族大会を招集し、その決議によって私たちの民族の運命を決定する機会を作ることを要求する。

三．私たちは、万国平和会議に対して、民族自決主義を私たちの民族にも適用することを要求する。上記の目的を達成するために、日本に駐在する各国大使に私たちの意思を自国に伝達することを要求し、同時に委員二人を万国平和会議に派遣する。上記委員は、先に派遣された私たちの民族委員と行動を共にする。

四．前のすべての項目の要求が拒絶されるときには、私たちは日本に対して永遠の血戦を宣言する。これにより発生する惨禍の責任を私たちの民族は負わない(4)。

(二) 三・一独立運動の歴史的特徴と意義

三・一独立運動は韓国の民族史全体を通してもっとも注目すべき出来事であり、その歴史的意義は大きい。厳密にいえば、それは独立宣言として直接には結果を導き出していない、いわば「現実には失敗した運動」である。にもかかわらず、この運動がこれほど高い歴史的評価を受ける理由は何であろうか。実際、現在の大韓民国憲法

ソウルの三・一独立運動

も国家設立の正統性を三・一独立運動の精神に求めているのである。

その歴史的意義を筆者なりに整理してみよう。

まず、三・一独立運動は、同時代の世界史的にみても、植民地民族運動の事例のなかでもっとも模範的で、堅固かつ強力な運動であった。その理念、方式、手順のすべてにおいて、総合的に高い評価をすることができる。

そして、運動の方法論は完全な非暴力平和運動であった。三・一独立運動の参加人員の多さ、全国への普及度合いを考えても、またこれに対する朝鮮総督府の武力行使などを考えても、この運動が最後まで非暴力運動として展開されたのは不思議であるといわざるを得ない。たとえ初期において運動の方式と路線の決定が非暴力平和運動主義に決定されたとしても、通常はその後の展開過程で過激なものに変化する可能性が濃厚であるが、全体として最後まで平和運動の隊伍がくずれることはなかった。

さらにいえば、三・一運動が起きる二年前の一九一七年に、ロシアでボルシェビキプロレタリア革命が起こり、それ以降のいくつかの大衆運動と革命では、ほとんどの事例において階級闘争的な運動の影響が議論されるところであるが、三・一独立運動ではそれが階級運動に転じることはなく、民族独立運動のカテゴリーを守り通した。つまりこの運動は、最後まで民族内部の階級対立を超え、民族統合的な独立宣言運動として維持されたのである。もっとも一部にはここでも階級闘争的な要素がうかがえるという分析もあるが、やはり全体的な運動の特性としては、社会主義革命路線とは明らかに区別される運動であったといえる。

最後に、この三・一独立運動が平和運動の基調を守ることができたもっとも大きな要素として、抵抗の対象として決して日本だけを敵視したものではなかったという点を指摘することができる。目的はあくまでも朝鮮の独立にあり、そのなかで「愚」（少義）を犯した日本を責めないという宣言なのである。いや、むしろ、独立達成の瞬間からは、東洋の平和と世界の平和を一緒に追求していく協力者として日本をみる視点すらある。これは平和精神の偉大な土台である。これらの成熟した精神性ゆえにこそ、三・一運動は歴史的な評価に耐え得る価値を持っているということができるのである。

ここで三・一独立宣言の一部を引用して、その土台となる精神を見てみよう。

> 日本の過ちの責任を問わない。自らの過ちを反省することを喫緊の課題とする私たちには、他の異議や誤りを論じる余裕はない。現在の課題を解決することが求められている私たちには、他のものを責める暇がない。いま私たちには、ただ自らの建設が重要であって、他人を攻撃することが仕事ではないのである。私たちは厳粛な良心に基づいて、自らの新たな運命を切り開いていくであろう。決して過去の恨みにこだわって、感情的に他者を排斥しようとすることはない。(5)

(三) 三・一独立運動とキリスト教の関係

筆者はここで、三・一独立運動が宗教人たちによって主導されたことに注目したい。とりわけ当時としては新興外来宗教にすぎなかったキリスト教がその中心にいたことである。そのために、第一にキリスト教が三・一運動に寄与した点、すなわち運動の理念と準備段階での推進力としての貢献について述べる。第二に、運動の進行のためのネットワーク、つまり運動拡散の接続軸として機能したことを指摘し、第三に、運動後の責任（犠牲）、事後的な貢献に分けて見通してみようと思う。

まず、三・一独立運動は、第一次世界大戦後の世界情勢、特に米国ウィルソン大統領の「民族自決主義」の原則や一九一九年のパリ講和会議の開催などの時流が、国内外の朝鮮独立運動勢力に力を与え、ポジティブな反響を生み出したものであった。そしてこれを具体化させていった中国の呂運亨（ヨ・ウンヨン）と「新韓青年団」、東京の留学生学友会、国内の西北地域運動勢力などの主軸は、ほとんどがクリスチャンのコミュニティによるものであった。そのなかで実際の三・一独立運動の計画、つまり独立宣言の準備や組織の接続と拡散、運動の方向性と方法論が集約されたのである。この点でキリスト教勢力は重要な役割を果たしたといえる。

第二に、次のようなことがいえる。日帝植民地初期の一〇年、すなわち一九一〇年から一九年までの統治方式は強固な武断統治であり、国内にある朝鮮人の自主組織や連帯組織は完全に壊滅もしくは日本に掌握された状態であった。初期朝鮮総督府は、強大な力を持って交通と通信、組織などを完全に手中にしていたのである。このような状況下で唯一に意思疎通ができる組織はキリスト教の教会組織、キリスト教学校、病院などの連携網だけであった。もっともここにも問題はあって、教会の政治運動に強く反対する宣教師の監視を逃れなければならなかったのであるが、とにかく、これらクリスチャンの直接・間接の組織は、ほぼ唯一の三・一独立運動のネットワークであった。民族代表三三人（三月一日にソウルで「独立宣言」を読み上げた主導者の呼称）には一六人のクリスチャンが含まれ、著名なキリスト教学校である延禧専門学校の金元壁（キム・ウォンビョク）、セブランス病院の李甲成（イ・ガブソン）、ＹＭＣＡの朴熙道（パク・ヒド）などが主導する全国のキリスト教組織が稼働した。そして全国の運動拠点となる大都市には、キリスト教宣教のステーションとなる教会やキリスト教学校、病院などが建てられていたのであるが、ほとんどこれらが三・一独立運動の点火および拡散の中心となった。キリスト教組織網の働きなしには、三・一独立運動の進行はなかったといってよいかもしれない。

第三に、三・一独立運動は現実には失敗するが、その結果として朝鮮総督府はこの運動の責任者を徹底的かつ隠微な方法で処断し、その責任を執拗に求めたが、その対象となった者も多くはクリスチャンであった。一九一九年五月の総督府統計をみても、三・一運動で収監された者は九、〇五九人、その中でクリスチャンが二、〇三六人で全体の二二・五％を占めている。そして一九一九年六月の憲兵隊の資料によると三・一独立運動に検挙された信仰をもつ者の中にクリスチャンが占める割合はなんと五二・九％に達した。特に女性被検者のうち六五・六％がクリスチャンであったという事実は、女性クリスチャンの参加と犠牲の大きさを物語っている。当時の朝鮮半島の人口約一六〇〇万人のうち、プロテスタント・クリスチャンは二三万二千人程度（キリスト教と協力して三・一独立運動を起こした「天道教」信徒は約一〇〇万人）と推定されるが、三・一独立運動後、プロテスタントの信徒数が約二二万人減少したという統計もある。平安南道江西ではクリスチャン四三人が殺されたほか、間島、平安北道定州、義州、そして水原の堤岩里と花樹里水村里などで軍隊によるクリスチャン集団虐殺事件が起きている。一九一九年には、長老派、メソジスト派を問わず、教役者、教会員多数が刑務所に収監されていて総会と年会が正常に開催できないほど大きな被害と犠牲を生んだのである。

一方、この運動を理解するためには、日本のキリスト教界の反応をうかがい知る必要もあるだろう。まず「朝鮮伝道論」を実行するために韓国に駐在して活動していた渡瀬常吉のような人物は、三・一独立運動を韓国クリスチャンの偏狭な愛国心と未熟な信仰への固執によって引き起こされた事態と判断した。韓国クリスチャンの信仰のあり方がこの問題を引き起こした根本的な原因だと考えたのである。彼らは朝鮮総督府と一致した見解を示し、特に韓国クリスチャンたちの誤った信仰を指弾した。

一方、吉野作造のような進歩的クリスチャンは、ただ朝鮮総督府の差別政策、朝鮮人に対する不公平な扱い対する苦情がその原因であると考えた。いくつかの植民地支配に対する批判的意見もあるが、そこに植民地支配自体を根本的な原因とする見解はなく、提示された解決策も朝鮮人に対する差別を撤廃し、統治方式を融和的に変更する必要があるという点が強調された。

これら吉野作造などの判断に基づき、ほとんどの日本クリスチャンは、三・一独立運動後の処置に関しても、植民地統治の方法を改善することを勧告する立場をとった。そのような中でもっとも注目すべき人物は、組合教会の柏木義円である。彼は渡瀬の立場を具体的に強力に批判した。しかし、その柏木ですらも、朝鮮人の独立願望を支持するところまでは進まなかった。

しかし、三・一独立運動以後に、堤岩里教会事件など日本憲兵と朝鮮総督府によるクリスチャン虐殺事件等が知られるにつれ、その立場の転換が示されることとなる。先述の柏木義円は、非道な虐殺行為の解明とその責任者に対する厳重な問責を強く要求した。

そしてついには斎藤勇というクリスチャンは「或る殺戮事件」という懺悔と警告の詩を書くに至る。

「もしこれを恥とすることなくば、呪はれたるかな、東海君子の国[6]」

三・一独立運動当時日本のクリスチャンについては、日本の帝国主義に徹底して協力し並進した者と、人道的、道徳的、信仰的良心のあいだで葛藤し、揺れ動いた者の痕跡を、複数の史料から明らかにうかがい知ることができる。

もちろんそれ以降の日韓クリスチャン関係史は再び同じ展開を重ねることになるのだが、筆者は両国のクリスチャンについての観点からも、この三・一運動を再考する必要性を感じている。

（四）上海大韓民国臨時政府の樹立

三・一独立運動については先に失敗したと言及したが、それとはまた別の観点に立って、決して失敗した独立運動ではなかったということもできる。その一ヶ月余り後、一九一九年四月一一日、中国上海に大韓民国臨時政府が設立された。制限つきではあっても、独立国家の成立が実現されたのである。そして重要なのは、この大韓民国の政治体制と国家思想である。一九一〇年の「日韓併合」の直前の韓国は、君主制国家であった。厳密にいえば、国の所有者は君主であり、国民は彼の所有物であった。主権の独立を喪失した国が独立運動を展開した場合、通常、その目標は、主権を喪失する前の状態を回復するという点におかれる。それにならえば、植民地朝鮮の独立運動もまた国家を取り戻し、君主に差し出す運動になることも

2017年９月上海大韓民国臨時政府庁舎前の筆者

あり得たのだ。しかし、三・一独立運動の精神と、新しく樹立された大韓民国臨時政府の国家設立の基調は「主権在民」にあった。つまり国を奪われて一〇年もたたぬうちに起こった三・一運動の土台には、すでに「主権在民」が敷かれていたのだ。その政治思想の成熟と進行を、欧米諸国やその他の歴史事例と比較してみるとき、主権在民、民主主義成立のきっかけとしての三・一運動には、また別の評価が可能であろう。

三・一運動の結果として、上海大韓民国臨時政府が主権在民をもとに「民主共和制」を宣言したことは、単に韓国独立運動の一環としてだけでなく、アジアの政治史、世界的な民主主義国家体制の進展史という視点においても、著しい端緒を切り開いた歴史的事例であると筆者は評価する。

三、三・一独立運動と天道教（東学）、キリスト教との協力

(一) 東学の創立と展開

天道教は東学の後身である。東学は一八六〇年崔済愚（チェ・ゼウ）によって創設された朝鮮後期の新宗教である。東学は当時、朝鮮のカトリックキリスト教の名称だった「西学」に対応、反対して起こった宗教である。しかし、カトリックを迫害していた朝鮮政府はまた西学、すなわちカトリックの一派であると考えて一緒に弾圧した。政府の弾圧の中でも東学は着実に発展し、農民民衆層に基づいて勢力を形成した。東学が朝鮮後期の歴史の中で最も顕著な足跡を残したのは、一八九四年の東学農民戦争あるいは東学革命と呼ぶ農民蜂起である。

一八九四年に勃発した東学農民戦争は、東学の性格だけでなく近代東アジアの歴史を変える分水嶺となっ

東学の教祖の崔済愚

東学革命に失敗した後逮捕されソウルに押送される東学軍指導者の全琫準、左から３番目

た。「斥倭洋」を旗印に蜂起した東学軍は、官軍と日本軍によって構成された連合軍と熾烈な戦闘を繰り広げたが、結果は悲惨なものとなった。戦争後、生き残った東学の指導者たちは四散し、教団は事実上瓦解した。一方、東学農民戦争に触発されて起こった日清戦争の結果、清は朝鮮における支配権を失い、日本が東アジアの新しい強者の位置に浮上した。(8)

この東学革命を鎮圧するという名分で朝鮮に出兵した日本軍と中国軍との間に、日清戦争が起きて東アジアの歴史に大きな影響を与えた。その後東学は三代目の代表孫秉熙（ソン・ビョンヒ）によって一九〇五年一二月一日、「天道教」という名称に変わった。これは東学の合法的地位を回復したことになり、韓国の民族宗教としての進路を選択するきっかけになった。

(二) 東学の民族独立運動計画

天道教教団の主要な指導者たちも国内外の情勢を注視していた。天道教教団の主要な幹部である権東鎮は、『大阪毎日新聞』に掲載されたウィルソンの民族自決の原則に関する報道記事を読み、国権回復の機会が訪れたと考えた。一九一八年一二月上旬に権東鎮は、教団幹部の呉世昌と天道教普成学校の校長である崔麟と会って独立運動について話し合った。一月下旬、三人は教祖の孫秉熙と会って独立運動の推進に関する最終的な承認を得る。その後、天道教の最高指導部に属していたこの四人は、独立運動の具体策をめぐって本格的な論議に入っていった。(9)

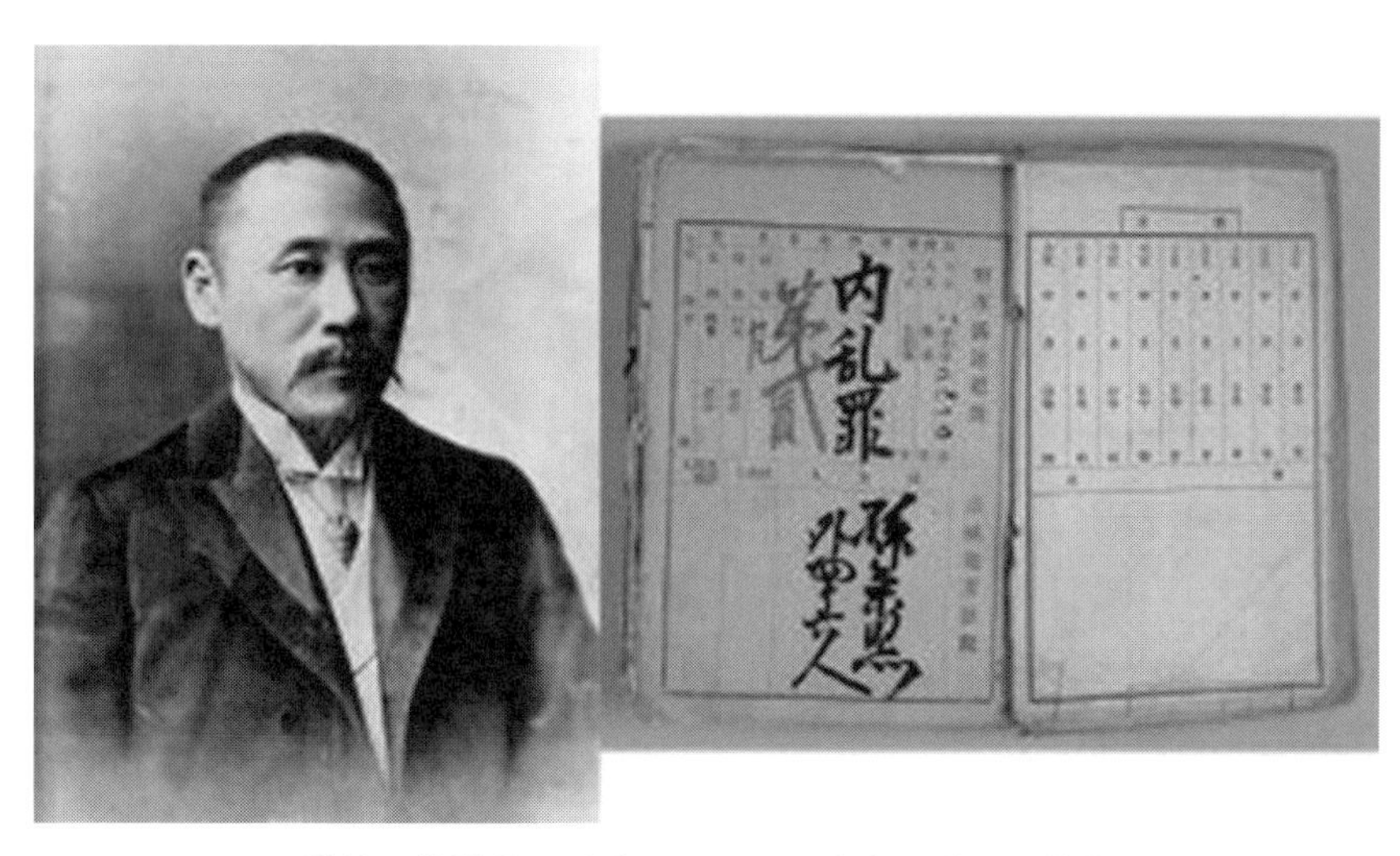

天道教の指導者の孫秉熙、三・一独立運動の民族代表

(三) アジアの帝国主義に対する抵抗史における宗教間の連帯の特別な例

その後天道教は独自の計画を持っている韓国プロテスタント・キリスト教との連帯を考えた。

プロテスタント教界との提携と連帯は、一元化の原則に該当する。この過程において中心的な役割を担ったプロテスタント側人士は李昇薫である。彼は、西北地域の長老教会を拠点としていたが、ソウル地域のメソジスト関係者らとも親交が深く、プロテスタント教界の意見を取りまとめる力をもった信徒指導者であった。ところで、プロテスタント側との提携の過程においては、いくつかの障害物があった。まず、プロテスタント側の一部人士の中に、教理の違いを理由に天道教との合作を嫌う人々がいたことである。このことは、独立運動は宗教の違いを超えた民族レベルの運動であるとの論理によって克服された。また、独立請願方式だけを採用することに固執するプロテスタント人士らがいたが、説得を通じて天道教が主張していた独立宣言方式を実施することで最終的にまとまった。一方、プロテスタント側から決起の準備に必要な資金の支援要請がなされたが、これに対して孫秉煕は、五、〇〇〇ウォンを直ちに提供した。このような資金の支援は、両者の間の統一戦線の強化に寄与したと考えられる。[10]

実際に、プロテスタントの代表として三・一独立運動を主導した人物の一人である申錫九（シンソクグ）のような、これ、教義と信念が異なる天道教とこの運動を図るべきかどうかについて三日間の祈りしたと回顧した。そして、苦難の民族の主権を回復することに協力していないことがむしろよくないという結論を得たと証言した。また、天道教がプロテスタント・キリスト教界に資金を支援するしかなかったのは、天道教が財政に余裕があったりしたが、他の理由もあった。つまり、当時キリスト教界の財政主導権は西欧の宣教師たちが掌握していた。日本の帝国主義に抵抗する政治的独立運動に教会が、あるいはクリスチャン個人が参加することに反対していた宣教師たちの立場からキリスト教代表者が運動の資金を調達するのがなかなか難しいことではなかった。最近韓国では、特にキリスト教界の一部の人々は当時天道教が支援した運動資金五千ウォンを今からでも天道教側に返さなければならないという動きも起きている。当時、支援を受けた資金五千ウォンを現在の価値で計算すれば、約三億六百万ウォン程度だという（この計算は、当時の米価を基準にして、同じように現在の米価に換算したもの）。

この運動は、キリスト教と天道教の連合だけではなかった。やはり天道教の努力で仏教界の一部もこの運動に参加した。

天道教は、プロテスタント側との連合を試みる一方、仏教界とも接触した。崔麟は、日本留学時代からの旧知であった僧侶の韓龍雲と接触した。韓龍雲は、決起の計画を聞いて積極的な参加の意思を表明し、仏教界の参加を導いてみせると述べた。しかし、仏教界の指導者の中からは、僧侶である白龍城の取り込みに成功するにとどまった。当時、寺刹令によって仏教の住職任免権は朝鮮総督府に握られていたため、大部分の住職はこの運動に消極的な姿勢を示したものと推定される。韓龍雲は儒林とも接触したが、成功しなかった。一方、学生らも独自に運動を推進していたが、最終的段階において宗教界に合流した。このように個別的に進められていた運動が、天道教の主導によって一つの窓口に集約されることで、一元化の原則が実現した。(11)

これにより三・一独立運動、すなわち日帝下韓国で行われた最も強力な反帝国主義運動にキリスト教、天道教、仏教の間に連合戦線が形成されるという注目すべきことが起こった。これはアジアの帝国主義の抵抗史において、ほぼ唯一の事例として取り上げられてよいだろう。

（四）三・一独立運動における天道教の役割と犠牲

一方、三・一運動における天道教の役割は、決してキリスト教のそれに負けることはない。

天道教はまた、独立宣言書の作成および印刷、配布も担当した。天道教指導部は、独立宣言書の作成を崔南善に任せたが、その際に非暴力の原則に基づく指針についても伝えられていた。崔南善が作成した草案は、天道教指導部が検討し、プロテスタントと仏教界にも回覧された。請願書も似たような過程を経て作成された。二月二七日の夜に普成社で独立宣言書二万一〇〇〇枚あまりが印刷された。普成社は、天道教が経営する印刷所であり、社長の李鍾一が印刷を担当した。二月二八日の朝、独立宣言書は事前に設けられていた組織網を通して全国に配布された。天道教の場合は、教区組織を介して各地域に迅速に配布された。天道教徒によるデモの状況を見ると、西北地方で活発に行われていたことが分かる。これは教勢を反映しており、平安南道、平安北道、咸鏡南道の順にデモの頻度が高かった。さまざまな地域でデモを同時多発的に起こすことができたのは、教区組織と淵源組織の力量が故であった。教区組織が地域別の行政組織であるとすれば、淵源組織は地域を超えた人脈組織であり、これら二つの組織が補完的な関係をなしてデモを活性化させた。天道教の指導部は、『朝鮮独立新聞』を発行し、デモ運動を活性化した。この新聞は、天道教月報社社長の李鍾一の指示により、編集委員の李鍾麟が発行したものである。三月一日の朝に普成社で印刷された創刊号一万部が市内に配布された。地下新聞の形をとった同紙の創刊号は、民族代表三三名の独立宣言書の発表および拘禁、彼らの「決死殉国」の意志、非暴力原則遵守の強調をその主な内容としている。李鍾麟は、四号まで秘密裏に発行したが逮捕される。その後、同紙は天道教の範疇を超え、さまざまな主体によって三六号まで発行された。三一独立運動が拡散し、各種のビラや檄文、唐傘連判状など、さまざまな媒体がデモに動員されたが、「朝鮮独立新聞」がその先鞭をつける役割を果たしたと言える。[12]

そして、この運動の後天道教の犠牲も激しかった。

天道教は、三一独立運動の過程で多くの犠牲を払った。デモにおいて逮捕され拘禁された天道教徒は一三〇〇名あまりにのぼった。一九一九年の五月初めと六月初めには、独立運動のための資金を集めたとして、中央総本部の幹部と地方教区の役員が大挙検挙された。それとともに、銀行に貯金していた二〇万ウォン、大道主の朴仁浩が保管していた七〇万ウォン、信徒の家に保管されていた三〇万ウォンが押収された。地方教区から送られてきた数千ウォンの誠米金を除いたすべての動産および不動産の使用が禁止され、総本部の職員の給料も支給できなくなるほどであった。財政の悪化により、それまで経営していた普成学院と同徳学校を放棄しなければならなくなった。また、デモの過程で定州教区の建物が焼失し、宣川教区の建物は強制収用された。宣川と定州の信徒が多く殺傷され、碧潼郡の信徒らは教会から追い出され、信徒の多くが焼け出された。このような犠牲は、天道教が三一独立運動に主導的な役割を担って参与したことを示す証拠でもある。(13)

結論

まず第一に、アジアでキリスト教は、自らが「帝国主義」の本体であった。そのようなイメージのキリスト教が「反帝国主義運動」の先頭に立つこと自体は特筆すべきことである。

第二に、民族主義的であり土着的とすることができない外来の宗教としてのキリスト教が土着宗教と協力して、連帯して、外勢すなわち帝国主義に対抗した事例は、韓国の三・一独立運動をおいてほかにない。

注

(1) 徐正敏「アジアキリスト教研究の主題—日中韓キリスト教の歴史とその展開過程の諸前提」、『明治学院大学キリスト教研究所紀要』、明治学院大学キリスト教研究所、第五〇号、二〇一八年一月、三〇四—三〇六頁。徐正敏「亜州基督教研究的主題」(Themes of Asian Christian Studies : History of Christianity in China、Japan and Korea、and its North-east Asian Context)、『濟南大学学報』、濟南大学、第二八号、六五—六六頁参照。

(2) 徐正敏「李光洙とキリスト教」、『李光洙とはだれか?』、かんよう出版、二〇一四年、六二—六三頁。

（3）「東京二・八独立宣言」より　現代的な表現に改めた。
（4）同右「決議文」より。
（5）「三・一独立宣言」より。現代的な表現に改めた。
（6）斎藤勇「或る殺戮事件」より。『福音新報』第一二四七号、一九一九年五月二二日。
（7）徐正敏「日本を責めなかった三・一独立宣言―ちょうど一〇〇年前、一九一九年の東京、ソウル、上海で起こったこと―」『朝日論座』二〇一九、二・三　https://webronza.asahi.com/politics/articles/2019012500002.html
（8）李進亀「三・一独立運動と天道教」、明治学院大学キリスト教研究所三・一独立運動一〇〇周年記念特別講演会講演文中、二〇一九年一月二六日、明治学院大学。
（9）同右講演文中。
（10）同右。
（11）同右。
（12）同右。
（13）同右。

第六章　『アメリカ・メソジスト教会の現地報告』の状況認識より読める一九四〇年前後の日本と日本キリスト教

序論　日本キリスト教の時代認識と状況

キリスト教受容初期の日本キリスト教は、西欧との緊密な親近感を保ちながら出発した。キリスト教受容者たちは日本近代国家の目標である「近代化」が西欧の宗教であるキリスト教を受容した自分たちにより先導されると信じ期待した。しかし実際、日本近代化の中軸勢力は「和魂洋才」というスローガン、すなわち物質的な文明として西欧を受け入れつつも、魂と精神だけは日本固有のものを中心とする思想も掲げることになる。

結局のところ、キリスト教受容者たちの希望や意志とは全く異なった方向へ目標は設定されたのである。このような過程において、むしろ日本キリスト教は「反日本」、「非国民」という疑いを着せられ、疎外された群れとして排除される経験をせざるを得なかった。そのような国家社会の雰囲気のなかで日本キリスト教の多数が取った生存方式は、自らがより徹底して日本の国家目標に積極的に協力、実践し、日本の国家主義や全体主義的な動向に便乗していくことであった。これによって少なくとも日本国家社会からキリスト教の存在が認められ、布教と教会組織の維持を許可されることに満足する方向へと進んだのである。国家社会的な雰囲気とキリスト教のより徹底した国家体制への適応現象は、一九三〇年代末から一九四〇年代の半ばにかけての日本ファシズム絶頂期に至り最高潮に達した。日本の代表的プロテスタント教会史学者である土肥昭夫は、この時代の日本キリスト教を次のように評価した。疑問やためらいを感じつつも、やがて沈黙し、あるいは自分を納得させつつ、すべてを巻き込むファシズムと戦争の風の中に自分を追いこんでいった。特に一定の組織として自己を維持してきた教会や学校はそれをつぶされまいとして、状況に応じた再編を行うことによって必死に生きのびようとした。しかしそのことは自分が標榜してきた信仰的、思想的基盤の喪失となり、みじめな敗北となっていったのである。[1]

結局、国家体制に深く適応して自身の存在範囲を設定した日本キリスト教は、日本国家がファシズムと戦争必勝のための国家目標を極端に進行させた一九四〇年代に至って、社会に充満していた順応論理にならって自らを任せ、その上、キリスト教が有する基本的なアイデンティティさえも喪失する危機に直面することとなったのである。特にこの時期、すなわちファシズム絶頂期である一九四〇年代からは、日本社会の思想的な傾向が「近代の超克[2]」という風潮のなかで展開された時代でもあった。

これは「明治以後、日本がモデルとして目指してきた西欧近代に対して、その対極に位置したごく普通に言われる愛国心やナショナリズムの覚醒と自覚を生み出した[3]」ということを意味する。そしてそれは自然に日本の国粋主義の強化へと連結され、そのような思想的基盤を背景に遂行された「大東亜戦争」は、『西欧近代に対するアジアの解放[4]』という名分を立てることとなった。

ここで最も困惑した環境に置かれたのは、いうまでもなく当時の日本キリスト教のグループ（群れ）であった。彼らこそは、「キリスト教の積極的受容」というその内面的な核心的思想には反対しつつも、「西欧近代」を目標とした日本社会の雰囲気の中に属していたのだが、その状況が一変することとなった。「西欧近代」自体を排撃する「近代の超克」の時代へと入っていった時代的な圧迫が展開されたのだ。これからが西欧近代文明そのものをのり越え、それと対峙しながら日本とアジア全体を「西欧近代」の支配から解放するという名分の国家目標と戦争遂行の論理の前に、未だ西欧の思想と組織に繋がっているという疑いの下、日本キリスト教は当惑を隠すことのできない状況にあった。

この時期、やはり日本キリスト教はまたもや強い抵抗とそのアイデンティティ確立の機会を失ってしまった。「和魂洋才」という国家社会の目標に直面し、国家体制適応の道を選らんだ初期に、多数のキリスト者が自身の本質的なアイデンティティを侵害され、一部の損害に堪えながらも積極的に国家に適応するキリスト教の道を歩んだのと同じように。これから、既に言及したように国家社会がキリスト教に対して要求する基準がより増し厳格になった。すなわち「西欧近代」自体が超克すべきものとして敵対する状況において、「西欧近代」の核心的な思想であり、それと連結された体系として認識されたキリスト教への視線は冷たく、徹底した排撃の姿勢であった。ここに日本キリスト教の進路は、より明らかに「日本化」した。「日本的キリスト教」の創出を声明し、西欧キリスト教との完全な絶縁を進め、国家が要求する宗教への期待と総力で加担する方向であった。

本章では、まさにこの時期の日本キリスト教と国家体制との関係に注目する。そしてこの時期のキリスト教の行動様式を理解するために、まずはその背景としての国家体制適応の過程を整理しようと思う。続いてこの時期、一九四〇年以降の日本キリスト教が新しく直面した課題を分析する。そしてこのような時期に極端な姿勢で、日本の国家体制と一致、協力の道を歩んだ日本キリスト教にたいするアメリカ(米)キリスト教の認識を注視する。

特にここでは、一九四一年二月に作成されたアメリカ・メソジスト教会のひとつの報告書[5]を中心に参照するつもりである。続けて、このような日本キリスト教の国家順応の具体的な結果として現れた「日本キリスト教団」の形成とその神学としての「日本的キリスト教」の実態を考察しながら、結論的には再編された日本キリスト教

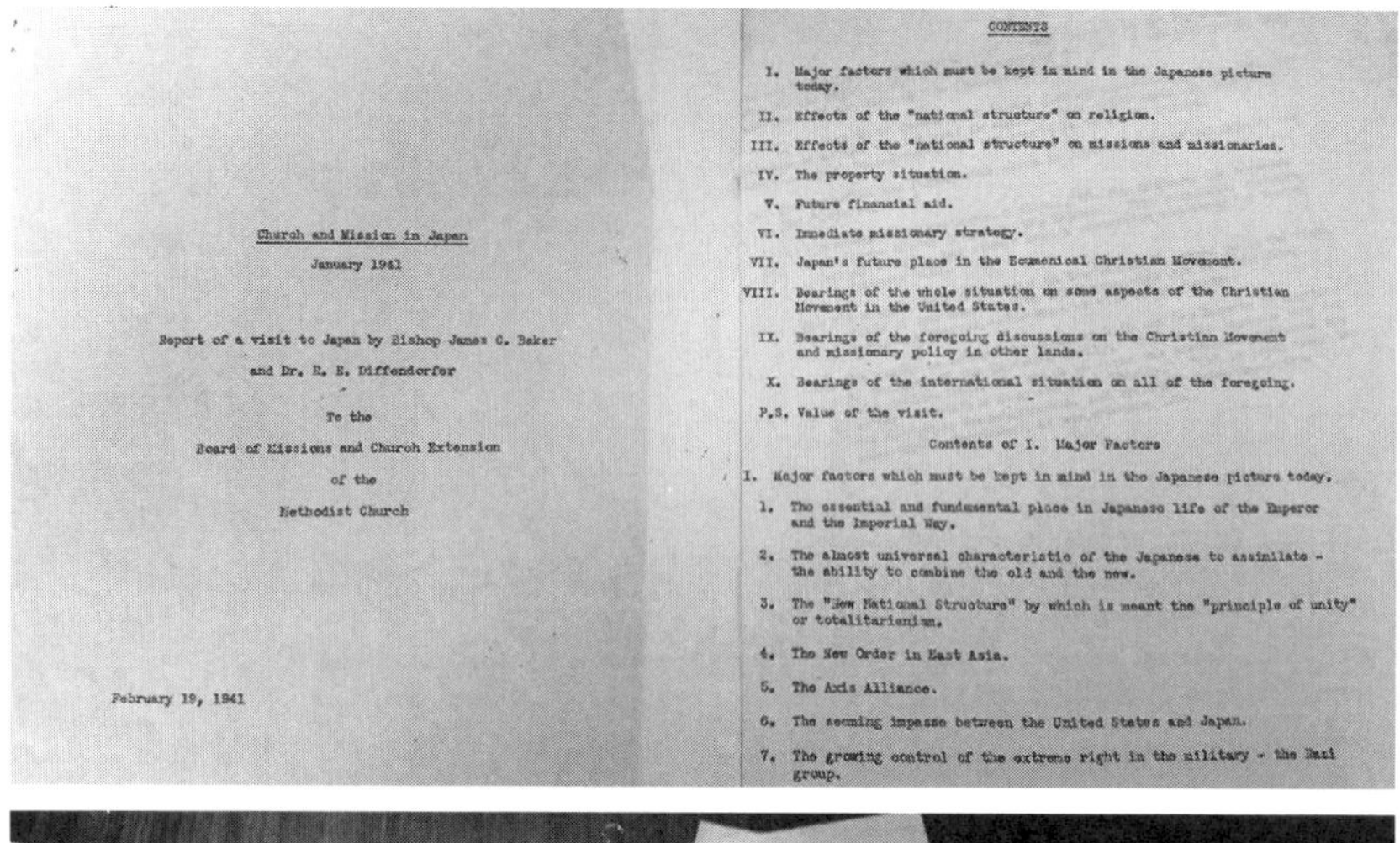

Church and Mission in Japan

January 1941

Report of a visit to Japan by Bishop James C. Baker

and Dr. R. E. Diffendorfer

To the

Board of Missions and Church Extension

of the

Methodist Church

February 19, 1941

CONTENTS

I. Major factors which must be kept in mind in the Japanese picture today.

II. Effects of the "national structure" on religion.

III. Effects of the "national structure" on missions and missionaries.

IV. The property situation.

V. Future financial aid.

VI. Immediate missionary strategy.

VII. Japan's future place in the Ecumenical Christian Movement.

VIII. Bearings of the whole situation on some aspects of the Christian Movement in the United States.

IX. Bearings of the foregoing discussions on the Christian Movement and missionary policy in other lands.

X. Bearings of the international situation on all of the foregoing.

P.S. Value of the visit.

Contents of I. Major Factors

I. Major factors which must be kept in mind in the Japanese picture today.

1. The essential and fundamental place in Japanese life of the Emperor and the Imperial Way.

2. The almost universal characteristic of the Japanese to assimilate - the ability to combine the old and the new.

3. The "New National Structure" by which is meant the "principle of unity" or totalitarianism.

4. The New Order in East Asia.

5. The Axis Alliance.

6. The seeming impasse between the United States and Japan.

7. The growing control of the extreme right in the military - the Nazi group.

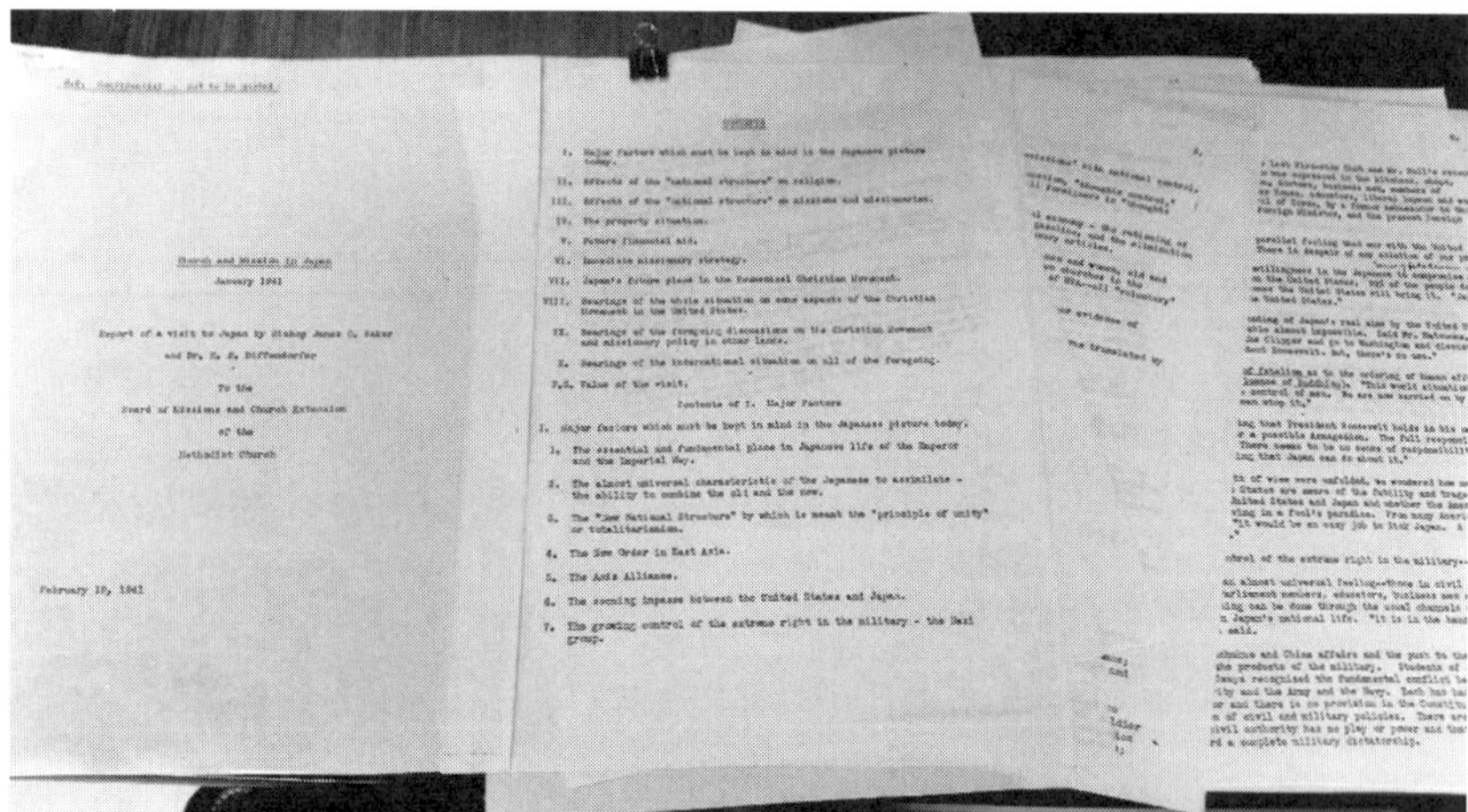

Church and Mission in Japan、January 1941(Report of a visit to Japan by Bishop James C. Baker and Dr. R. E. Diffendorfer To the Board of Missions and Church Extension of the Methodist Church、February 19, 1941

が「第二次世界大戦」中にどのような国家協力の道を歩んだのか、という点に言及する。

一、日本キリスト教の国家体制適応過程

日本が近代化の過程で目標と定めた「和魂洋才」により、キリスト教を受容した初期日本キリスト者と教会は国家社会からの差別、あるいは蔑視を憂慮しなければならなかった。そこで彼らが選択した方法は、最善をつくし国家目標に順応し体制に適応することでその難関を打開しようという方法であった。

そこにはいくつかの努力がみられるが、第一には宣教師からの財政的独立を追及した点であった。その代表的な例がアメリカ会衆教会宣教部、すなわち日本組合教会の宣教基金である「アメリカン・ボード」(American Board)からの宣教費を自発的に拒絶した事件によく表われている。

それは一八九〇年五月、日本組合教会第一〇回総会で組合教会の伝道団体である「日本基督教伝道会社」にたいする「アメリカン・ボード」の指定寄付金を拒否する決議がなされた。そのような決定の背景について土肥昭夫は、まず「当時、日本の世論がキリスト教を外来宗教として排除し、日本のキリスト教がいくら忠君愛国を説いても、ミッションに依存している限り、伝道は困難であるという[6]」とみた。そして「日清戦争を契機とする天皇制国家主義の興隆といった社会的風潮[7]」の圧迫を挙げた。続けて「組合教会がミッションの援助を断ち切って伝道事業を維持することができるか、ミッションより俸給をうけいれる伝道者の生活をどうするか、といった現実の問題があった[8]」と述べ、当時の日本キリスト教の葛藤を指摘している。

第二には国家の宗教政策に徹底して順応したことだ。近代初期の日本は、まず「神道国教化」政策を施行しようとしたが、それが近代国家成立の重要な要素である「宗教自由」や「政教分離」とは深刻なほど距離があるこ

とを悟り、超宗教的国家イデオロギー確立という独特な宗教政策を遂行した。これはすなわち伝統的な神道を二元化して「国家神道」と「教派神道」とに分離し、「国家神道」を超宗教的な次元として設定、すべての宗教信仰はその下の価値として「条件的自由」を許可したのであった。この過程でキリスト教は伝統的認識であった「キリスト教邪教論」と共に、日本近代国家の宗教政策にとって最も大きな邪魔な対象として扱われた。[9] ついに一八八九年二月、日本帝国憲法第二八条「日本臣民ハ安寧秩序ヲ妨ケス及臣民タルノ義務ニ背カサル限ニ於テ信教ノ自由ヲ有ス」[10] という条文にならい、ようやく信教と布教の自由を得ることとなった。しかしこれは結局、「条件的信教の自由」として徹底した国家宗教政策への協力と順応の前提なくしては存在自体が不可能な状況であった。

このような日本キリスト教の国家宗教政策への順応の姿勢は、それ以後にも継続され、ついに日本ファシズム絶頂期の一九三九年四月に公布された宗教団体法案と、これにならった「日本基督教団」成立に至るまで、徹底した国家隷属としてのキリスト教の道を歩んだ。[11]

第三には、「宗教報国」、国家の協力要請に積極的な姿勢で率先垂範したことである。日本の国家体制はついに、キリスト教をはじめとする全宗教に対して国家的な目標に積極的に協力することを要求しはじめた。その基本的な出発は一九一二年二月の「三教会同」からだった。当時日本政府は、仏教、教派神道、キリスト教の代表者を招待し、会議を招集し、国家目標に積極的に協力することを要請した。彼ら三つの宗教の代表者たちは、この会合で「一．皇運を扶翼し益々国民道徳の振興を図らんことを期す。二．政治宗教及び教育の間を融和し国運の伸張資せられんこと期す。」[12] という決議をするに至った。ここにはキリスト教代表者七人が出席したのだが、この当時日本キリスト教界の見解は概ね、国家が日本キリスト教を主要の宗教として認め、国家目標遂行の協力パートナーとして認めていた事実に感激する立場を見せた。この時から始まった日本キリスト教の国家奉仕、独特な用語として定着した「宗教報国」は、ファシズム絶頂期において戦争遂行の過程でも度が過ぎるまでの参与と率先を示すまでに展開された。

第四は「日本的キリスト教」、「日本神学」を創出するための努力であった。事実、日本のプロテスタント・キリスト教は、初期からその受容階層の特性に起因するのだが、持続的に広義での「土着的キリスト教」形成を目標とする傾向が強かった。すなわち西欧の宗教として受容されたキリスト教ではあったが、日本の伝統と価値、そして文化的様式を多数含んだ神学的な体系を追及する姿勢を示したのである。ここでいう受容階層の特性とは、プロテスタント・キリスト教を受け入れた勢力の大概が、政治的には暴落した「侍エリート層」であり、日本の歴史と文化にたいして強い誇りをもつ人物たちであったということを意味している。このような目標と特性は、自然に西欧神学の伝統や教派主義の信仰様態の特徴をそのまま伝承するというよりも、いわゆる「日本的キリスト教」、「日本的神学」、さらには「東洋的キリスト教」を形成しなくてはならないという強迫観念的な目標に没頭する姿勢を示した。初期の神学者の一人である小崎弘道は、「余も基督教が国体と合わないとか、民族と結付かないといふことはないと思ふ。其国々の特性なるものを基督教は決して縮少滅亡させるといふことはない。否却つて特性を益々発揮せしめ、且之を清め高めてゆくものである。[13]」と主張し、「固有のキリスト教」、「日本の特性をより発揮させるキリスト教」建設を主張しながら、「日本的キリスト教」の神学的根拠を設けた。

しかし、初期から大概の「日本的キリスト教」主張の傾向と目標が日本の国家主義に便乗したり、国策に抵触しないキリスト教を通した日本社会内での適応という現実的な目標を設定する傾向が強かったとするならば、非主流神学運動として内村鑑三系列の「日本的キリスト教」はその内容と目的において相当異なったものであった。彼は「日本的基督教とは日本人が外国人の仲人を経ずして直に神より受けたる基督教（中略）日本魂が全能者の気息の触れる所に、其所に日本的基督教がある。此の基督教は自由である。独立である、独創的である、生産的である、真の基督教とは凡て斯くあらねばならない。[14]」と述べて、この神学のより本質的な問題に注目している。

よって日本キリスト教は、歴史的には「日本的キリスト教」という同一の用語だとしても、その概念の問題を考え合わせなくてはいけない。この用語はファシズム末期に入り、より政治的動機として使用されている。

第五には、国家の超宗教的イデオロギーである「天皇制イデオロギー」の権威に隷属したことである。土肥昭夫は、天皇は「守護神である皇祖神の子孫として、国民に君臨する現人神とされた[15]」とし、天皇の宗教性と神聖な権威の付与を指摘している。これは単純に天皇の神聖性や神的な存在としての合意と共感を形成するに留まらず、それ以外のすべての権威が日本内の天皇の権威に従属していることを意味している。これは格別な排他的な宗教形態として、なおかつ最高、唯一のエホバ・神を信奉するキリスト教の実存において、自身たちの神の権威を保留しなければならない深刻な状況との対決であるといわざるを得ない。ここにおいて日本キリスト教は積極的に順応し、天皇の権威に隷属した妥協するキリスト教の進路を形成したというのである。

二、一九四〇年前後、日本キリスト教が直面した課題

これまで受容以降の日本キリスト教の歩みをおおよそ把握することができた。しかし一九四〇年代を前後とする時期は、日本近代史においても独特で特徴的な時期だといえる。すでに「日中戦争」が勃発した以後の時期でもあり、「アジア・太平洋戦争」が準備、開始されたことによって第二次世界大戦の中心に日本が立つ時代である。このような背景において日本は内部的にファシズム軍国主義の絶頂という政治的時代を経過するのだが、この政治、軍事、外交、社会、経済はもちろん、文化と宗教的な方面に至るまで、他の時代とは徹底して区別すべき特徴をもつ。この時期は包括的に日本近代史の「一五年戦争期[16]」として区別されるが、まさにこの時期の頂点となる一九四〇年前後に日本キリスト教が直面した課題などに注目することは、当時日本の「教会と国家関係」

を最も効果的に理解する断面となる。

日本がファシズム化と戦争体制へ突入すればするほど、宗教、特に絶対的な外来宗教であるキリスト教を統制する法案と制度が強化される側面が表われた。その代表的な例が治安維持法の強化であり、宗教団体法の成立である。反面、キリスト教が国家に対する率先、または統制によって協力し動員され国家目標に参与したことの面としては、「戦時下宗教報国」として集約される動員体制の形態がある。すなわちそれは前述した二つの法による統制が、国家の強制による宗教統制の状況にキリスト教がどのように対処するのかという問題に連結していることを意味している。このように外部の強圧と内部の率先参与という二つの主題が一九四〇年前後、日本キリスト教が直面した課題である。

まず、法に関する国家の統制は次の通りである。治安維持法は一九二五年四月二二日公布され、一九三四年に改定されたのち一九四一年に再度、全面的な改正をした法律である。この法の根本の趣旨は、いわゆる「国体」の変革を図り、私有財産不正のための決議、運動の禁止という目的に集中している。これは根本的には、「社会主義」に対する警戒が主となった国家保安を目的とした法である。そして、その改正の方向を強化する方向、すなわち思想犯容疑者に対する保護観察制度と容疑のある人物に対しては「豫防拘禁制」を適用したのだ。この「豫防拘禁制」は日本や殖民地であった朝鮮において一名「豫備検束」という名で頻繁に適用された。この法が実際に宗教にたいする弾圧、統制法として積極的な役割を果たしたのは、一九三五年日本新興宗教の一つである「大本教」の中心人物たちを検束する事件からだった。[17] そしてついに「ひとのみち」、「天津教」、「神政竜神会」[18] などの宗教団体を弾圧する法として適用された。[19]

続いて一九四〇年代以降、日本と朝鮮においてキリスト教のいくつかの教派やキリスト者個人、特に切迫した再臨思想を持っていたり、これを伝え終末論的な神学を流布したりする者たちにこの法を適用し、思想犯扱いをする統制法であった。もちろん「治安維持法」と共に宗教団体の統制のために「宗教団体法」も適用されたが、当時の法による宗教統制を研究する渡辺治の資料引用によれば、この二つの法には全く異なった適用範囲の区別があったことが次から確認できる。

すなわち、「国体ニ直接関係シ、或ハ国体の基礎ニ直接関係シマスヤウナ、非常ニ不逞ナモノニ限リマシテ本案（ママ）〈治安維持法─引用者〉ヲ以テ取締ルヤウニ致シ、其ノ余ノモノニ付キマシテハ、大体宗教団体法ノ運用ニ依シテ、行政的ニ処理セラレテ行クベキモノデアラウト云ウ風ニ考ヘタノデアリマス、」[20]（二一）とされている。一方で、宗教団体法は国家による宗教団体統制、管理を目的に法案が上程され論議されてきたが、これが実際に正式な法律として施行されたのは一九三九年四月八日公布、一九四〇年四月一日に施行という手順を踏んだ。日本の近代国家成立過程で宗教統制の意図と目標は常にあったのだが、西欧近代国家を体制的に模範とする「近代性」の再考というフィルターによる国家権力の直接的な宗教統制、管理に対する一種の抵抗とそれに対応しての再検討の帰結と考えることができる。

しかし日本での「ファシズム」が強化、完成された時期、「近代の超克」という「脱西欧近代」の思想基調が形成されながら、社会的な雰囲気は完全に変化した。このような変化については法制史研究者渡辺洋三の日本ファシズム法政史の時期区分がより参考となる。すなわち一九二二年から一九二六年まではファシズム法制の前史、一九二七年年から一九三一年は第一期ファシズム法の基礎を固める時期、一九三二年から一九三七年が第二期ファシズム法の形成期、一九三八年から一九四〇年が第三期法の確立期、そして一九四一年から一九四五年までを第四期ファシズム法の完成と崩壊期とみなしている。[21]

このような時期区分によれば、宗教団体法の成案と施行は長期間の検討後、ファシズム法確立期である第三期に施行されたものと考えることができる。結局、宗教団体法は、「教会と国家」の観点から「国家」の価値が徹底して優先された当時の日本の時代的潮流の下、国家権力による宗教の制圧が十分に可能なファシズム絶頂期の産物であったといわざるを得ない。しかし、この宗教団体法は国家権力の宗教統制という実際的な文脈よりも、むしろ国家による宗教の「保護」という名分によって、もしくは国家の介入による健全な宗教共同体の発展の支持として内実を覆い隠した。これは初期に論議された宗教団体法案と一九三九年に公布された宗教団体の名分上の違いを説いた赤澤史朗の研究において明確に提示されている。彼の所論を要約し整理すると、この施行された宗教団体法の名分的な特徴は三点ある。それは第一に「時勢」に遅れた「古い」意識にもとづく既成宗教団体の教化活動をより強化すること。第二に宗教教師（聖職者）の資格を国家が定め公共化することにより、その質的、思想的、身分的な向上を企てたこと。第三に宗教団体の統合を促進し、群小教派と教団に分ける非効率と散漫した現況を打開し、宗教団体の競争力を拡大するということだった[22]。これが結局のところ、宗教統制のための名分的な提示にすぎないことは自明である。まさにこのような宗教団体の意図が持つ内面と外の目標、特に宗教団体の統合の促進と管理の容易さという目標が基盤となり、具体的な変化として現れたのが日本キリスト教における「日本基督教団」の成立であった。これについては法律と社会的な強制に対する検討をした後に整理し扱おうと思う。

一方で、日本キリスト教が一九四〇年の前後し日本国家社会で直面したもう一つの課題のひとつが法律的な環境の下で宗教共同体を維持し振興していくだけではなく、日本の全体的な社会の雰囲気、もちろん国家の各構成員による自発的な参与が中心となり、戦時体制に応える国家総動員の実状のなかで「宗教報国」に率先、参与していくという課題であった。これはもちろん、形式的には強制というよりも自発的参与を中心として展開されたことである。しかし、当時の日本国家社会の体制と国民的な意識は明確に強制的な動員力を持っていた。よって日本キリスト教は「宗教報国」の義務という課題を自発性を装った、より厳格な強制的雰囲気の下で積極的に遂行していかなくてはならなかった。一九三八年一二月一二日、「国民精神総動員中央連盟」が創立された。しかしこれは始まりに過ぎなかった。国民思想を一つに統合し、国家目標に邁進する精神運動として宗教家、政治家、退役軍人、労働組合など皆が参与した。最初は精神運動として始まったが、すぐに人力、金品の募金、国債の応募、貯蓄の奨励や物質の節約と動員などの実質的な実践運動として展開した。注目すべきことは神道、仏教、そして「日本キリスト教連盟」を代表する多くの宗教界組織がこの運動に参与しているという点である。より具体的には、一九三九年九月二九日文部省宗教局が招待し進められた「国家精神総動員宗教家懇談会」が開かれ、ここにキリスト教の代表として六人（プロテスタント五人、カトリック一人）が参加した。この場では具体的な国家総動員の宗教界組合と参与が論議された。

日本キリスト教は、これと同じような雰囲気のなかで逆に他の宗教に比べ、より積極的な国家体制協力、「宗教報国」の道を歩まなくてはならないという強迫観念に捕らわれていた。

事実、日本国家の立場から見れば国家体制を強化し、西欧と区別して、ついに西欧を相手に戦争をも辞さないという進路において、日本キリスト教に対しては好ましからざる対象という認識を持たざるを得なかった。このよう脈略を原誠は次のように分析している。「そのような状況のなかではキリスト教は国内に存在するさまざまな宗教の一つでしかないのであるが、歴史的には欧米から輸入された敵国の宗教であり、それぞれが欧米、ことにアメリカの宣教団体と深い関係を保持し、まさに西欧近代、すなわち個人主義、民主主義、自由主義、平等思想の権化のような存在であった[23]」。

このような国家の立場を予見した日本キリスト教は、積極的に「宗教報国」を実践した。一九四一年六月一四日に開催された第一回宗教報国会大会に積極的に参加したのは、一九四一年一二月八日、日本がアメリカとイギリスなどと戦争を開始して以降は、本格的な戦時下での宗教報国が実践されなくてはならなかったからである。

その年一二月二三日、神道、キリスト教、仏教が共に「宗教団体戦時報国会」の中央連絡委員会を結成、宗教の区別なく戦時総動員に乗り出した。特にこの時期から、アジアの諸宗教をひとつにまとめる思想的な進展を意図するのだが、これは「大東亜共栄圏」という当時の日本の戦争目標と名分について、一九四二年「興亜宗教同盟」の結成というかたちで応答する宗教界の努力として実証された。注目されることは、この「興亜宗教同盟」には日本宗教界でその間ほとんど論じられていなかったイスラム教を含め、これが政治的な目標と一脈相通ずる方向であった点である。(24)

以後、日本キリスト教は一九四五年八月一五日、第二次世界大戦の終戦に至るまで「日本基督教団」次元による独自のプログラムとして、各宗教と連係した宗教団体連合として、また各地域の地方組織の郷土組織のひとつの構成員として、強力で積極的な戦時動員と国家目標参与の最前線に立ち活動しなくてはならなかった。これは思想的に日本の国家主義やファシズム体制に対する支持と参与の次元で行われたのはもちろんのこと、各種の献金、すなわち戦争物資動員や軍需支援、愛国戦闘機献金運動のような直接的な戦争献金も実践しなくてはならなかった。それは自発的な形式を取ってはいるが、教団別、地域教会組織別、まだ別途の地域単位に割り当てがあり、その成果達成に死活の懸かった切迫した状況であった。またキリスト教が持つ原初的な「西欧との連結性」、「西欧思想と組織の日本内の支部」としてのイメージを克服するために、異なった国家構成員や組織よりも、より熱心に奉公する態度を見せなくてはいけないという課題に直面していた。そうしながら「日本的キリスト教」や「日本神学」ともいうべき神学的な体系を形成しなくてはならない状況にあった。このような課題は、キリスト教会と共同体の課題であると同時に、キリスト者個人が日本人としての社会的アイデンティティを強烈に発揮しなくてはならない組織的な課題として作用した。

事実この時期の日本キリスト教は、国家の統制的法律に蓄えのない宗教集団としての存在保障を円満に得るという課題よりも、日本の社会的な雰囲気に積極的に便乗し、その構成員として認められること、彼らの目標に並進して行こうとする同流意識を確保する課題の方がより切実であり、これは手ごわい時代的な課題であり、その負担を抱いて生きていかなくてはならなかった。

一方、先に言及したように、一九四〇年四月一日に施行された「宗教団体法」は、日本キリスト教においては教派の強制的な統合という、また別の課題を抱えることとなった。日本に受容されたプロテスタント・キリスト教が、いわゆる「教派型」教会であったことは、中国や韓国などのアメリカ・キリスト教が中心となったプロテスタント宣教地域に共通する様式であった。しかしこれが、初期キリスト教受容の雰囲気の中で、宣教師側の教会による移植形態ということへの拒否感があり、キリスト教内外で早くから提起された「日本キリスト教」や「日本神学」の形成影響として一定の批判を受けてきたことも事実であった。しかし、直接的に日本で宣教を行った教派主義の宣教師たちや、その協力勢力としての多数のキリスト教受容者たちは、名称と体制が一部異なるとはいえ、全体的には「教派型」教会の成立と展開を選んだ。このような過程でアメリカおよび西欧の各国家で成立し発展したいくつもの形態の背景を持った教派教会が日本に設立され、一定部分はその指揮をうけて、連係的な系統を維持した。

しかし一九三〇年代後半以降、ファシズム絶頂期に向かって走る国家の立場でも、このような国家社会の雰囲気に触覚を立てた多くの日本キリスト教指導者達がそれを問題化する雰囲気を形成した。これは大きく二つの問題に起因するのだが、第一に国家の宗教、特にキリスト教統制において、もちろんこれは徹底した国家による健全な宗教に対する保護という名分として覆われてはいたが、多数の教派に別れた体制に対する負担であった。第二に、すでに指摘したように、西欧の様々な国家に本部や、根源を置く教派教会がすでに「近代の超克」を宣言し、西欧の思想と文明自体を克服し「日本的であり東洋的である価値」を創出しようとする、その時代の日本社会の価値に相反するという点だ。ましてや現実的に西欧の国家が日本の敵国となり、ついには戦争を遂行しなくてはならない相手国へと変化するとき、西欧に本拠地を置いた各教派の存在は認めることのできない「敵国の支部」となったのだ。これに対して日本キリスト教は、自らまたは国家社会の強制的な指導を受けて教派を統合した一つの教会として歩む進路を選んだ。このような進路の根幹となった「宗教団体法」は、直接的にも間接的にも教派の統合組織設置に対する顕わな強制と勧告にも、実際は一定の規模の宗教組織を国家のパートナーとして認め、より保護し育成しながら支持するという「保護育成」の次元でこれを誘導した。

結局、キリスト教の各教派は自ら国家が認める規模と組織を備えていない時は、国家の認める保護を受ける宗教組織として存在することができないとする規定と強迫観念により相互提携の下で統合し、一つの組織として歩を進めなくてはならない立場にあった。「四十年六月文部省当局は教団認可の標準を教会数五十以上、信徒数五千以上を表明した[25]」。これは当時の日本キリスト教の各教派としては絶対絶命の危機であった。国家の基準に達せず登録、認可されない宗派は、一つの非認可団体や結社としてすべての法的、社会的差別と制限を受けなくてはならなかった。しかしこのような要件だけで宗教団体としての権利や存立が保障されるわけではない。「宗教団体法」の第一六条に、「宗教団体又ハ教師ノ行フ宗教ノ教義ノ宣布若ハ儀式ノ執行又ハ宗教上ノ行事ガ安寧秩序ヲ妨ゲ又ハ臣民タルノ義務ニ背クトキハ主務大臣ハ之ヲ制限シ若ハ禁止シ、教師ノ業務ヲ停止シ又ハ宗教団体ノ設立ノ認可ヲ取消スコトヲ得[26]」とあるように制限と義務の条項は過度に厳格な水準であったといってよい。

結果的に、日本キリスト教の「日本キリスト教団」設立は必要不可欠な課題であった。しかし様々な系統の形成史と制度と、特に互いに違う教義信条、マニフェストをもったプロテスタントの各教派を短時間に、それも中央主導式方法で一挙に統合するということには問題があった。特に教義信条の問題は、内部的な葛藤と相互に譲歩できない点で、進捗するにつれて困難な状況が明らかとなった。その一つの現実的な解決案が、一旦「教団」

の組織の下で参与、統合するが、「部制」という形式をとり、ある程度の独立的な存立を維持する方法であった。よって一九四〇年一〇月一七日、第一回合同委員会から一九四一年六月二三日の第九回委員会に至るまで難航した「教団規則案」は、「第一一部」に分類された内部組織を規定したまま、一九四一年六月二四日「日本基督教団」創立を成し遂げた。しかし、この「部制」は最初から日本国家の同意を得ることはできず、一時的、または直ちに廃止しなくてはならない条件として浮上した。そのため遂に一九四二年一一月「教団総会」で「部制」の解体を決定しなくてはならなかった。この過程で長老会系統の「日本基督教会」は内部の陣痛を極度に経験し、元来教派のアイデンティティが強かった「聖公会」は結局、独自の路線を宣言したが[27]、教派自体が強制的に解散させられた。このように、一つの組織内にありながらも「部制」として存在する独自的な教派アイデンティティを当時の日本政府が極度に忌避したのは、これらが有する世界の各教派との持続的な連帯や系統化の可能性に対する警戒ゆえと考えなくてはならないであろう[28]。

このような過程、すなわち国家の保護名分と強制的な構造のもと短期間内で統合を成し遂げた「日本基督教団」は、この時期日本での「教会と国家」関係の教会側の代表組織として前述した「宗教報国」と「戦時総動員体制」の主軸となった。この頃から日本キリスト教が一つの組織と可視的な体系として、国家政策に応ずる側面以外にまた別の面で強力な要求を受けた部分が、「日本的キリスト教」と「日本神学」の創出という神学的、内面的側面であった。これは、初期日本キリスト教の受容過程でもキリスト教の自発的な神学的意図と目標として設定された項目でもあったが、一九四〇年初から進められた「日本基督教運動」の神学的なエネルギーとは「土着化」や「コンテクスト」中心の神学的な志向とは区別されるものであった。

ところで「日本的キリスト教」の全体的な意味は次のように規定することができる。すなわち「キリスト教を日本の伝統思想と何らかの意味で関連づけようとする考え、あるいはキリスト教を日本の精神風土に土着させようとする試み、（中略）広く日本のナショナリズムと関係する問題[29]」と理解している。よって、ここでは「日本の伝統的な精神、思想、宗教とキリスト教との接合をはかる思想の総称[30]」として、一定の神学的な可能性が内在されていると解釈することができる。ただし、先に言及したように、一九四〇年のこの「日本的キリスト教」や「日本神学」は極めて政治的なスローガンとして国家主導の宗教、またはキリスト教の進路を無批判に従容する名目的な神学標語に過ぎなかったことがさまざまに証明されているところである。それは一九四〇年、日本キリスト教が当時の政治社会的な環境のなかで問題に直面し、または先頭に立ち遂行していった歴史的課題であったことを意味している。

三、一九四〇年前後、日本キリスト教に対するアメリカ宣教部の見解
—アメリカ・メソジスト、ベーカー（James C. Baker）監督とディッフェンドルファー（R. E. Diffendorfer）の報告

日本キリスト教がどんなに組織や体制において、またはその神学や性格において「日本化」を推し進めたとしても、厳然として「宣教された教会」であることには間違いなかった。特にアメリカの各教派の宣教本部の立場から見ると、各教派の宣教師を送り出し現地宣教部を設置し、積極的宣教献金と持続的な人的、物的な支援をした「宣教地教会」であることは明確であった。それだけではなく、いくつかの形態の過程を通して多数の宣教師たちが一九四〇年前後に至って日本とその植民地であった朝鮮宣教地から撤収することとなったが、当時の一部宣教師たちが存在し、宣教部が獲得した宣教機関の財産と人的共同体など、関連の懸案処理が山積みの状況であったことは再論するまでもない。

一つ付言すれば、当時宣教された教会としての日本キリスト教の進路にかかわる問題の核心的なテーマや、宣教活動の自由が喪失されてゆく原因のなかで最も重要な要素が、すべて当時の日本キリスト教と国家体制との関係にかかわる問題であるということである。アメリカの福音主義のキリスト教がアメリカでの経験を背景にするいわゆる「政教分離」の原則によれば、国家権力は教会の自由な布教と共同体の活動とその進路について、どのような法律的、以外の政治、経済的な強圧も加えることができない。アメリカの宣教本部は当時、日本とその管轄下にあった教会の問題に大きく注目した。そして、日本キリスト教のすべての問題を国家社会との関係から把握しようとした。よってここではアメリカのプロテスタント教会の中で、日本宣教に大きな努力を注いだ教派の一つであるアメリカ・メソジストの立場を中心に、当時アメリカ宣教部の日本キリスト教に対する問題意識の実状を整理してみる。

最近公開されたアメリカ・メソジストの当時の現地調査団派遣報告書によれば、当時日本キリスト教が置かれていた問題、特に教会と国家社会間の関係の問題に対するアメリカ宣教部の代表的な意見であることを確信できるのであるが、その報告書とは既に前述した Church and Mission in Japan、January 1941（Report of a visit to Japan by Bishop James C. Baker and Dr. R. E. Diffendorfer To the Board of Missions and Church Extension of the Methodist Church、February 19,1941,以降 C.M.J. 1941）[31]である。

C.M.J. の主な著者であるディッフェンドルファーは、この報告書の目次であり主題を次のように選定した。一．日本現地状況において留意しなくてはならない主な事案（Major factors which must be kept in mind in the Japanese picture today）、二．宗教に対する「国家体制」の影響（Effects of the ʻnational structureʼ on religion）、三．宣教部と宣教師たちに対する「国家体制」の影響（Effects of the ʻnational structureʼ on missions and missionaries）、

四．財産状況（The property situation）、五．今後の財政援助（Future financial aid）、六．当面する宣教戦略（Immediate missionary strategy）、七．エキュメニカル・キリスト教運動での日本の未来の位置（Japan's future place in the Ecumenical Christian Movement）、八．アメリカ・キリスト教運動の一側面としての全体的状況の結果（Bearings of the whole situation an some aspects of the Christian Movement in the United States）、九．他の国のキリスト教運動と宣教政策に対する上記の主題などに対する討論の結果（Bearings of the foregoing discussions on the Christian Movement and missionary policy in other lands）、一〇．言及したすべての事項に対する国家状況（Bearings of the international situation on all of the foregoing）、追伸：訪問の意義（Value of thevisit）[32]。

この報告書の目次であり叙述の主題となった内容だけを見ても、やがて日本キリスト教が直面する課題と問題点が如実に現れており、特にこの問題が日本の特殊な状況、特に「教会と国家関係」として集約され得ることをよく証明している。それは第二章『宗教に対する「国家体制」の影響（Effects of the 'national structure' on religion）』でより明確に指摘されており。そこでは宣教国であるアメリカ、そして世界のキリスト教運動とその普遍性の側面から、どのような問題が浮上するかを検証しようとする態度が現れている。続けてディッフェンドルファーは第一章の「重要事案」を次のように集約、羅列して、自身の関心事と当時日本キリスト教の状況にかかわる確信的な見解を示している。

（一）天皇と帝国主義の道を行く日本社会における必須的、かつ根本的な立場（The essential and fundamental place in Japanese life of the Emperor and the Imperial Way）、（二）同化に対する大体の一般的な日本人たちの特徴―新旧世代の連結の可能性（The almost universal characteristic of the Japanese to assimilatethe ability to combine the old and the new）、（三）「統一の原理」、または全体主義を意味する「新国家体制」（The 'New National Structure' by which is meant the 'principle of unity' or totalitarianism）、（四）東アジアの新しい秩序（The New Order in East Asia）、（五）枢軸国（The Axis Alliance）、（六）アメリカと日本の間の表面的な難局（The seeming impasse between the United States and Japan）、（七）軍部内の極右勢力の支配力の強化―ナチグループ（The growing control of the extreme right in the military-the Nazi group）[33]。

まさにこれらの主要な事案は、当時の日本キリスト教が直面していた日本の国家社会の特徴を明確に言い当てたものであり、検討すべき重要な核心点であるということができる。特に注目されるのは、まず「天皇制イデオロギー」の問題を挙げた点である。様々な側面から明瞭にされているように、当時の日本ファシズム時代絶頂期の天皇制は、特に一つの政治的なイデオロギーや体制ではなく、宗教的な性格にまで移行し、極端な絶対的権威として全ての宗教、特にキリスト教の最高価値までもがここに服属されなくてはならない状況にあったことの点検の必要性を精密に示している。ディッフェンドルファーは、天皇制の問題をまず先に最重要視して、次のように規定している[34]。「太陽の女神である天照大御神から日本の神的な祈願の属性が天皇に継承される。このような原理、教理、信念、また神話は、日本社会でいつも確固に維持されている事案である。国家内での天皇の重要性は、彼を不可侵の神聖な、そして永遠な存在―天皇は永遠に統治するだろう―と宣布している憲法第一条に要約されている[35]」。これだけでなくディッフェンドルファーは、この天皇制の宗教的な権威の問題をいわゆる「家族国家論[36]」と連結させるという卓越した洞察力を見せている。

これは天皇制イデオロギーや天皇の神聖性が、単純な政治的な権威体系を意味するのではなく、すべての権威を越える絶対服従の対象であるということを意味し、彼による実践的な忠誠を強要することを示唆している。『家

C.M.J. の主な著者であるディッフェンドルファー（左から二番目）、戦後「国際基督教大学」（ICU）関連で再訪日した時。

族は日本社会で中心的な価値を占め、天皇は皇室の頭として見なされる。このような日本の統合的な家族制度を意味する用語である「家」は「ファミリー」という用語とは意味が少し異なりつつも、より深い意味を持つ。日本での「家」は一つの途切れない系統で先祖から子孫に繋がる歴史的、血統的、精神的な遺産である。したがって帝国の勅令、または多くの国家政策は、日本人の目で見れば天皇が帯びた神聖な人格と不可侵的であり、疑う余地がない能力によって発揮されるものなのである。現在日本では、このような帝国の家族関係を土台とした天皇の価値と権威はもっとアピールされ強調されている[37]』。ディッフェンドルファーがまず指摘した、一九四〇年初の日本社会の根幹価値としての天皇制イデオロギーと家族国家の価値観は、日本キリスト教が国家社会との関係で自らのアイデンティティを維持するために第一に直面した問題の事案に他ならない。事前調査や研究検討があったのかは不明ながら、アメリカ・メソジスト日本宣教部現況調査団として短期間の日本訪問の調査報告書は、明確な状況判断下で作成され始めたと評価することができる。続けてディッフェンドルファーは、より具体的な当時の日本社会を診断している。その一つが新旧世代間の「同化」（combine）であり、もちろんそれは東洋の他の文化圏の景況や、日本の歴史や伝統に連結する力ではあるが、ここではそのまま「全体主義」（totalitarianism）に連結させて注目している。

すなわちそれは、歴史的、伝統的美徳である世代間の調和や家族中心の価値を「全体主義」の統治理念として強く打ち出し、国家の政治的な目標に国民を強制的に動員しているという論旨である。そのため新旧世代間の調和は、特に「古いもの」（the old）と「新しいもの」（the new）の融合と調和は本来美しい伝統でありすばらしい価値であるにも関わらず、これを政治的な「全体主義」と意図的に連結することにより顕れる問題点を直視しているのだ。このような間違った融合をディッフェンドルファーは「今日の日本の状況がこのように複雑に混ざり合い、曖昧で矛盾に溢れ、以前に一体何があったのかすら不確実にしている原因の一つ[38]」と考えている。そして続けて、この国家的意図である全体主義の志向が、単純な政治的なイデオロギーの進行ではなく、すでに虜ていた神政的な天皇制問題と連結されているという問題を強調した。

ディッフェンドルファーは、『日本で天皇は国家である。「君民統治[39]」という上位の原則で、君が強調されながら全体主義と独裁の可能性が増加する国民は、次第に二次的に追いやられる[40]』と診断した。そしてこのような政治的状況の証拠として、民衆的な制度の改善のために国会での立憲活動の制限、国家管理、青年組織を通した青年活動の制限、隣人間による相互の監視と統制、教育の統制、思想の統制、日本人思想教育での外国人排除、生活必需品の割り当て供給制と贅沢品の販売禁止、地域社会と学校、教会などを通した募兵の奨励と国家に対する奉仕の強調、公共事業促進と新たな公共企業の創案と実施、国家精神教育と動員を強調する雰囲気などを具体的に提示している[41]。

一方で、日本での全体主義の精神教育部分で特別に注目するのは、神社参拝の強調と関心の増加、神像とお札の使用、学校における天皇の肖像画の神格化、戦争に対する美化、戦士徴兵の遺骸帰還意識と位牌の制作追悼、戦場に参与した兵士たちに対する全体的な見送りなどを指摘した。そして社会的な意識としての米国に対する責任転嫁と、悪魔視、についてであるが、これが米国との直接的な関連を帯びたキリスト教に伝達し、強調されることを特に問題視している(42)。このような日本の当時の態度は、「東アジアの新しい秩序」(the New Order in East Asia)の創出という外交的な課題と連結されているのだが、特に彼は日本がアジアの新しい盟主という「狂信的なメシア的主張」(a Messinaic claim almost fanatical)を国民多数が支持していると見ている。そしてそれは「日本という価値に対する宣教意識」(Japan has a sense of mission)にまで構図化されている(43)。

このような課題の具体的な実行として、世界的な秩序の下で「枢軸国同盟」(the Axis Alliance)と同盟関係を構築していく点にも注目した。結局日本は当時、野心と世界的な目標においてアメリカと日本が協力すること自体が実現不可能であり、一方でドイツなどとの同盟によって現実的な利得を得ることができると判断していると分析している。それは結果的に日本における強烈な「親独性向」、「ドイツに対する関心の増加」につながった。やがて望むと望まざるとにかかわらず、日本はアメリカとの戦争を避けることができないという社会的な雰囲気が徐々に強調されるが、それは全的にアメリカの姿勢に起因しているとの主張を発見することができる。そしてそのような当時の日本の全ての意見の主導が軍部内の極右派、ナチグループによるものであることを明確に指摘している(44)。

これまで整理したディッフェンドルファー報告書の内容は、当時日本の政治社会的な状況に対する全体的で常識的な内容であったと考えることができる。その根本的な問題のなかに天皇制イデオロギーが重要な地位を占めていることや、日本の社会認識の中で「日本」が帯びたアジアでの「狂信的なメシア的役割論」や、その「宣教論」などには独特な着眼と鋭い指摘がある。やはり、このディッフェンドルファーの報告書を通して分析すべき課題は、当時日本キリスト教が置かれていた状況と態度であるということができる。ディッフェンドルファーはまず初めに、日本の神社、すなわち「国家神道」[45]と他の宗教、特にキリスト教との関係に注目した。まずディッフェンドルファーは、この神社参拝に対するキリスト教の拒否運動が当時日本の植民地であった朝鮮半島で、一定期間強力に行われていた事実を認識している。[46]

そして、かれは日本キリスト教徒たちの信仰生活における神社参拝問題に関連する認識と実践の問題に注目している。まずディッフェンドルファーは、神社参拝が祖先神と天皇、伝説上の人物までもが神的な存在として崇拝され徹底した宗教体制であり、これが神を礼拝するキリスト教信仰と対立するものと前提している。しかし当時の日本の指導者たちは、第一に神道の宗教性の可否や信仰的な内在の問題よりも、仏教、神道、キリスト教の全てが国家の全体的な目標と新体制に協力し応えていかなくてはならないという考え（日本キリスト教会議長富田満牧師の見解）と、第二にいつかはキリスト教が日本社会のなかで神道と共に羅列した主力の宗教にまで成長するという点に対する信仰、第三にキリスト教徒たちへ強要されている神社に対する参拝が政府の持続的な非宗教論という説得により、国家意識として理解されている点を的確に分析している。[47]そして続けて、比較的綿密に日本キリスト教の各教派合同と一致に関する過程を整理している。「日本基督教団」が創立されたのが一九四一年六月二四日で、この報告書を作成したディッフェンドルファーとベイカー監督が日本を訪問し調査活動をした時期が同じ年の一月だとするならば、すでに「教団」創立に対する日本キリスト教界の進行経過を概して詳細に観察することができたものとみられる。

具体的な内容についての報告は、第二章の後半で整理した内容と大きく変わらない。[48]ただ、やはり各教派の固有の新しい名称、信条、神学的な相違点などの克服問題に深い関心と憂慮を顕わにしている。[49]そして合同のための「委員会とその合同案の立案委員会は、宣教師たちからは独立的に活動してきたが、彼らのなかで誰もがある会議に参与することが許されなかったという」。少なくとも外からは、日本キリスト教徒たちは彼らの未来の教会の構造を作っていくなかで、「独立的に誠心誠意働きたいと思う情熱を持っていたとみられる」(50)と言ってかなり婉曲的にではあるが、教派合同運動における宣教師疎外の現状を強調している。

このように日本キリスト教の状況的な整理をした後、ディッフェンドルファーの報告書はより核心的な問題、すなわち日本の当時の国家体制が宣教部と駐日宣教師たちに及ぼす問題にアプローチしている。本来的には、日本キリスト教が宣教師の統制から脱しようとする傾向を持っていたことを前提にするとしても、とりわけ当時は外国、特に西欧諸国の影響から脱しようとする日本国家社会の雰囲気と連動して宣教師たちの影響力は一層弱体化し、排除されていたことを認めた。そしてそれは教会だけではなく、キリスト教系の学校でも同じ文脈を形成しているとみなされている。より具体的には教会だけではなくキリスト教がいわゆる「一つの教会」として合同される過程で、宣教師たちがその合同教会の関係設定に言及した。重要なことがらは、合同後にも各教派宣教師たちへ「日本教会が十分な自由、権利、身分、責任などを挑戦的、かつ価値のある奉仕のための提供ができるか」(51)という点である。

これについて日本駐在の宣教師たちは、肯定的な希望を持っていたと叙述したが、全体的な文脈においてディッフェンドルファーの予想は悲観的であった(52)。このような悲観的な観点にもとづく、新しい状況展開は、すでに提案された事案などを列挙するなかによく表われている。「教会と個人の財産は全て日本教会の財団で維持する」(53)、「宣教師たちはすべて現場から離れることになり、彼らの社団、または財団の法的権利は六ヶ月後に減消する。このような維持財団団体の会員たちが日本人会員から構成される緊急状況に備えなくてはならない」(54)、「制限区域」、または軍事地域などは続けて拡張されている。「外国人たちの財産がこのような地域に含まれた場合、これらは絶対に保護されることはなく、これは日本人たちが統制する財団へと変形し、保存されるは、意見が日本駐在アメリカ大使館代弁人の意見である[55]」と言い、その深刻さを強調した。

また、別の項目として日本キリスト教界の財政的な独立問題に言及したが、これは総じて必要予算に対し極度の縮小と緊縮によって状況を克服していくものと予想した。これはキリスト教系の学校と社会機関の経営においても同様である。

続けてディッフェンドルファーは、当時日本での宣教師たちの深刻な状況に注目した。「プロテスタント宣教師の約三分の一がすでに撤収しているとみられる。一部家族たち、多くの独身女性と婦人たちを含んだ、約五〇人余りが残っている。ローマカトリック神父とシスターたちも殆ど残っている。七〇人余りの宣教師たちが日本で、七人が朝鮮に未だに残っている[56]」これはすでに日本での宣教師の完全撤収が進行しつつあるという意味である。続けて、「領事官職員たちを通して、アメリカ政府から持続的な圧力が加えられている。クルー大使からの追加の情報が引き続き伝えられている。大使は彼らを撤収させなければ、その身が危ないと警告している[57]」実際に全ての宣教師たちは一九四一年四月一日以前まで、全員が日本から離れるように勧告されていたことを確認した[58]。そして、すでに日米間では交戦の可能性、政府間の先鋭された批判、両国関係に対する批判的な世論が支配的であるということも指摘した。そして、このようなアメリカとイギリスとの関係悪化の前兆と実例などは、朝鮮でより具体的に進行しているとも言及している[59]。

しかしディッフェンドルファーの報告書は、このように全て悲観的であり、徹底して歪曲、高潮、喪失された状況に言及しながらも、結局は日本という宣教地、日本宣教師の未来を放棄したり、否定したりしないという、極めて「キリスト教的」であり、「宣教的」な提案をもって終結している。「(一) 日本人と日本に対する事実に留まる私たちの態度を再省察しなくてはならない。(二) アメリカにも責任があり、罪悪感を認め偽善と優越感の固定観念から脱しなくてはいけない。(三) 私たちはどれほどここから退かなくてはならないのか、そして太平洋の平和の為に何をしなくてはならないのかについての法案を政府が促さなくてはならない。(四) このような状況においても日本の宣教師が追放に対する法律を撤廃する反対世論を作り求めなくてはならない。(五) 私たちは日本を理解するためにすべて可能なことをしなくてはならない。(六) 私たちはまた、日本の中国侵略に対するアメリカ人たちがどのように考えているのかを日本人たちに理解させる努力をし、中国に対してアメリカの関心を明確にしなくてはならない」[60]。このような見解のなかでもっとも際立つ内容は「アメリカも責任があり、罪悪感を認め、偽善と優越感の固定観念から脱しなくてはならない」とする自省的な言説である。ディッフェンドルファーは、「私たちの生命を失うことにより、私たちは私たちの生命を求める」[61]という聖書的、神学的な命題として再度これを誓っている。

この報告書に現れる当時の日本国家と教会の状況に対するアメリカ宣教部の代表的な認識は、悲観的な状況に対する認識をそのまま維持しながらも、最後まで希望を捨てず宣教的な姿勢を堅持するという意味で原則的で崇高な立場だったことを確認することができる。全ての叙述の最後に書かれたディッフェンドルファー報告書の一つの結論は次の通りである。「未来に対する私たち自らの判断は、日本人たちの言葉と約束ではなく、彼らが行うことに基づかなくてはならない」[62]。これは厳重な警戒そのものであり、結局は当時の日本の国家と教会が戦争と破滅の道を歩み、キリスト教のすべての基盤を国家体制の狂信的な目標に隷属させる最後の道を歩むに至るまでの歴史的証言である。

結論　第二次世界大戦当時の日本キリスト教の戦争協力

日本は一九四一年にハワイ真珠湾襲撃により日米戦争を起こした。これは、まさにアメリカ、イギリス、オランダなどに戦争を宣布したことを意味するが、欧米列強とアジア太平洋地域で対決する世界戦争を始めたということでもある。この戦争はヨーロッパを中心にした第二次世界大戦の延長線として、いわば「ファッショ勢力」と「自由主義」の対決だった。日本はこの戦争で国家の総力をすべて費やして戦い、すべての国家的力量を動員したが、結局は敗退を重ね、一九四五年八月一五日に無条件降伏を宣言した。この戦争の敗戦によって日本帝国は崩壊し、ひとつの名分であった「大東亜共栄権」の理想もまた挫折した。この戦争で日本国内の民衆はもちろんのこと、植民地朝鮮と多くの占領地民衆たちの歩みと生活は疲弊、絶望的な状況が展開された[63]。

この戦争に見られる「日本キリスト教」の態度はすでに前にも考察した通り、日本キリスト教の国家隷属性の進路であり、一九四〇年前後のアメリカ・プロテスタント宣教部の点検と予想がそのまま的中する経路であった。それは、第一には、神学的に徹底した「日本的キリスト教」、「日本神学」を構築し、当時の国家社会の基本価値である天皇制イデオロギーに奉仕し、服属する「キリスト教」としての存在性の確立を模索したものであった。第二には、キリスト教自ら日本国家社会内での国家が目標とする世界侵略とファシズムへゲモニーの実践課程である戦争を美化し、ついには聖戦とまで宣揚していった。第三には、いわば「宗教報国」という自発的愛国信仰をモットーに国防献金、賦役、キリスト教徒の率先参戦と教会組織の戦時効率性の強化を通して、戦争遂行に直接参加したことである。日本のファシズムの全盛期に見せた日本キリスト教のこのような戦争協力の態度は、当時の状況下のみにおいて生起した特別で突発的な出来事ではなく、日本におけるキリスト教の受容とその展開の歴史全体が関連している。

ただ、このような時代でもごく少数の日本キリスト教徒たちの反戦、平和運動へ積極的に参加し、命をかけた抵抗を展開したこと、[64] そして終戦後、一定期間が経過したが、一九六七年の復活祭に「キリスト教団」議長名義で発表された「第二次世界大戦下日本キリスト教団の責任に対する告白」を通した悔い改めの過程は、「キリスト教会史」がもっている生命力と希望の現れであることを否定することはできない。そしてそれはまた、すでに一九四一年に報告され、最近確認されたアメリカ・メソジスト宣教部日本報告書のひとつの結論と予言の確認でもある。

注

（1）土肥昭夫『日本プロテスタント・キリスト教史』、新教出版社、一九八〇年、三三一頁。

（2）河上徹太郎・竹内好『近代の超克』、一九七九年、參照。

（3）原誠『國家を超えられなかった教會—一五年戦争下の日本プロテスタント教會』、日本キリスト教団出版局、二〇〇五年、三九頁。

（4）同右。

（5）Church and Mission in Japan、January 1941（Report of a visit to Japan by Bishop James C. Baker and Dr. R. E. Diffendorfer To the Board of Missions and Church Extension of the Methodist Church、February 19, 1941, 以降 C.M.J. 1941）、この報告書は当時「アメリカ・メソジスト海外宣教部」主事であるディッフェンドルファー（Ralph E. Diffendorfer）が一九四一年一月直接日本を訪問、調査した後作成した報告書である。この時点はいわゆる「アジア・太平洋戦争」が始まった一九四一年一二月八日より一年も残っていない時期である。当時の日本の国家社会とキリスト教の関係、特に神道と天皇制イデオロギー、家族国家論による象徴される日本でキリスト教会、あるいはキリスト教主義学校にたいする統制状況、日本キリスト教の自らの国家体制への適応態度などについて詳細に整理されている。作成者ディッフェンドルファーは戦後にも日本を訪問したし、日本での新たなキリスト教界教育機関であるＩＣＵを設立することにも深く関与した人物である。この資料は「秘密調査書類―引用不可、Confidential-not to be guoted）として分類された資料であったが、五〇年以上経過、現在は公開状態である。筆者はこの資料を青山学院大学の「青山学院資料センター」に所蔵されているものを同大学の氣賀健生名誉教授よりコピーして入手した。資料の分量はＡ４、二五枚のタイプライターで整理された報告書であるが、目次には記録されている「p. s. Value of Visit」、すなわち「後記―訪問の成果」部分は流失されている状態である。この資料に対する解説は、氣賀健生「青山学院資料センター所蔵のキリスト教貴重文献・史料その二二―一九四一年 Dr. Diffendorfer の日本訪問報告書」Wesley Hall News、No.95, 2008. 3. 6.、pp. 12―13 参照。

(6) 土肥昭夫、前掲書、一四六頁。

(7) 同右、一四六―一四七頁。

(8) 同右、一四七頁。

(9) 徐正敏『日本キリスト教の韓国認識』、ソウル、ハンウルアカデミー、二〇〇〇年、六八―七七頁参照。

(10)『日本帝国憲法』一八八九、第二八条。

(11) 原誠、前掲書、八〇―八三頁（서정민 역、前掲書、九二―九四頁）参照。

(12)『基督教世界』、一九一二. 三. 七。

(13) 小崎弘道「日本民族と基督教」、『新人』、第一一巻一〇号、一九一〇年一〇月。

(14) 内村鑑三「日本的基督教」大田十三男編、『愛國心と基督教』、一粒社、一九三二年、一三八頁。

(15) 土肥昭夫『日本プロテスタント・キリスト教史論』、教文館、一四七―一四八頁。

(16) 一九三一年九月いわゆる「満州事変」よりはじまった「日中戦争」以降一九四五年八月一五日第二次世界大戦の敗戦までの一五年間の激しい戦争時代を意味する。

(17) 原誠、前掲書（서정민 역、前掲書、九三頁）参照。

(18) 一九二五年設立されて現在はいわゆる「ＰＬ教団」とよばれる「ひとのみち」をはじめとして、このような新宗教は社会を撹乱して、人間の心を眩惑させて、日本の国体を混乱させるという疑いで迫害を受けた。

(19) 渡辺治「日本ファシズム期法の宗教統制」、『戦時日本の法体制』東京大学出版会、一九七九年、一六一頁（原誠、前掲書、九四頁）参照。

(20) 同右、一六二頁（原誠、前掲書、九四頁、『思想研究資料集八三号』一三四頁、再引用）。

(21) 渡辺洋三「日本ファシズム法体制総論」、『戦時日本の法体制』東京大学出版会、一九七九年、一六―一七頁（原誠、前掲書、八七頁）参照。

(22) 赤澤史朗『近代日本の思想動員と宗教統制』、校倉書房、一九八五年、二三九―二四〇頁（原誠、前掲書、九五頁）参照。

(23) 原誠、前掲書、一一四頁。

(24)「中外日報」一九四一年一二月二日、一九四二年二月一二日参照。

(25) 土肥昭夫『日本プロテスタント・キリスト教史』、三五〇頁。

(26)『宗教団体法』、一九三九．四、（『日本基督教団史資料集』第一篇、日本基督教団宣教研究所、一九九七年、三九八―四〇五頁）。

(27)〝教会合同に関する聖公会との交渉の報告〟（『日本基督教団史資料集』第一篇、三〇〇―三〇一頁参照）。

(28) 金田隆一「富田滿と教団の戰爭責任」、『福音と世界』、一九七五年九月、参照。

(29) 原誠、前掲書、五一頁。

(30) 同右、五〇頁。

(31) 注3参照。

(32) C.M.J.,CONTENTS.

(33) Ibid.

(34) 徐正敏『日韓キリスト教関係史研究』、日本キリスト教団出版局、二〇〇九年、二三九―二五五頁参照。

(35) C.M.J. p. 2. “Descended from Amaterasu O Mikami, the Sun Goddess, the Japanese attribute divine origin to the Emperor.

This principle、doctrine、belief or myth、has always been a conserving and steadying factor in Japanese life. The significance of Emperor in the nation is summed up in the first article of the Constitution which proclaims him as inviolable、sacred、and eternal、—The Emperor will reign forever.”

(36) 天皇を父母として国民全体を天皇の赤子（赤い顔をしている赤ちゃん、赤ん坊）に規定して国家構成員を一つの家族の概念にする。これは絶対服従、絶対紐帯を強調する目的であった。特に一時期植民地の韓国人にもいわゆる「内鮮一体」の目標によってみんな天皇の赤子として忠誠することを要求した。そして韓国人も日本の戦争の勝利を含めて国家目標に献身させるための思想的基調でもあった。

(37) C.M.J.、pp.1–2, “The family is central in Japanese life and the Emperor is regarded as the Head of the Empire’s family. ‘Io’ is the Japanese term for this unified household which in Japan has a somewhat different and deeper connotation than the word ‘family’. ‘Ie’ in Japan means the historic、consangiuneous、and spiritual inheritance from ancestor to descendant in one unbroken line. The Imperial rescripts or any national policy approved by the Emperor have、in the oyes of the Japanese、a sacred character and are inviolable and unquestioned. At present、the Emperor side of this empire family relationship is pronounced and emphasized.”

(38) C.M.J.、p. 2、“One of the reasons why the present Japanese picture is so often confused、mixed、blurred、contradictory、and uncertain as to what lies ahead.”

(39) 天皇と人民が共に統治するという意味であるが、実際には国家、あるいは家族の価値が個人より大切であることを強調する概念である（C.M.J., p. 2参照）。

(40) C.M.J., p. 2, “In Japan、the Emperor is the State. In the above principle、‘Kun Min Do Chi’ when the ‘Kun’ side is emphasized、totalitarianism and the possibility of a dictatorship increase、and the pepole are more and more secondary.

(41) C.M.J., pp. 2—3 参照。

(42) C.M.J., pp. 3—4 參照。

(43) C.M.J., p. 4 參照。

(44) C.M.J., pp. 5―7参照。

(45) 近代日本の宗教政策においては、初期には神道の国教化政策を推進した。しかしその「非近代性」問題によって神道を二元化した。すなわち日本の国の神、あるいは天皇家と関連されて国家的崇拝対象の神社は「国家神道」として区別してその以外の神社は「教派神道」にした。「国家神道」はすべての宗教的権威の上に存在する「超宗教」に昇格して、「教派神道」は従来の仏教、あるいは新しく受容されたキリスト教のような一般的レベルの宗教と同じ次元にするという戦略であった。ファシズムのクライマックスに強調された「神社参拝」は「国家神道」の「超宗教」、あるいは「非宗教」の論理の名分で全国民、全宗教人に強制された。しかし「国家神道」も明確な宗教であることは色々な研究によって判明していた（徐正敏、前掲書、八〇―九六頁參照）。

(46) C.M.J., p. 8参照。

(47) Ibid.

(48) 「第二章　一九四〇年前後、日本キリスト教が直面した課題」参照。

(49) C.M.J., p.10参照。

(50) C.M.J., p.10.

(51) C.M.J., p.14.

(52) Ibid. 参照。

(53) C.M.J., p.15.

(54) Ibid.

(55) Ibid.

(56) C.M.J., p.18.

(57) C.M.J., pp.17―18.

(58) C.M.J., p.20.

(59) C.M.J., p.18 参照。

(60) C.M.J., pp.24—25.
(61) C.M.J., p.25.
(62) C.M.J., p.25.
(63) 徐正敏「日中太平洋戦争とキリスト教」、『韓国キリスト教と歴史』第二一号、韓国キリスト教歴史研究所、二〇〇四年九月、六頁。
(64) 同右、一四一一七頁參照。

第七章　一九四五年前後の韓国キリスト教の受難

―信仰と良心の圧制に対する抵抗、そして屈折と懺悔の問題―

序論　近代日本の宗教政策と国家統合方案

日帝下、特に解放直前のファシズム絶頂期に韓国キリスト教は最も過酷な受難を経験した。軍国主義日本の最後的であり、断末魔的に狂奔する戦争に起因した総動員体制から、その背景を説明することができる。しかし、日帝の過度な植民地韓国に対する精神的圧制、特にキリスト教に対する弾圧の遠因は、近代日本の宗教政策や、国家統合、統制の方式と深く関連していたと言うことができる。このような日本近代史の宗教政策、国民精神に対する統制が絶頂を遂げた敗戦直前の日本で、植民地韓国で、キリスト教に対する国家の圧制が淵源であったということをひとまず釈明していこうとするものである。

近代日本の国家目標の第一原理は「脱亜入欧」[1]であった。これは特に日本国内の政治状況において、伝統的執権勢力であった「幕府」を制圧し、天皇を中心とする新しい日本を設計しようとした「尊王派」の国家戦略であった。まさにこれらが「明治維新」の中心勢力であり、彼らが推進した改革目標だったと言うことができる。ところがここに大きな問題があった。すなわち「入欧」という意味は西欧帝国と同等になるという意味であるが、西欧帝国の精神的、宗教的基調はキリスト教にあることを彼らが知らないはずがなかった。最初の目標としての「脱亜入欧」に依拠すれば、近代日本の精神的土台もキリスト教になるほかなく、キリスト教帝国である西欧の先導に従わなければならないという結果に帰してしまうのである。しかし、日本は一六世紀以来、国家的経験からキリスト教に対する「コンプレックス」をずっと持ち続けていた。すなわちカトリック帝国であるスペインやポルトガルのキリスト教宣教時代に付随して経験したカトリック帝国の侵略の脅威[2]に警戒心を強く持ちながら、以後数百年のあいだこうした政治的理由でキリスト教の禁教政策を堅持してきたのである。ただ西欧帝国の中で政治的性格、そしてさらにキリスト教宣教の意思が相対的に少ないと判断したプロテスタント国家であるオランダとだけは部分的に交易の門を開いた。すなわち、長崎の人工島である「出島[3]」で制限的な交流のみ持続したのである。

この過程だけを見ても近代日本のキリスト教の警戒「コンプレックス」を如実に把握することができる。このような歴史を通してみれば、いくら開放、改革、近代化の基調が確立し、西欧文明化の道を歩むことを決めたとしても、日本のキリスト教受容の選択は容易ではなかった。相変わらず彼らは、キリスト教の布教の自由、許容は日本の西欧隷属化の始まりになるという警戒心を持っていた。これに続いて提示された近代日本の「キャッチフレーズ」は「和魂洋才[4]」である。そのため「脱亜入欧」の兆しを予測して、先手を打つ戦略であらかじめキリスト教を受け入れた一部の初期「幕府サムライ」の意図は失敗に帰した。すなわち政治的に失脚した「幕府側」系列の地方出身の貴族たちは日本近代の目標が西欧化されていくだろうと判断、その土台となるキリスト教をまず受け入れて、それを通した政治的再起の可能性を目指した方策[5]はこの「和魂洋才」に霧散してしまったという意味である。それならばここで日本近代国家が設計した「和魂」とは何かということである。これを彼らの宗教政策の変容過程から類推することができる。まず、「神道国教化」政策を考えた。[6] 明治政府は「国教化」程度ではなく、初めには「祭政一致」の時代に戻ることを宣言することもした。しかしここには近代日本が越えられない二つの制限があった。第一に、神道の宗教的「レベル」の脆弱性である。日本の主力宗教のなかの一つである仏教は外来宗教であるため、国教考慮の対象から除外されるほかはなかった。もちろんキリスト教は外来宗教であるばかりでなく、以前からの「コンプレックス」まである。ここで選択可能なものは日本の伝統的宗教である神道のみであった。しかしこの神道こそ当時も今も原始宗教、自然宗教にもっとも近い宗教的特性を持っているという理由で、事実上近代志向の日本の国教としては様々な限界があった。第二に、しかし前の理由よりさらに重要な問題があった。すなわち明治維新と近代日本の推進者たちの判断によって、近代以後の宗教政策目標の核心が再検討されたのである。〝信教の自由と政教分離の原則が近代国家建設のために必須であることを認識[7]〟した点である。これに加えて筆者の分析は、事実上近代日本の近代化モデルの最終目標は当時国教を持ったヨーロッパ帝国と言うよりは、すでに宗教の自由と政教分離原理を採択していた米国にあった点に注目せざるを得ない。明治政府は、すでに宗教の自由という項目を近代国家の目標の大勢として認識したのである。

そこで政府は、近代国家の宗教の自由を念頭におきつつ、自分たちの内心の目標である国民精神統合の土台機制である「和魂」を確立するための具体的方法として、「神道分離化」作業に着手した。〝教派神道と国家神道を区別して国家神道を一般宗教から分離する作業をもすばやく進行させた。一八七三年一月祝日改定、二月官幣諸社祭典の地方官参拝、三月紀元節と官幣緒社官祭式制定、七月神管奉務規則と歴代皇靈・神宮以下祭祀・祝日等の制定・改定、一〇月年中の祭日・祝日等公休日が制定された。つづいて一八七四年以後にも官國弊社定額布告、神社祭式制定等が施行され、一八九五年一一月二七日には信教の自由を保障する趣旨の教務省口達が公布された。[8]〟

結局、神道を分離して「教派神道」は仏教、キリスト教、新宗教などと同じ次元の宗教に置かれた。これらの諸宗教に対しては、近代的意味の信教の自由、宗教の自由を提示し、同時にここで分離させた「国家神道」を「超宗教」の位置に引き上げ、国家、国民統合のイデオロギーとした[9]。他方「国家神道」として分類された神宮、神社は歴代の天皇、天皇家の霊魂を推戴する所として、「近代天皇制イデオロギー」、すなわち「天皇崇拝」の根幹となった[10]。近代日本の精神的土台である「和魂」は「天皇制イデオロギー」と不可分に結びついており、これが日本、さらに日帝下の韓国キリスト教受難の根本的背景であったことをおさえておく必要がある。

一、日本政府のキリスト教政策と日本キリスト教の対応

近代日本政府が苦心して、宗教政策を段階的に展開する理由の根本には何よりも「キリスト教コンプレックス」があった。近代国家を志向し、その重要項目となる宗教の自由も保障しなければならないが、何よりも西欧帝国の精神的侵略、それと連なる隷属化を心配したキリスト教をどれほど効果的に牽制するかが鍵であった。さらにすでに「超宗教」として分離、昇格させた「国家神道」、具体的には「近代天皇制イデオロギー」を通して国民統合を成し遂げていくのにあたって、キリスト教は彼らから相変わらずもっとも注意しなければならない妨害勢力とみなされるほかなかった。すなわちキリスト教徒を含めたすべての宗教の自由を明らかにする表面的な近代性と、実際には天皇制イデオロギーを通して国家の精神、宗教を統制しようとする内在的な意図との乖離を克服していこうとすることが彼らの最終的な目標だった。

キリスト教の自由は一応七三年二月黙認されたが、キリスト教排撃の社会的風潮は解消されなかった。いなむしろ、キリスト教の伝道が活発になると、この風潮も高まった。(中略)キリスト教を邪教として排撃する運動

が神儒仏教関係者によってすすめられた。(中略) これはキリスト教文書を読み、一定の立場からキリスト教を攻撃したものであり、この関係者の見解を代表するものといえよう。それによれば、キリスト教は神またキリストへの信仰、自己自身の救済を中心におき、天皇、国家、家族への忠誠を無視する宗教であり、これは共和制につながる危険思想である。また神の天地創造やアダムの物語などは非科学的妄言である、というのである[11]。信教の自由を表面的な目標に決めていた近代日本の政策基調によって、官憲による直接的なキリスト教弾圧は問題になることがあった。特に近代化政策を推進していかなければならない日本政府がキリスト教を依然として弾圧することで、西欧諸国との国際外交問題を起こしたこともあった。そこで選ばれた方式は、社会的な雰囲気、世論、土着宗教との思想的討論を誘導し、間接的にキリスト教を警戒していく方法であった。これに加えて日本政府は信教の自由を保障した帝国憲法の条項に条件の但し書きをつけた。普遍性を持つように見える内容に条件を加えたのは、キリスト教を念頭に置いたからである。それは、日本と植民地韓国におけるキリスト教圧制が絶頂に達する一九三〇〜〇年代に明らかとなったのであった。

一八九二年二月の「日本帝国憲法」(第二八条) の発布によって信教の自由の法的手続きが完成した。しかし、広く知られているように、第二八条は「日本臣民は、安寧秩序を妨げず、臣民としての義務に反しない限りにおいて、信教の自由を有する」となっており、「絶対的な自由の保障」というよりは、むしろ「相対的、条件的自由の保障」を与えられたというべきである[12]。

結局このような帝国憲法の「条件の但し書き」は以後法制化され、具体的には「治安維持法」と「不敬罪関連法」として実行された[13]。この他に日本政府、具体的には「朝鮮総督府」は、「超宗教」としての天皇制イデオロギーを保全し、宗教、特に具体的にはキリスト教を制圧するための法制化過程を持続的に展開した。その法制化過程の代表的な項目を羅列すると次のようになる。初期のものとしては一八九九年のキリスト教統制法令である。

具体的には布教機関規制法（内務省令第四一号）、私立学校宗教教育制限法（私立学校令と文部省訓令第一二号）、キリスト教団体法人化規制法（文部省令第三九号）などである。つづいて「日韓合併」直後のものとしては次のようなものがある。一九〇八年統監府時期の私立学校令、一九一一年朝鮮教育令と私立学校規則中の宗教教育制限、一九一五年の布教規則とキリスト教布教機関の統制令、一九一五年の改正私立学校規則が代表的である。つづいて一九二〇年の改正布教則、同じ一九二〇年と一九二二年の改正私立学校規則等を追加することができる。[14]法令制定後は、各法令を実際にどのように適応し、拡大していくのかが重要な課題となる。一九三〇—四〇年代のファシズム絶頂期には、単に布教関連法や私立学校令等教育関連法の適用を拡大しただけでなく、前述の治安維持法、不敬罪関連法等を総動員してキリスト教弾圧に活用した。だが実際に個々のクリスチャンにとって大きな重圧となったのは、法制による強圧よりも、世論の圧力であった。その代表的事例がいわゆる一八九一年の「内村鑑三の不敬事件」である。

「彼らの前で神を否んではならぬ。」そう決心した時彼の番がやつて来た。彼はつかつか壇の上に登つて行って勅語の前に行き、そのままくるりと後をむいて降りて来た。壇上に立ち止った時、いくぶん頭を下げたように見えたが、それは決して普通の場合の敬礼ではなく、もちろん最敬礼ではなかった。[15]

一八九一年一月九日、天皇が下賜した「教育勅語」に対する奉拝式で、当時東京第一高等学校嘱託教師だったクリスチャン内村鑑三が信仰の良心上、偶像礼拝に該当することを念慮し、最敬礼の姿勢で礼をしなかったことで事件が始まった。直ちに日本の朝野は、クリスチャンは天皇に対する崇敬に徹底できず、日本の国家的共同目標の並進に妨げになる勢力だと罵倒した。当時東京帝国大学哲学教授であった井上哲次郎を筆頭に、内村鑑三個人だけでなくキリスト教全体を攻撃した。当時登場した具体的命題が「キリスト教邪教論」とクリスチャン「非国民論」だった。このことで結局初期のキリスト教徒は日本社会で大きな危機に出会ってしまった。

ここで注目すべき点は、これに対する日本のクリスチャンの姿勢である。「内村鑑三不敬事件」自体とその批判に対しては解明、弁証の見解も登場したが、全体的には日本国家に徹底的に適応するキリスト教という方向だった。すなわち、「天皇制イデオロギー」を自身の信仰よりも上位に置く「帝国順応のキリスト教」である。教会やキリスト教系学校は天皇・皇后の恩徳を語り、忠誠の意を表明してきた。彼らは天皇制のもとで追い込められ、そのイデオロギーにからめとられたという被害者意識はなく、天皇制のもとにある自己を自覚し、そのイデオロギーとキリスト教を様々な方法で結びつけながら、自らの活動をすすめてきた[16]。

結局、日本キリスト教は適応と隷属の道を選択したのである。しかし彼らが国家に対し忠誠を誓い、「天皇制イデオロギー」に適応する論理を持続的に展開するとしても、具体的に忠誠を示す姿勢が発揮できない限り、日本の国家社会のキリスト教に対する排除は容易に止まることはなかった。日本キリスト教が国策協力に邁進した具体例が、「日韓併合」を積極的に支持し「植民地伝道」を通じた宣撫工作の一環として推進した「朝鮮伝道論」の実行などである[17]。このような一連の実践的活動は一時的には日本政府の認定を受け、キリスト教は国家目標の推進に協力するパートナーとして、主要三大宗教の連合体である「三教会同[18]」の一員にもなった。

ところがまさにこのような日本キリスト教の国家適応の態度こそが、自らをさらに国家隷属の道に没入させ、その同じ道を歩み続けるほかないようにする、すなわちもっと深い歴史の泥沼に陥らせるもう一つの背景だったとも見ることができる。さらに日帝末期になって韓国キリスト教に対する信仰的強圧、「天皇制イデオロギー」に対する隷属化を強制する過程で、日本キリスト教は韓国キリスト教を説得する国家の手先に転落する原因にもなったのである。日本キリスト教もやはり信仰史的に見るとき、持続的に険しい道を歩まなければならなかった[19]。

二、「天皇」と「キリスト」の直接的対立構図

日本の代表的教会史家土肥昭夫は、日本キリスト教の歴史を「天皇制イデオロギーとキリスト教」、あるいはより端的に「天皇とキリスト」の関係論としてみた。土肥は、両者は基本的に相争う関係にあるものの、日本キリスト教はある一定期間天皇制イデオロギーに隷属した道を歩んだとして批判した。彼の大部分の日本キリスト教史関連の通史、時代別論文においては、この主題はもっとも重要なテーマとして位置づけられている。二〇〇八年に土肥が死去したのち出版された二巻の遺稿著書もすべて天皇制イデオロギーとキリスト教の関係を扱っている[20]。

このように日本の近代史、キリスト教の歴史は「天皇制イデオロギー」との密接で、必然的な関係構図を持った。そのために日本キリスト教と植民地だった韓国キリスト教の受難と屈折の歴史の背景を「天皇制イデオロギー」が占めていたと言っても過言ではない。これが最も先鋭的に表れたのが日帝末の韓国キリスト教受難の現場であった。「天皇制イデオロギー」は、ファシズムの絶頂期に至ると、「超宗教」という名分に加えて、露骨に宗教的性格を表したため、キリスト教との葛藤は深く広がった。これは韓国キリスト教の日帝末における受難状況の性格を、決して国家と宗教の葛藤や、国家権力による宗教弾圧と見ることができない前提となった。すなわち「天皇制宗教」という巨大な国家宗教とキリスト教信仰体系間の葛藤、すなわち宗教間の対立として理解されなければならない理由になるのである。

問：天祖大神は偽りの神であるとはどういう意味か。

答：聖書にエホバ以外に真の神はいないと書いてあるので天祖天神は虚構の神です。
問：偽り神社参拝をすると言うがそれはどういう意味か。
答：神社に行き頭を下げても、絶対にそれは天祖大神を崇拝するのではなく、エホバの神を崇拝するという意味です。
問：天皇陛下とエホバ神との関係はいかなるものか。例えば、どちらが上なのか言ってみよ。
答：もちろんエホバの神が上です。天皇もエホバ神の支配を受けます。[21]

この尋問の核心は「天皇とキリスト、あるいはエホバ」の関係論である。さらに質問の中身には〝天皇も罪人なのか、天皇もキリストによって救いを得なければならないのか、天皇は「現人神」ではないのか、天皇も最後の審判を受けなければならないのか[22]〟等の神学的内容が加えられた。

日帝下のキリスト教、あるいは民族受難史を、国民儀礼といって包み隠した神社参拝強要や、戦争動員、創氏改名、強制徴集、徴用などのような政治的側面からのみ考察してしまうと、むしろ本領を失うことになる。このような「天皇制イデオロギー」すなわち「天皇制宗教」の強要を中心に据える必要がある。したがって神社参拝も問題であるが、天皇が住んでいる東京方向である東方に向かって、決まった時間に最敬礼で礼をしなければならない義務、すなわち「東方遥拝」や天皇夫婦の写真に敬拝しなければならない「御真影敬拝」等が、実は一層深刻な宗教良心上の強圧だったのである。これらの「天皇制宗教」の強要に対する信仰上の反論が記録されたのは、次に引用する小宗派である「エホバの証人」の資料である。

天皇は一人の人間であって神に非ず。此の人間天皇を擁して全アジア否全世界を征服せんと企図するが如き計画は悪魔に踊らされたる軍国狂奔の誇大妄想である。[23]

このような観点からみれば、日帝末期神社参拝強要に抵抗して殉教や受難にあった様々な事例を丁寧に検討し、各々の抵抗行為をその違いにも留意しつつさらに詳細に分析してみる必要がある。抵抗の行為は、神社参拝はもちろん、「東方遥拝」「御真影敬拝」「皇国臣民誓詞」の斉唱など日帝の強要事項を全部拒否した場合と、選別して神社参拝以外の他の要求には応じた場合とがあった。時には神社参拝以外のことはおおよそ国民儀礼であり、政治的性格の要式行為であるが、神社参拝こそ信仰上の問題として参拝を拒否したという論理もあった。しかし日帝の「天皇制宗教」強要を根本的問題にしてこの問題を見れば、神社参拝はもちろん、むしろ「東方遥拝」や「御真影敬拝」が一層強力な宗教的行為の強要だったという分析も可能である。[24]

結局、近代日本の宗教政策の核心は「国教」よりさらに強権的な宗教としての「天皇制イデオロギー」だった。これが日帝末期のキリスト教弾圧の基礎となり、構図的に「天皇」と「キリスト」の激突として現れたのである。

三、日本キリスト教を通した信仰的懐柔と強圧

日本キリスト教の大勢が天皇制国家、特に日本帝国の国家的目標に並進して国家適応の宗教として存在方向を定めたのはすでに見てきたところである。これによって日本キリスト教は国家の、宗教に対する統制、特にキリスト教の実体を混乱させるほどの強圧が加重される過程でも、すでに決まった路線から抜け出すことに骨を折った。もちろん少数の個人や、小宗派の中に部分的ではあるが国家の弾圧に抵抗して受難の道を歩んだ場合にも発見されるが、日本キリスト教の大勢は順応の道、それでさらに険しい国家隷属の道を歩んだと言わざるを得ない。しかし一時神社参拝を全面的に強要された時、日本キリスト教の立場から深刻な憂慮を表明し、これに対する拒否の動きがあったのも事実である。

伊勢神宮は宗教を超越せる宗教なり故に日本国民たる者は必ず之を拝せざるべからずと。之は信教自由の帝国憲法の精神と矛盾する神社は宗教に非ずとする政府の見解、（中略）伊勢神宮のみ限りては我皇国に於いて政治的に極めて重要で大切なる位置に在らせるるが故に此の思想上の混乱を放任して置く事が出来ないのである例へば朝鮮統治上此思想的混乱が容易にならぬ困難を惹起して居るのである。(25)

以上の松山常次郎の論説は、日本キリスト教の「国家神道」、天皇崇拝の宗教性について憂慮を表し、この問題が日本国民に思想上の混乱をもたらすことはもちろん、その上韓国植民地統治に矛盾に満ちた混乱をもたらし得ることを正確に指摘している。しかし残念ながら松山常次郎のような比較的適切な警戒は、日本キリスト教の全体的な流れではなかった。すでに国家適応、順応の道を選んだ日本キリスト教は、韓国キリスト教の抗日民族的抵抗に対して批判的見解をたびたび披瀝してきた。さらに韓国キリスト教に対する神学的批判もためらわなかった。三・一独立運動を主導した韓国キリスト教を、〝ユダヤ教的の形式と、偏狭な愛国心(26)〟の集団と規定するかと思えば、韓国キリスト教に対して勧告するつもりで〝権を乗る者に服従するは聖書の示す所なるが故に日本政府に服従する筈だ(27)〟と言った。さらにいわゆる「朝鮮伝道論」を通して、「韓国人の日本化」を自分たちが主導するのだと宣言した。こうした動きを柏木義円は次のように批判した。

組合教会が朝鮮人伝道を開始するや、当事者は「朝鮮教化の急務」と其伝道方針を堂々宣言被致候。其れに依れば、鮮人伝道に二箇の目的有之、一は鮮人個々の霊を救ふことで、一は鮮人を同化して日本国民と為すことに有之。前者は外国宣教師の伝道にでも之を成し得れど、後者は日本の基督教ならざる可らずとあつて、外国宣教師の伝道の向ふを張り、（中略）吾人は其伝道の動機の不純なるを慨して、之を排撃して、…（後略[28]）。

結果的に部分的な憂慮が提起されることはあったが、日本キリスト教は初めから決まった国家順応の道に従い、韓国に対する植民地経営の協力者、加害者として共に参加してきた。特にもっとも問題視すべき点は、同じクリスチャン同士でもあった韓国キリスト教に対する信仰的弾圧を率先したという事実である。これは全面的な神社参拝の強要時期の絶頂をもたらした。

神社崇敬は、預言者の墓を白く塗つて建立し、或いは義人の碑を飾つて崇敬したイスラエル人精神に相通ずるものである。而してこれは「父母を敬へ」との御言によって主がわれら日本の基督者に命じ給ひし美風として、永久に保存すべきものであると、筆者は確信する。此の日本国民の美徳に対する正しい認識と、斯る聖書的解釈とを、在鮮長老派宣教師諸氏がもつてるたならば、朝鮮の宗教教育機関の廃止のごとき不幸事は起り得なかつたでもあらうのにー[29]。

以上は山口徳夫の論説であるが、ここで記されていることは、当時神社参拝に抵抗していた韓国のクリスチャンにはもっとも骨身にしみたものだった。日本の官憲、植民地統治者の立場がどうであれ、同じ信仰の立場を堅持していかねばならなかった日本のクリスチャンが、神社参拝が聖書的であり、神の命令だと妄言することによってその抵抗の説得力を失ってしまったからである。加えて、日本キリスト教の代表者が直接神社参拝強要の説得をすることもあった。

本年六月より七月にかけて日本基督教会大会議長の資格以て芝教会牧師、富田満氏[30]が朝鮮の伝導旅行を行った七月一日に平壌に於て西鮮四道の長老教会信徒の代表者百数十名と一堂に会し神社問題を討議した午後八時より翌朝午前四時半迄徹宵熱心真剣の態度を以て研究討論し遂に神社参拝を承認するの決議を行ったとの事である、平安南道の当局者も総督府の官吏も大に富田牧師の働きを多とし此の結果に対し感謝したそうである。富田牧師は平素より神社は宗教に非ずとの持論を有する人である。此の夜若し彼等朝鮮人側の代表者等が富田牧師の説得に服する能はざる時は神社問題にて殉教者となる申合せであったと云う[31]。

結局日本キリスト教は、日帝の韓国キリスト教弾圧に、国家権力の下手人の役割を果たしたのである。それは日本キリスト教の歴史で何度も何度も繰り返し想起しなければならない悔恨の史実である。韓国キリスト教では同じ信仰を共有した同士の受難であった。さらにその内容は「天皇制宗教」の強制というもっとも重い信仰良心上の問題、主体性破壊であった。

四、韓国キリスト教の抵抗と屈折

日帝末期の受難史にあって、韓国キリスト教の対応は「少数抵抗」「多数順応」に結果したと総括できる。もちろん日帝の強圧が加重され始めたころ、大多数の韓国クリスチャンは抵抗の決意を心に誓ったのはもちろんである。これらの主体性の内には民族的抵抗意識と信仰守護の決意が共存していて、これは少なくとも日本クリスチャンの立場とは異なり二重の動機が作用した。しかし日帝の圧制は韓国クリスチャンの抵抗決起を無力化させるほどに執拗だった。繰り返しになるが、それらのキリスト教弾圧は、単純な政治的次元ではなく、政治的目的によったのでもなく、国家宗教としての「天皇制イデオロギー」を展開させようという、宗教的意図とそれに伴う強固さがより激化したからである。これに多数のクリスチャン、特に韓国プロテスタントキリスト教の主流である長老派・メソジスト派の両教派のクリスチャンは、少数の個人的な抵抗が起こる一方で、教会の大多数が順応する中で崩れた。

神社参拝問題を中心にした日帝末期における朝鮮キリスト教受難史のなかで、教勢の理由からか、それとも教会政治の中心性のためなのか定かではないが、この問題は徹底的に長老・メソジスト両教派を中心に扱われてきた。しかし実際朝鮮のおいて最大教派だった長老教会は一定の抵抗、検証期間を経て変則的な処理過程があったとはいえ、一九三八年九月一〇日の第三七回総会で日本の国家神道に対する「国民儀礼」の主張を受け入れ神社参拝を公式可決した。そのため、主流教会の決定に反対する少数者の抵抗として報告されているにすぎない。また第二の教派であるメソジスト教会も少数抵抗者の事例は記録されているが、神学的立場の違いのためか日帝の宗教的強要への受容はより速くより深い[32]。

日帝末期の受難史における受難と抵抗の主体は、その他の小さな教派や宗派を通して再確認しておくことも必要である。

イエスの地上の天国が建設されれば、キリスト教徒はありとあらゆるものの王であるイエスの統治下に平和で安楽な生活をすることができるのだと、いろいろな帝国の滅亡を暗示する政治に関する不穏な言動をした[33]。同様に、当時ホーリネス教会の信徒の中には「迫りくる再臨論」で日本の警察の審問を受ける者が多く、このような理由がもととなって、ホーリネス教最高指導者たちの積極的な親日行為にもかかわらず、教団が解散させられる悲劇を被った[34]。これらホーリネス教会の再臨論者たちにかけられた嫌疑と適用した法令は治安維持法や不敬罪関連法であるが、細かく内容をみるとその大部分が信仰的、神学的な事柄に関わっている。これはそのまま日帝末期の韓国キリスト教圧制の土台が「天皇制宗教」との宗教的葛藤であったことを示している。

さらに日帝末期の韓国キリスト教弾圧とそれに対する抵抗は、組織化された教派や教団に限定されなかった。無教会主義者と称された金教臣と『聖書朝鮮』グループも弾圧の対象となり、過酷な受難に耐え、大胆な抵抗を試みた。これが、一九四二年雑誌『聖書朝鮮』が発行号数一五八号で強制廃刊にされ、編集者と執筆者、熱血購読者が検挙され、思想的取り調べを受けた「聖書朝鮮事件」である。


　推し量るに、去る冬の非常な厳寒に、少ない淡水の底まで凍って、この惨事が生じたようである。例年には凍らないのに凍りついたことが理由のようであり、凍死したカエルの死体を集めて埋葬してやると、池の底でまだ二匹が這い回っていた。ああ、全滅は免れたみたいだ。[35]

これらのグループが抱いた宗教的希望と民族的希望を、日帝当局は決して見逃さなかった。万一当局がただ政治的弾圧の意図だけで韓国キリスト教を注目していたなら、取るに足らない小規模な信仰グループの神学的談論に、このように鋭くそして執拗な追及は行わなかったかもしれない。当局の追及の根底には宗教的執念の根本的意図が明らかに存在したと思われる。このような葛藤、抵抗の記録を詳細に検討することが必要であるが、その際重要な視点は、この時期の韓国キリスト教会の大勢が日帝に対する順応と挫折であると見なすことである。このことを真摯に回顧することが、この時代の受難史を検討する上で極めて重要である。

長老教会の親日的協力はこれにとどまらず総会連盟と常置委員会を中心に戦時物資の動員および人力の動員に対する協力までつながった。一九四一年八月、常置委員会は戦時体制の声明およびいわゆる「愛国機」（戦闘機）献納を決議して、鄭仁果を会長とした「朝鮮イエス教長老教徒愛国機献納期成会」を組織した。そして翌年二月、陸海軍飛行機一台と機関銃七丁分の代金一五〇、三一七円五〇銭を伝達した。さらに戦争物資調達のために金属、真鍮はもちろん教会の鐘まで献納した。[36]

韓国キリスト教が日帝の戦争を積極的に支援し武器を献納した。さらに教会の鐘まで取り外して戦争物資とした。これは〝群れが彼らの刃物を打って鋤をつくり、彼らの槍を打って鎌をつくり、この国とあの国が二度と刃物を持って互いに討たず、二度と戦争を学ばない〟（イザヤ二章四節）という聖書の言葉に完全に反する行為であった。

しかし韓国キリスト教の屈辱的な屈折はこれにとどまらなかった。信仰的良心に抵触する致命的な行為が続いた。キリスト教の牧師らは神社建立のために勤労奉仕をし、メソジスト教会では尚洞教会に「皇道文化館」を設置し、日本の精神と文化を宣揚した。さらに教役者らが漢江で神道式斎戒儀式である「禊ぎ払い」（入浴や水を浴びて不浄を洗う儀式）を執り行ない神社に参拝することまでした。[37] このような韓国キリスト教の屈折は解放直前「朝鮮総督府」の主導で進められ、さらに「日本キリスト教朝鮮教団」が組織されるに至った。

一九四五年六月二五日朝鮮総督府政務総監遠藤は朝鮮長老教会と朝鮮メソジスト教会、救世軍、カトリック教会、聖公会、日本の教会の指導者五五名を政府会議場（Government Assembly Hall）に招集し会合を持った。（中略）当時採択された新しい教会規則によれば、この教会の重要な役職である「統理者」と「副統理者」、八つの各局長といくつかの本部委員会委員長が選出されなければならなかった。「統理者」と「副統理者」を選出する際には一回の「投票」（Straw Vote）で行われ、総督府官僚たちが票を集め投票結果を発表した。（中略）統理者：金観植牧師（長老教会）、副統理者：金応泰牧師（メソジスト教会）／委員会が「規則」を起草する時は初代「統理者」と「副統理者」は総会で選出せず政府から任命されると規定されていた。[38]

結局韓国キリスト教の日帝下最後の段階では、「天皇制宗教」を事実上の国教とする日本政府、直接的には朝鮮総督府の下、隷属組織に転落してしまったのである。これは、韓国キリスト教が国家権力、それも特定の宗教的主体性を強くもった権力の侍女に変質する屈辱的な過程であると同時に、その受難の絶頂期でもあった。

五、韓国キリスト教親日的協力の後遺症と教会分裂

永遠のようだった日帝は崩れて、韓国民族とキリスト教は解放を迎えた。解放の時空間のなかで、一方で当惑を感じたのは、日帝に徹底的に忠誠をつくし、信仰的貞節を破った人々だった。その代表例は日帝の主導で解放直前に組織された「日本基督教朝鮮教団」の中心人物たちで、彼らは自分たちがいかなる進路を取るべきか困惑しつつ、伝統的な韓国キリスト教の一つの理想だった「単一教会」の夢、いわゆる「エキュメニズム」を主たる大義名分としてこの「教団」を存続させようとした。そこで二度にわたって組織存続のための「南部大会」を召集して、名称を「朝鮮基督教団」とした。しかしこの組織自体の出自的限界はどうすることもできなかった。

一〇月一八日に「総会」開会式で幾人の代議員たちが立ち上がりこの会議は何の目的で召集されたのかという質疑があった。これに対して金観植牧師は自身と役員たちが辞任するため総会を召集したと答えた。そこである代議員が日本人によって任命されたのだから日本人にも辞意を伝えなければならないと言った。さらにその代議員は連合教会は神にとってせはなく日本人によって創られたため無効（Null and Void）であるとし、これに出席したすべての代議員が同意した。このような経緯から「総会」は騒然とし、いかなる公式措置も取ることができなかった[39]。

こと「南部大会」は失敗し、彼らは各所属教団に復帰しその再建を試みるが、その過程でもさらなる葛藤と分裂を味わうことになった。しかも解放後韓国キリスト教には少数ではあるが、抵抗の道を放棄しなかったいわゆ

る「出獄聖徒」という存在が厳然とあった。日帝末「少数の抵抗グループ」と「多数の順応グループ」「相当数の逃避、中道グループ」間の相対する葛藤が、解放後韓国キリスト教「内部受難」の核心問題だった。まず、「出獄聖徒」たちは、一九四五年九月、神社参拝を行なった教役者たちが最小限二か月以上休職し、悔い改めることを骨子とする「韓国教会再建五原則」を発表した[40]。そしてこのような方針を、逃避、中道グループが支持して、自粛、再建の原則を別途主張した[41]。しかしこれに対して一九三八年九月、神社参拝可決当時の長老教総会長だった洪澤麒が強硬に反対意見を述べた。彼らの主張は、教会を支えるために尽力した人も、監獄に行った人と同様に苦労したのだから、逃避したり隠れた人たちよりはむしろ日帝の強制強圧に屈服した人の苦悩をより高く評価しなければならないというものである。この主張は神社参拝や日帝に対する協力の罪責問題は、他者の干渉や、要求ではなく、当事者と神との間の直接的な信仰良心の問題として見なければならないという見方に支えられていた[42]。彼らは、逃避、中道グループの役員たちが審判者の立場に立って、彼らの過ちを責め罰することに強い拒否反応を示した。

結局この問題は韓国キリスト教の混迷に満ちた大分裂につながった。いわゆる長老教会の「高神派分裂」（長老教会第一次分裂）、そしてメソジスト教会の「復興、再建派分裂」（メソジスト教会第一次分裂）がこれである。韓長老教最初の教会分裂が始まったのは慶南老会だった。再建される当時の老会内では三つの分類があった。韓尚東と朱南善に大別される少数の出獄聖徒たち、積極的に親日活動をおこなった金吉昌などの一部の牧師たち、そして日帝の強要によって消極的に神社参拝をした大多数の人たちだった[43]。

慶南老会は韓国長老教全体の縮小版のようであった。彼らは葛藤を抱えながら離合集散し、最後には解放後の韓国キリスト教受難となる教団分裂の嚆矢となってしまった。メソジスト教会は前述した「南部大会」失敗以後、ほとんど同じ理由で分裂の道を歩んだ。日帝の残滓清算を主張した派が「再建派」、反対に、既得権の維持を意図したグループが「復興派」に分かれたのである。ただメソジスト教会のこの分裂は一九四九年の再統合によって収束した[44]。

解放後特に日帝下の行いが災いし、内部的葛藤を続けた韓国キリスト教の歩みは、少数抵抗派の「自己義」に対する執着、多数の屈折派の既得権への執着、そして屈折派とは異るが同様に多数派であった逃避、傍観の中間派の機会主義的な態度が複雑にからみ合い、相互に作用し合ってもたらされた結果だと言うことができる。

しかし解放以後の韓国キリスト教の分裂は、単に日帝に親日的であったか否か、神社参拝を行ったか否かにだけに原因があったわけではなかった。神学上の保革の葛藤や、イデオロギーの左右の葛藤が、分裂の長期化に大きく影響したのである。こうして大規模教派が分裂しただけでなく、ほとんど大部分の教派、教団が核分裂に近い分裂現象をさらけ出した。このような分裂の中には、ある程度の理由や論理が成り立つものもあったが、指導者個人のリーダーシップに対する支持と反対、あるいは財産権などの私的権利をめぐって熾烈に争った場合も数多かった。

このすべての分裂、分断の傷は、解放以後韓国キリスト教内部受難の一つとしてその後のキリスト教史に大きな汚点を残した[45]。

六、新しい信仰圧制勢力との対決構図

八・一五解放を「出エジプトのできごと」と告白する神学的論議がたびたび起こった。これはそれ以後続いた国土分断と戦争の民族史、そしてそれとともに進行した残酷なキリスト教受難を荒野の四〇年の歴史とする観点である。しかし最近筆者は、解放後の民族史、教会史の展開が出エジプト以後の荒野の四〇年ではなく、むしろ

バビロンの捕囚というもう一つの受難史にむしろ類似しているという立場を表明した。このすべてが民族分断と戦争、キリスト教の受難が日帝下の苦難を凌駕するほどに長く、過酷なことを表す聖書的比喩である。

ところで最近になって韓国現代史と教会史にあって八・一五を「出エジプト」にたとえていた筆者には「メタファー」を放棄あるいは修正したい考えが強い。簡単に言えば、すでにあれから四〇年もずっと、再びその半分以上の時間が流れてしまった民族の「分断受難史」が続いているためである。しかしそのように時間的計算や、時間的長短はそれほど重要なものではない。一層重要なものは民族と教会の「分断受難史」を生き抜くすべての構成員の認識、態度を深刻に論ずれば、その信仰の内容から見るとき、出エジプトの比喩は悲劇的である。むしろ八・一五を、後日に新しいイスラエルの受難であった「バビロン捕囚期」の歴史として対置すればどうであろうか。八・一五は韓半島にまた一つの外勢とそれらの代理者が入城した時期である。すべての葛藤と凶悪さが横行し、ついに世界史に記録されるほどの血なまぐさい残酷な戦争を経験した。憎悪、憎しみ、痛手、怨恨、そしてついに統一と和解の希望さえ忘却してしまうほどの長い年月が流れた。さらにもどかしいことはそのような希望をよみがえらせようとする預言者たちはひっ迫と苦難を受け、南北の権力者と関連する外勢は、時代自体を冷酷な対決の構造にしてしまったのである。分断とその惨憺たる断絶の時代をどれだけ耐えなければならないかを知らない韓国現代史は、決して四〇年ぶりに越えていったイスラエルの荒野、モーセとヨシュアのような偉大な指導者が存在していたその時代と比べることはできないという意味である。そこでいま八・一五以後の民族史を出エジプト以後の荒野時代と見て、推論していた歴史神学的理解に代えようとするのである。すなわちこの時代をバビロン捕囚期にたとえてみて、民族的、教会的悔い改めを再び換起しなければならないのだという考えである。八・一五以後の韓国民族史と教会史は、その時期のイスラエルにはそれでも存在していたとしても秀でた預言者さえも別にいないバビロン捕囚期と同じだと思う。(46)

民族分断はそのまま韓国キリスト教の分断でもあった。そして北側に建てられた共産政権はキリスト教とは相いれないもので、さまざまな理由に基づきキリスト教を弾圧した。初期の彼らのキリスト教迫害の背景は、政治的理由と目的が大半を占めていたとみることができる。しかし彼らもやはり教条的政治権力と宗教、偶像的体制を志向しながらも、宗教と信念との間の対決を彷彿する性向を表した。

聖水主日を生命とする教会は、主日には礼拝以外のいかなる行事にも参加してはならない。／政治と宗教は厳格に区分する。／教会堂の神聖を確保することは教会の当然の義務であり権限であり、礼拝堂は礼拝以外にはいかなる場合もこれを使用することを拒絶する。／現職教役者として政経に従事する場合には教職を辞めなければならない。／教会は信仰と集会の自由を確保する。[47]

これは、韓国長老教「以北五道連合老会」が、一九四六年一一月三日の北韓政権の主日選挙強要に対して採択した決議案である。韓国キリスト教にとって新たな試練であった。政権によって多数のクリスチャンの拘禁、取り締まりが続き、相当数のクリスチャンは死線を越え、分断以南に避難した。北韓政権は物理的弾圧以外にも御用キリスト教機構である「北朝鮮キリスト教徒連盟」の組織を画策し、あからさまな懐柔、脅迫をした。ここでも一部キリスト教指導者が節操を守らない事例があった。[48]

北韓政権が樹立する前に多くのクリスチャンが宗教的、政治、経済的理由のために越南した。解放直後北韓にはプロテスタントとカトリックを合わせて二千個を超える教会、二千名を超える教役者、そして三〇―三五万名の教徒がいた。しかし大々的な越南によって一九四九年にはプロテスタントの数が約二〇万名に大きく減少した。[49]越南した北韓出身のクリスチャンは、南韓地域で「ディアスポラ」の状況に置かれるほかなかった。彼らの中の多数、特に長老教が主軸であるクリスチャンは、南韓各地でいわゆる「避難老会」を形成し始めた。

これは解放以後韓国キリスト教の重要なダイナミズムを提供したと同時に、南韓地域の教会の混乱と分裂要因の一つの側面として機能した。

現在の状況から見れば、「避難老会」という韓国長老教組織の「臨時キャンプ」は、その実効性を喪失したという判断をせざるを得ない。これらの臨時的定着、あるいは回帰に対する念願は年月とともに変形されなければならない。いまだに分断と断絶の状況は持続しているが、韓国長老教のディアスポラの世代も繰り返し交わっている。その基調はいまだに失地回復であり、帰郷することかもしれないが、彼らが夢見る「エルサレム」は離れてきた時のエルサレムではない。さらに重要なことは、帰っていく日が来たとしても、帰っていく人物が残らない、あるいは帰っていく状況になっても帰っていこうとする人もいなかったりしたかもしれないという事実である。「分断空間」のディアスポラによって変容的に組織したいわゆる韓国長老教「避難老会」がいまだに健在している。しかし「避難老会」の実体はいま「避難」でも「ディアスポラ」でもない。彼らには決して帰っていく「エルサレム」が存在しないのである。預言もすたれ、夢も消えたいま、決してわれわれに帰っていくエルサレムが存在するのだろうか[50]。解放から始まった韓国教会と共産主義勢力との葛藤、それによるキリスト教の受難は、そのまま一九五〇年六月二五日に始まる戦争にまで持ち越された。そしてその分断と戦争の傷は、今も韓国キリスト教内に厳然と存在している。

結論　受難の諸相と悔い改めのない既得権問題

解放直後の韓国教会の受難は連続的であり、重層的である。まずは極右「ファシズム」の迫害でキリスト教教会としての主体性を根こそぎ失う状況になるという大きな試練を経験した。しかしそれに対する教会の反応については、受難者としての被害だけでなく、屈従的な順応者としての屈折を指摘しないわけにはいかない。

八・一五解放は、民族の政治的解放だけでなく教会の宗教的、信仰的解放をもたらしたが、それはまた違った受難史と直結した時点になってしまった。すなわち今度は北韓地域で、さらにそれ以後の戦争状況の中で韓半島のほとんど全地域で極左共産主義からのひっ迫を経験しなければならなかった。このような連続的状況は、日帝支配と共産主義という両方の極端から受難を被るという特異な経験であった。これを単純にファシズム政治権力による教会弾圧、そして共産主義政権による宗教抑圧の過程、すなわち政治勢力によって政治的な目的で進行したキリスト教迫害として整理してしまうこともできる。

しかし本書では、まず日帝下全体、特に日帝末の絶頂期のキリスト教弾圧を、単純に政治団体による強圧と見なしていない。近代の日本から育まれた「天皇制宗教」という国家宗教の、宗教的信念による執拗な「教教葛藤」的迫害として解釈したのである。これは象徴的な「天皇」と「キリスト」の対決構造だったのである。さらに付言すれば、解放後共産主義との対決も単純な政治的性格の受難ではないという解釈が成り立ち得ることを指摘した。北韓に樹立した共産主義政権は、ますます教条主義的になり、個人の偶像化が進む過程で、「宗教政治」的な性向を見せはじめる。これは当初の政治対立が、そのまま宗教と信念の間の対決に移行したと考えることができる。つまり、単純に「政教葛藤」という側面のみによっては処理できないということである。これは今日の北韓政権の特性から見れば、一層明確になる部分でもある。

以上の点に加えて、以下の視点を付け加えておきたい。韓国教会は日帝下と分断以後ずっと被害者としての側面だけを強調してきた。殉教、受難の歴史はキリスト教の歴史の最も重要な部分であり、さらにそれを通して教会と信仰の摂理の証しを強調することができた。しかし一方でキリスト教のもうひとつの歴史的任務は告白と懺悔の記録である。韓国教会の受難史の反対側には、屈従と屈折の陰刻が彫られていることを否定することはできない。

韓国教会受難史は同時にそれ以上の分量の懺悔録にならなければならないのである。受難の歴史を、教会とクリスチャンの悔い改めの不在という視点から告白的に探し出して記録することがむしろ正しい歴史理解になるかもしれない。筆者が韓国教会の解放前後史の受難を政治的圧制よりは宗教的葛藤ととらえ、そこに信仰節操を貫くことができなかった側面を見出そうとすることもこれと深く関連している。信仰的節操の喪失である場合、クリスチャンには一層主体的に告白的である悔い改めを露呈していかなければならない理由が浮かび上がるのである。韓国教会は解放前後史にあって、受難者としての犠牲と、屈折者、あるいは加害者としての限界を同時に表した。しかしこれに対する和解、懺悔と告白の巡礼には誠意を示さなかったこともまた自明である。受難史は同時に悔い改めなければならない歴史でもあるという逆説を受け入れなければならないのである。それにもかかわらず韓国教会の歴史認識の多数は、受難期の屈折者として獲得した既得権をそのまま維持することにだけ汲々として、教会の受難者としての自己像を作り上げた。彼らの大きな関心事は、受難の記録を通して教会の真の姿を追究することにはなく、それを通して単純に既得権を維持することにだけあったのではないだろうか。

注

（1）その意味はアジアを抜け出し、欧米の帝国と肩を並べていこうというものである。すなわち一九世紀のアジア国家としての落伍した国家形態を速やかに改造し、西欧の近代文明圏国家と同じくするという目標である。

（2）一五九六年スペイン船舶「サン・フェリペ号事件」が代表的である。

（3）一六三六年長崎沖合に扇形の模様に造成された人工島で、全体の広さは一・三ヘクタールに過ぎない。一六四一年から一八三九年までもっぱらオランダの商人だけをここに制限的に入ってきて、鎖国の日本と交易していて当時唯一の西洋の情報の窓口であった。オランダは貿易にだけ関心があり、キリスト教宣教や政治的目的とは比較的関係がないと当時の江戸幕府は判断したのである。

(4) その意味は魂、すなわち精神的土台は日本固有のものにし、ただ文明、技術、才能だけ西欧のものを摂取したという意味である。すなわち「脱亜入欧」を通して西欧の国家と同等になったとしても、西欧文明の精神的基盤であるキリスト教を捨て、ただその文明的産物だけを摂取しようとするのである。それに対して精神的基調は日本固有のものでするという条件を明らかにしたのである。

(5) 原誠『国家を越えられなかった教会』、日本キリスト教団出版局、二〇〇五年、二二一―二三頁参照。

(6) 上村敏文「明治維新政府の宗教―太政官布告による明治初期の宗教政策に関する一考察」『テオロギア・ディアコニア』、日本ルーテル神学大学、三二、一九八九年、五六―五八頁参照。安ユリム「日帝下キリスト教統制法令と朝鮮キリスト教」(梨花女子大学校大学院博士学位請求論文)、二〇一二年、二〇頁参照。

(7) 安ユリム、前掲論文、二一頁。

(8) 阪本是丸『近世・近代神道論考』、弘文堂、二〇〇九、三〇三頁(安ユリム、前掲論文再引用)。

(9) 徐正敏「一九一〇年前後の日本キリスト教の動向―〝日本帝国のキリスト教〟の形成期」『カルチュール』明治学院大学教養教育センター紀要、二〇一三年三月、一二五頁参照。

(10) 敗戦後日本は「神道分離政策」を放棄した。すなわち現在は日本神道が「国家神道」と「教派神道」に区分されていないという意味である。しかし相変わらず全国に五二個の神宮、神社は「国家神道」の痕跡として残っていて、有名な「靖国神社」にはいわゆる護国英霊二、四六六、〇〇〇基が奉安されていて、これこそ代表的な「国家神道」の性格である。

(11) 土肥昭夫『日本プロテスタント・キリスト教史』、新教出版社、一八九二年、三九頁。

(12) 徐正敏、前掲論文、一二六頁。

(13) 「治安維持法」は帝国憲法の条件中〝社会的安寧秩序の妨害〟と関連させ、「不敬罪関連法」は〝臣民としての義務〟に該当する法制であり、これらがまさに日帝末期の韓国キリスト者の拘束、拷問、取り調べ、投獄の根拠となった法令である（徐正敏、前掲論文、注5、一三五頁参照）。

(14) 安ユリム、前掲論文参照。

(15) 政池仁『内村鑑三』、三一書房、一九五三年、九五―九六頁。

(16) 土肥昭夫「近代天皇制とキリスト教」、『近代天皇制の形成とキリスト教』、新教出版社、一九九六年、三〇三頁。

(17) 徐正敏「植民地化とキリスト教―〝韓国問題〟を中心に」、『植民地化・デモクラシー・再臨運動』、教文館、二〇一四年、三七―六四頁参照。

(18) 一九一二年二月、日本文部省は仏教、教派神道、キリスト教等三宗教の代表者を招致して国家の中心宗教として国家目標に積極的に協力してくれることをしっかり依頼する会合を持った。ここに出席した各宗教の代表者たちは別途の集まりを持ち、国家に忠誠を盟約する声明書を発表した。特にここに招請されたキリスト教代表は結局はキリスト教が日本の主流宗教の一つとして承認されたということを喜んだ。特にいわゆる「韓国合邦」過程で日本キリスト教が積極的に協調した功労を国家社会が認めたと考えた。

(19) 徐正敏、前掲論文、六五―六八頁参照。

(20) 土肥昭夫『天皇とキリスト』（新教出版社、二〇一二、全五三四頁）：土肥昭夫『キリスト教会と天皇制―歴史家の視点から考える』、新教出版社、二〇一二年、全二六六頁参照。

(21) 「趙廷煥（松原廷煥）第一回警察尋問調書」、『趙廷煥（松原廷煥）・丁禹建（神田頌）不敬罪・治安法違反事件　刑事第一審訴訟記録』、昭和一七年（一九四二）中。

(22) 土肥昭夫「ホーリネス弾圧の歴史的意味」、『日本プロテスタント・キリスト教史論』、教文館、一九八七年、二一九頁。

(23) 「灯台社事件の弾圧と虐待顛末報告書」、『戦時下のキリスト教運動』第二巻、同志社大学人文科学研究所編：新教出版社、一九八一年、三二一頁。

(24) 徐正敏『日韓キリスト教関係史研究』、日本キリスト教団出版局、二〇〇九年、二四七―二四八頁参照。

(25) 松山常次郎「神社問題と基督教」、『特高月報』、一九三八年八月。
(26) 渡瀬常吉「朝鮮騒擾事件の真相とその善後策」、『新人』第二〇巻四号、一九一九年四月。
(27) 本原外七氏の談、「併合後の朝鮮」、『護教』第一〇二九号、一九一一年四月一五日。一九四五年前後の韓国キリスト教の受難
(28) 柏木義円「組合教会総会」、『上毛教界月報』第二七六号、一九二二年二月一五日。
(29) 山口徳夫「神社崇敬の聖書的解釈」、『日本メソジスト時報』第二四〇二号、一九三八年七月一日。
(30) 富田満牧師は当時代表的な日本キリスト教の指導者として、明治学院大学神学部出身だった。明治学院大学は一九九五年六月、代表者の名で発表した「戦争、戦後責任告白文」で、彼の実名を取り上げて次のように謝罪の意思を現わした。〝この「教団」の富田満牧師は自らも「伊勢神宮」を参拝したり、朝鮮のキリスト者を「平壌神社」に参拝させたりまいた（一九三八年）が、このことが多数のキリスト者を殉教に追いやり、戦後も日朝両国キリスト者の間にうめがたい深淵を作ってしまったことは否定すべくもありません。朝鮮・台湾ではこの神社参拝問題のため多くのミッションスクールは存廃の岐路に立たされたのです。この富田氏は戦中から引続き、戦後も数年間にわたり明治学院の理事長でした。〟
(31) 松山常次郎「神社問題と基督教」、『特高月報』一九三八年八月。
(32) 徐正敏、前掲書、二五一頁。
(33) 保安法第七条違反、聖潔教金化教会執事朴允相に対する調査資料」中、『金化警察署意見書』一九四一・九・一八。
(34) 同じ理由で教団、最終解散の悲劇にあったのは「聖潔教会」だけではなく、「東亜キリスト教」として分離された「浸礼教」、「安息教」、さらに「エホバの証人」等がここに該当する。
(35) 金教臣「弔蛙」、『聖書朝鮮』第一五八号（廃刊号）、一九四二年三月、二頁。
(36) 韓国キリスト教歴史学会編『韓国キリスト教の歴史』Ⅱ改定版、基督教文社、二〇一二年、二七九頁：「朝鮮イエス教長老会総会会録」第三〇、三一回会議録、一九四一年、一九四二参照。
(37) 韓国キリスト教歴史学会編、前掲書、二七七、二八二―二八三頁参照。

（38）"Korean Union Church", Miscellaneous-Korea File, Mission File Series, United Methodist Church Archives, Madison, N.J. p.1、2—3.
（39）Ibid. p.4.
（40）金良善『韓国基督教解放一〇年史』、大韓イエス教長老会総会教育局、一九五六年、四五頁参照。
（41）一九四五年一一月平北宣川月谷洞教会での長老会平北六個老会教役者退守会で、逃避派として分類することのできる朴亨龍の主張が代表的である。
（42）金良善、前掲書、四六頁参照。
（43）韓国基督教歴史学会編『韓国基督教の歴史』Ⅲ、韓国基督教歴史研究所、二〇〇九年、八三頁。
（44）同右、八二、九六—九七頁参照。
（45）同右、八二頁の図表参照。
（46）徐正敏「分断空間の韓国長老教—喪失と記憶の向こう側」、『基督教思想』第六五六号、二〇一三年八月、二一九—二二〇頁（列王記上二五：一—一二、列王記下二五：八—一一参照）。
（47）金良善、前掲書、六三頁。
（48）韓国基督教歴史学会編、前掲書、四八—五〇頁参照。
（49）同右、四五頁：『朝鮮中央年鑑』、平壌：朝鮮中央通信社、一九五〇年、八六—八七頁参照。
（50）徐正敏、前掲論文、二二九—二三〇頁。

第八章　日本統治末期の韓国キリスト教受難史と「治安維持法」

日本統治期の韓国キリスト教の弾圧法令

日本の近代史において、近代国家としての憲法および法律の基盤成立は、一八八九年に交付された「大日本帝国憲法」に見ることができる。その中で注目される点は、信教の自由である。すなわち、大日本帝国憲法第二八条は、次のように記している。

日本臣民ハ安寧秩序ヲ妨ケス及臣民タルノ義務ニ背カサル限ニ於テ信教ノ自由ヲ有ス(1)

ところで、「信教の自由」の条項には、ある強力な条件が添えられていた。すなわち国家の「安寧秩序」を妨害しないことと、天皇の「臣民」として守らなければならない義務に反しない限りにおいてという条件である。筆者は、大日本帝国憲法の「信教の自由」の二つの事柄がのちの「社会的抑圧法」の重要な根拠になったと考える。繰り返しを恐れず述べるならば、彼らの基準として国家の「安寧秩序」を守る上での具体的法令としての「治安維持法」、そして「臣民タルノ義務」を強制する上での「不敬罪関連法」を、法に盛り込んだのだといえよう。

もちろん、日本において確立された植民地朝鮮へ拡大した近代以後の宗教関連法[2]がキリスト教を統制する方法として主に活用されたが、それ以外にも日本統治末期の韓国キリスト教弾圧にもっとも大きな影響を与えた法制として、この治安維持法と不敬罪関連法に言及せざるを得ない。治安維持法は、一九二五年五月に制定され、日本と植民地朝鮮に同じく適用され始めた法令である。しかし、一九四一年三月から、その内容はより強力な形で改定され、それこそ広範な弾圧法として施行されたのである。この法案の当初の名目は、社会主義運動を断絶する上での目的法としての性格を帯びていた。しかし、結局は社会安全に抵触すると思われる主観的な判断による不分明で曖昧な基準によって、植民地朝鮮の独立運動とその基礎となる民族主義思想を事前に排除する道具となった。それだけではなく、何かが起こる以前に、思想や信念の問題を犯罪と規定し、事前に取り締まることができるという特徴によって、特に信念と良心の問題を中心とする宗教思想の統制に用いられたのである。それは何かが起こる前に思惟のみによって、事前に予備検束され、取り調べを受ける悪名高い法令として横行したのである。安ユリムは、佐々木敏二の研究を土台に、特に一九四一年に改定された以後の治安維持法について、次のように述べている。

日本の戦時体制において宗教団体法と共にキリスト教統制の両大法令は一九四一年三月に全面改定された治安維持法（法律第五四号）であった。改定治安維持法は第七条、第八条、第九条で「国体の否定、神官、あるいは皇室の尊厳を冒涜する目的で結社を組織する者、結社の役員、集団を結成した者、その集団に参加する者、金品、あるいは財産上の利益を提供するかそれを約束した者などを処罰できる規定を新設した。それによって従来治安維持法や刑法の不敬罪関連法などによって処罰された宗教事犯について一層強力な重いものが準備されていた。現人神としての天皇の神格、天照大神の神格と配置されたキリスト教の唯一神思想、三位一体思想、天地創造説、再臨信仰などそれらに固執する少数のキリスト教派は、反国家的、反国体的なものとしてみなされ、弾圧の対象となった。(3)

結局、日本統治末期の韓国キリスト教受難史の根拠になった法令としては、直接的には私立学校令や宗教団体法と同様の宗教関連法、そして社会一般の法令としては、治安維持法と刑法の不敬罪関連法、軍国主義体制下の陸軍刑法などが適用されたのである。本章においては、「治安維持法」を中心に省察を試みる。

日本統治末期の韓国キリスト教の弾圧項目の区分

これまで韓国キリスト教史は、特に日帝末期の受難史において、この時期の弾圧の内容を「神社参拝問題」として大雑把に呼んでいる。しかし、筆者の観点においては、これよりも細分化して様々な弾圧の治罪の内容によって分析する必要があると考えている。すなわち「神社参拝強要」だけでなく「天皇崇拝強要」、「再臨信仰抑圧」などの全く異なる内容の強制的抑圧のテーマが同時に、あるいは別途に分類され、官憲の圧制を受けた事実に注目する必要がある。このような分析に依拠すれば、神社参拝強要には従順であっても、天皇崇拝についての態度や再臨信仰の有無により検束され、警察もしくは検察の調査を受けたり、獄中において苦難にあったりした者が多い。それ以外にもさまざまな内容を同時に拒否するなど、異なる内容に対しても差別的に抵抗したグループが別途に存在してきたことを確認することができる。すなわち一般的に「神社参拝問題」というが、分析すると「神社参拝強要」、「天皇崇拝強要」、「末世（再臨）信仰弾圧」に区分できる。「神社参拝強要」は朝鮮総督府が、朝鮮人に「国民意識」の涵養目標、政治的な単一共同体指向の目標が中心である。「天皇崇拝強要」には「臣民意識」の涵養目標、国家宗教による単一共同体指向と戦争遂行のための共同体建設という目的がある。それから「末世（再臨）信仰弾圧」は「帝国臣民」としての「未来共同体」、世界観、歴史観の共有指向を目標にしたと思われる。

そして何よりこのような日本統治末期のキリスト教の受難の状況は、単に国家関連による政治目的のみのキリスト教弾圧ではないと考えられる。これは、天皇制イデオロギーとして集約される国家宗教としての「天皇宗教」とキリスト教の対決であった。すなわち、「教教葛藤」（宗教と宗教の衝突）と捉えないわけにはいかないのである。

まず日本統治末期の朝鮮半島でのキリスト教に対する迫害は政治的な目的だけでの国家権力による単純な宗教弾圧ではないと思われる。特に宗教ではなく国民儀礼であるという名目で強制した「神社参拝強要」だけでなく「天皇崇拝強要」、「末世信仰弾圧」などは別の迫害項目であったし、これは「国家宗教」とキリスト教の間の葛藤を意味すると考えられる。それで研究者はこの現象を「教・教葛藤」と命名したのである。すなわち「天皇制イデオロギー」、あるいは「天皇制国家宗教」と「キリスト教」が正面衝突したテーマの一つが「末世信仰」、「再臨思想」であったと思われる。[4]

一方、受難の内容を区分することと同時に彼らが受難の内容を受け入れる韓国キリスト教の反応や対応する立場によって、次のような代替的な分類が可能である。すなわち今まで大部分の歴史記録にはこの時代、とくに朝鮮半島でのキリスト教弾圧事件を「神社参拝」問題として取り扱っていたが、神社参拝とは直接的には関係ない別の内容での弾圧事件も多数発見できるようである。日本統治末期においてさまざまなキリスト教グループの受難内容別受け入れ方の分布を簡単に分析してみると次のようになる。

〈宗派、教派による葛藤区分〉
（一）保守的な宣教部、朝鮮長老会一般：「神社参拝」反対、「天皇崇拝」容認、「末世（再臨）信仰」弱い。
（二）根本主義的な朝鮮長老会一部（戦後「再建派」）：「神社参拝」、「天皇崇拝」反対、「末世（再臨）信仰」弱い。
（三）朝鮮ホーリネス教会、東亜基督教（バプテスト界）、安息日再臨教、エホバの証人など：「神社参拝」、「天皇崇拝」容認（部分的に反対）、「末世（再臨）信仰」強い。

以上のように日本統治末期のキリスト教受難史において、もっとも強力な法律的手段の一つが「治安維持法」であったという事実に再度注目しなければならないだろう。

治安維持法適用によるキリスト教弾圧事件の代表的事例の分析――孫良源（大村良源）治安維持法被疑事件

孫良源（一九〇二―一九五〇）は、日本統治末期の韓国キリスト教受難者の中で代表的な人物である。慶南出身の長老会教役者で、全南地域のハンセン病患者のための病院と療養所である麗水の愛養院を中心に牧会をしていた。神社参拝反対などの理由により、一九四〇年に逮捕され、長い間平壌の監獄において、獄中の苦しみに耐え、解放を迎えて釈放された。一九四八年には左翼暴動と無差別鎮圧事件である「麗順反乱事件」（麗水・順天事件）において二人の息子を失い、息子を殺害した犯人を赦し、彼を養子として迎えた逸話も有名である。結局、六月二五日の朝鮮戦争当時、北朝鮮軍によって銃殺された。[5]

その尋問調書と裁判記録によれば、「孫良源事件」こそ、代表的な治安維持法違反事件であった。

被疑者である孫良源（大村良源）、上の治安維持法の違反罪の被疑事件において、昭和一五年（一九四〇）十月二二日、麗水警察署司法警察と朝鮮総督府の全羅南道の巡査金城久雄の立会いの下、被疑者に対する尋問したことを次のように記す。[6]

これは記録において三回の警察訊問調書に同じような表題によって記録されており、続いて四回目の検察訊問調書、そして公判請求書と二回の公判調書にも同じ被疑関連法によって治安維持法が明記されている。検察の訊問調書記録は次のようである。

上の者について治安維持法違反の被疑事件について、昭和一六年（一九四一）五月二四日麗水警察署において朝鮮総督府検事の依田克己、朝鮮総督府裁判所書記の彊山蒙実が列席し、検事は被疑者についての訊問を次のように行った。[7]

一方、一九四一年一〇月二八日に開かれた第一回裁判の公判記録を見ると、やはり次のように記録されている。

大村良源について治安維持法違反の被疑事件について、昭和一六年一〇月二八日午前九時光州地方法院の法廷にて、裁判長朝鮮総督府判事の渡邊彌美、朝鮮総督府判事の幸田輝治、朝鮮総督府判事の河内兼三、朝鮮総督府検事の依田克己、朝鮮総督府裁判書記の木村茂、弁護人の大原和植出頭[8]

以上の資料によれば、日本統治末期のキリスト教の代表的な受難者である孫良源に対して適用された法律は、「治安維持法」であった。では、これより訊問調書と公判記録を中心に、彼が抵触した罪責の内容に注目してみよう。まず孫良源は、警察の訊問に次のように応答している。

教育勅語といっても聖書に書かれている趣旨に合致するなら、正しいだろうが合致しないことは不義になるでしょう。天照大神は、我が国の先祖の神というが、ヤーウェの神の命令支配の采配によって、日本国に降臨したのでしょう。故に世界人類の始祖はヤーウェの神であるし、天照大神もヤーウェの神の支配下において行動してきたのである。天皇陛下は人間です。（中略）天皇もヤーウェ神から命と息、また万物、すなわち国土国民財産の日本を統治する天皇の地位及び統治する権力もヤーウェ神から受けているものです。現在、我が国（日本）の国体や私有財産制度は、イエスの初臨から再臨まで、俗にいう末世期にある暫定的仮定的制度としてのイエスが再臨されれば、すべて破壊され、消滅して無窮世界が実現するということです。天皇を現人神とすることはできません。日本帝国の天皇も不信者である理由に一般不信者のようにキリストが地上に再臨され、戦争に不信者すべてを獄中に収容、拘禁されてしまい、悪魔である日本も従来のような天皇統治制度はなくなりキリスト教国家として、変革されるでしょう。[9]

警察の尋問に応答する孫良源の陳述内容は、典型的な治安維持法の条項に抵触していたことがわかる。天皇に対する臣民としての具体的礼儀に関連づけて義務不履行とするならば、むしろ不敬罪関連法として扱われたかもしれない。しかし、前述の尋問内容を見ると、天皇の神性について否定、天照大神の神格について否定、再臨信仰の強調などをはっきりと読みとることができる。これは徹底した治安維持法適用による反国体犯として起訴されたことを示している。

孫良源を警察から送致された検察もやはりさまざまな内容について具体的な尋問を続けた。検察尋問での孫良源の応答の概要にも注目に値する部分がある。

天照大神及び歴代天皇は、神格であるがヤーウェ神ではない。したがって、その神社に対して礼拝することは、ヤーウェ神の十戒のために行うことができない。今上天皇陛下は、神ではなく、優れた存在として尊敬します。最後の審判の上に世界各国は滅亡するのであり、日本国家も滅亡するでしょう。したがって、天皇陛下も不信者であるというなら、その地位を喪失し、他の不信者とともに燃える地獄に入ることを存じています[10]。

応答の段階がより強化されたようにうかがえ、警察署よりもさらに自身の信念を強く表現したものと考えることができる。ところでこのような孫良源の立場は、徹底して信仰的次元のものであることは明確である。すなわち、朝鮮の独立だとか日帝の植民統治に対する抵抗のような民族思想に繋げることは、拡大解釈になるという点である。次の検察の陳述において、それらが明確に表れている。

問：朝鮮統治に対しては、このように考えているのか。

答：あまり不満に考えてはいません。キリスト教徒としてさまざまな苦難を受けてはいますが、これもこの時にむしろ私の信仰上のことで言えば、たとえどんな苦難が体に切迫しても、さらに信仰を厚くし試練を受けることだと信じている私としては、信仰上少しも悩ましくはありません。[11]

朝鮮統治には不満がなく、苦難自体も信仰上の試練として受け入れる姿勢が見える。したがって、ここにいわゆる治安維持法のまた異なる項目である朝鮮独立のための民族思想は、含んでいないことを確認することができる。

ついに、検察は孫良源を治安維持法により、裁判に回した。公判の請求書の核心は次のようである。

（前略）現存国家の滅亡と千年王国建設の必然性を確信する者で、この思想による我が国民の国家観念を攪乱させ、千年王国実現を待望する観念を育成させると同時に現存の秩序の混乱動揺を誘発させながら、究極的にはいわゆる「アルマゲドン」による現存秩序の崩壊によって、我が国を爲始し、世界各国家の統治組織を変革し、千年王国建設を実現することを冀求した者であれ、国体を変革させる目的を持ち（後略）[12]

結局、検察は、孫良源の信仰、思想を治安維持法の本質に対する背反、すなわち日本の国体と天皇を中心とする日本帝国の体制自体を否定する思想犯であると確信したのである。

ついに一九四一年一〇月二八日第一回公判が開始され、裁判長は孫良源の治安維持法違反事項の厳重さを承認し、傍聴人をすべて退去させ、非公開裁判として公判を進めたゆえに事実を確認することができる。そして孫良源は、検察の尋問調査と公判請求書を基に裁判長の質問について大部分是認したのである。弁護人の論弁の後、最終供述の機会も辞退し、第一次審理公判は、すべて終了したのである。[13]

そして一九四一年一一月四日第一審宣告公判の判決は次のように記録が残っている。

孫良源（大村良源）に対する治安維持法違反の被告事件について、昭和一六年（一九四一）一一月四日午前九時光州地方法院法廷において裁判長朝鮮総督府判事渡辺彌美、朝鮮総督府判事幸田輝治、朝鮮総督府判事河内兼三、朝鮮総督府検事嚴祥燮、朝鮮総督府裁判所書記木村茂が列席し、弁護人大原和植は出席しなかった。裁判長は、判決を宣告する意志を伝え、主文を朗読し、口頭でその理由の要領を述べ、判決を宣告し、またこの判決について上訴しようとする者は、上訴においては五日以内にその申請書を当裁判所に提出することを告知する。[14]

孫良源は、治安維持法の被疑の件によって一年六か月の懲役刑の実刑を宣告された。これについて二日後の一九四一年一一月一六日に上告申請書を受け付けたが、翌日の一一月一七日に上告取下書を提出し、判決を承服した。[15] しかし、その後も様々な併合事件によって、孫良源の出獄は解放以後になった。この事件がもっとも代表的な韓国キリスト教受難史における治安維持法の被疑事件として注目してよいだろう。

むすび　その他の治安維持法被疑事件

一方、孫良源の被疑事件前後の時期に韓国キリスト教には、治安維持法などさまざまな複合的法律違反が適用され、多くの弾圧が加えられた。一九三八年一二月の江原道春川警察署の常緑会事件（治安維持法）、一九四一年八月の江原道淮陽警察署で権元浩（安田元浩）の不敬罪および保安法被疑事件（不敬罪関連法、治安維持法）、一九四一年七—八月の江原道金化警察署韓楨禹（清原新庭）と朴允相（岡村茂信）の不敬罪事件（治安維持法、不敬罪関連法、陸軍刑法）、一九四二年の江原道金化警察署丁宇建（神田頌）、趙廷煥（松原廷煥）の不敬罪被疑事件（不敬罪関連法、治安維持法）、一九四一年のソウル灯台社不敬事件（治安維持法、不敬罪関連法）、一九四二年の光州金容夏ほか三名の治安維持法被疑事件、一九四二年の光州朴炳根の治安維持法被疑事件、一九四二年の光州容義（新本容義）など一五人の治安維持法被疑事件、一九四二年の大邱崔獻（福山獻）ほか五名の治安維持法被疑事件、一九四三年のソウル李相泰の治安維持法被疑事件、一九四三年の光州朴淵世（新村淵世）の治安維持法被疑事件、一九四三年の咸鏡南道咸興金基燮（金山金壽）の治安維持法被疑事件、一九四三年の釜山金斗石（金田斗石）の治安維持法被疑事件、そして一九四二年から四三年平壌の李基宣ほか二一名の治安維持法被疑事件などがキリスト教界の治安維持法による代表的な弾圧事件である[16]。

結果的に日本統治末期において、韓国キリスト教に対する弾圧事件の核心は治安維持法であった。この時代は全体的に韓国キリスト教界で二千人以上が治安維持法によって投獄され、二〇〇以上の教会が解散させられた。そして獄中による殉教をはじめ、命を落とした人々が五〇名余に上る。

その後日本統治期の治安維持法の痕跡は、分断韓国の独裁政権において、いわゆる「国家保安法」に継承された。この法律は、左右のイデオロギー対立の状況において思想の検証と治罪の根拠として使用された。なお軍事独裁政権に抵抗する民主化運動弾圧のために悪用された。このような悪法の気運は、今日においても未だに日韓において存続と復活との境界を往来しているようである。

注

(1)「日本帝国憲法」一八八九年、第二八条。

(2) 一八九〇年教育勅語、一八九九年内務省令第四一号、一八九九年勅令第三五九号私立学校令、一八九九年文部省訓令第一二号、一九〇〇年内務省令第三九号、一九〇五年内務省令第二三号、一九一一年勅令第二一八号改定私立学校令、一九二五年法律第四二号外国人土地法、一九三九年法律第七七号宗教団体法、一九四一年改定私立学校令、一九四一年大蔵省令第四六号外国人関係法、一九四一年法律第九九号敵産管理法、一九四三年教育に関する戦時非常措置方法などが宗教管理法として日本と植民地の朝鮮のキリスト教を規制する法律であった。特にその中私立学校令、宗教団体法はもっとも直接的なキリスト教弾圧法であった。安ユリム「日帝下キリスト教統制法令と朝鮮キリスト教」梨花女子大学博士論文、二〇一三年、三三〇―三三二頁。

(3) 佐々木敏二「治安維持法改悪とキリスト教会」、『キリスト教社会問題研究』一〇、一九六六年、五五―六一頁(安ユリム、前掲書、二四一頁)。

(4) 徐正敏『日韓キリスト教関係史研究』、日本キリスト教団出版局、二〇〇九年、二五四―二五五頁参照。

(5) 安ヨンジョン『愛の原子弾』(韓国語)、ソウル、聖光文化社、二〇〇九年参照。

(6)「孫良源(大村良源)の警察被疑者尋問調書」、金承台編訳、『神社参拝問題資料集』三(裁判記録 編)、ソウル:韓国基督教歴史研究所、二〇一四年、三一頁。

(7)「孫良源(大村良源)の検察被疑者尋問調書」、前掲書、四八頁。

(8)「孫良源(大村良源)の公判調書(第一回)」、前掲書、六五―六六頁。

(9) 前掲書、三三―四八頁。

(10) 前掲書、五二―六一頁。

(11) 前掲書、五七―五八頁。

(12)「孫良源(大村良源)の公判請求書」、前掲書、六三頁。

(13)「孫良源（大村良源）の公判調書（第一回）」、前掲書、六五―七〇頁参考。
(14)「孫良源（大村良源）の公判調書（第二回）」、前掲書、七〇頁。
(15)「孫良源（大村良源）の上告申請書、上告取下書」、前掲書、七一―七二頁。
(16) 前掲書、一九―六〇四頁参考。

第九章　日本プロテスタントの神学教育の歴史と現在

——韓国との比較の観点から——

日本のキリスト教は弱いといわれる。教会数、信徒数、教会規模、人口に占めるクリスチャンの比率などによると確かにその通りかも知れない。これを受けて、韓国教会は日本に対して伝道の使命があるとは常に言われており、実際にかなり多くの韓国人宣教師が日本に派遣されて活動している。特に韓国プロテスタントの多数の各教会、あるいは宣教団体などがいわゆる長、短期宣教プログラムとして日本伝道の活動を実行している。その中で、韓国クリスチャンたちが日本のキリスト教の数的側面だけをみてさげすむ言動をすることも時々ある。たまさかには日本の政治的な問題や歴史認識の問題、さらには大震災などの自然災害までキリスト教の宣教成果と関連づけているという話が聞こえるときもある。そのような韓国クリスチャンたちが日本のキリスト教の歴史と現在を正確に理解して、判断しているかは疑問であると思う。キリスト教は決して統計や世俗的パワーだけではかるものではなく、その成功を判断する類のものでもない。それはキリスト教、あるいは宗教というものが何であるかについて少しでも深く考えればすぐわかるだろう。

これとは別に、時には日本のキリスト教に対する前述のあまりよくない評価に扇動されて、韓国の神学者の中にも日本に本当の意味の神学研究の伝統があるか、神学者たちの研究活動や神学教育のシステムが成熟しているかを疑問視する誤解を持っている人もいる。かなり昔の話だが、筆者が韓国から日本留学を決心したとき、周りの人々の多数が反対した。キリスト教先進国である韓国から日本に神学を研究する留学をすることはあり得ないという意見が大部分であった。一部の人からは、筆者の専門がアジアキリスト教の歴史、すなわち歴史神学であることで、日本では歴史資料の調査と確認をしてすぐ韓国に戻るようにするか、あるいは本当に神学の留学を目指すならやはりアメリカやヨーロッパの方がよいのではないかというアドバイスもあった。しかし、筆者が日本で研究を始めた後、そのような考えの大部分は誤解であることがよりはっきりわかるようになった。筆者自身も日本の神学や神学教育に対する認識不足を告白しなければならなかったし、多くの面において先入観を修正するようになった。結論からいうと、日韓の神学のレベルを簡単に比較してどちらが優位であるというのは無理かもしれないが、日本の神学はたいへん豊かであるし、多様性もあると評価できる。神学者の数と諸領域での活動、神学研究の成果の量、研究のレベル、何よりも神学研究の環境と研究インフラにおいて世界水準であることは明確である。

本章では、軽いスケッチになるかもしれないが、筆者の経験と理解をベースにして日本の神学、特に神学教育の歴史と現在の一面を整理したい。

一、日本プロテスタント神学の始まる段階

カトリックでもプロテスタントでも日本のキリスト教受容の時期は韓国と比べてかなり早い時期であった。カトリックのイエズス会による近代宣教は中国より日本が先行する。一五四九年八月一五日イエズス会のフランシスコ・ザビエル（Franciscode Xavier）が九州の鹿児島に到着したことにより日本宣教の基点にするので、日本に

おける宣教の開始は韓国より二〇〇年以上前である。短い期間でカトリックの教勢が拡張されたが、その後政治的な理由でカトリック弾圧時代になって多くの殉教者が出た。一部はいわゆる「隠れキリシタン」というグループになって地下に潜伏した。以降の日本では数百年間キリスト教は禁教であった。鎖国と禁教の時代となった一六三九年以来、西欧勢力としてはオランダの船舶だけ入港が許されて、長崎の出島で貿易取引があったこと以外には、キリスト教をはじめ西欧文物との接触は一切禁止であった。

しかし近代以後日本も門戸開放の波高を防ぎとめることはできなかった。一八五三年のいわゆる「安政条約」で鎖国に終止符が打たれ、キリスト教に対する禁教政策も少しずつ解消されていった。

そうではあるが、明治維新の勢力を中心にする日本近代化推進グループの大多数のリーダーには、キリスト教は相変わらず警戒の対象として注視しなければならないものであった。キリスト教をはじめとする宗教政策こそが近代日本の対外戦略であり、国内の国民統合のキーポイントだったのである。筆者はこの時代以降の日本近代の歴史を「キリスト教コンプレックス」からも読めると思う。まず彼らは近代日本の目標を「脱亜入欧」に見定めた。すなわちアジアから出て、あるいはアジアを乗り越えて西欧化を目指すという意味である。このような近代化政策によって、驚異的な速度で日本は西欧をモデルとして近代化を進めていった。しかしながらやはりここでもっとも大きな問題になるのは西欧文明の根本であるキリスト教をどうするかということである。すでに日本はキリシタン弾圧の時代より、政治、外交の面から西欧諸国を警戒しなければならなかったし、キリスト教を禁止することが西欧勢力の侵略から国を守ることであると信じていた。半強制的な開国以降、西欧諸国の強圧によってキリスト教の宣教の自由は許容したが、依然としてキリスト教は危険なものと見て、キリスト教が日本において蔓延すると結果的に日本は西欧の精神的、実際的支配を受けると恐れていたのである。このような日本近代の指導者たちの考え方の中に日本近代史の「キリスト教コンプレックス」を見出すことができると思う。そしてそのような次第で近代日本のリーダーたちが決定した二番目の目標が「和魂洋才」であった。すなわち近代日本が採用したのは、その魂と精神としては日本固有のものを取って、西欧からは実際的な技術やシステムだけを受け入れるという政策であった。これはすなわち対外的な宣言、あるいは近代的な法律や政策としてはキリスト教の信仰、宣教の自由を許すが、社会的な認識、隠微な価値観の圧力としてはそのままキリスト教に対するネガティブな雰囲気を維持するという意図であると思われる。これを基点として長い間、日本の政治、社会の主流勢力とキリスト教との間には対立、葛藤、相互包摂の歴史が続けられた。

このような全体的な環境が日本のキリスト教、特に近代化プロセスと同時に受容されたプロテスタントの宣教には大きな障壁になった。そのようななかでキリスト教を受け入れたクリスチャンはずっとマイノリティーであったといえる。

しかしこのような状況が逆に日本キリスト教の受容者たちのキリスト教に対する弁証力を向上させた。すなわち日本で活動した宣教師たち、あるいは初期の日本人クリスチャンリーダーは日本の歴史的、社会的な特異性の中でキリスト教の持つポジティブな役割について積極的に説得しなければならない動機を持っていたのである。それが真剣に神学的談論を論議しなければならない契機になったと思われる。もちろんこのようなプロセスの中で、一部の神学者たちはあまりに度を越す「日本的神学」に陥没して、キリスト教の伝統的思想からみれば変形された神学思想を主張する過ちがあったことも事実である。このような状況と展開を心配して、キリスト教の正統と本質が失われる可能性を警戒する指導者の主張もあった。日本キリスト教の初期の代表的神学者であり、日本の神学教育の第一世代の人物の一人である植村正久は、次のように自分自身の見解を述べている。

基督教の特質たる真理を宣揚し、其の固有なる道徳を発揮するは伝道者の急務なり。否は時勢の必要に応じ、日本の社会を救はんと欲すれば、之を措きて他に其の道無きなり。
此の千古の福音、此の陳套の福音は日本を救ふべき神の能力なり。[1]

植村正久の言及から、初期日本の神学環境を十分推察できるだろう。キリスト教に対する排除の流れの中でもキリスト教固有の伝承を弁証していこうとしたクリスチャンリーダーたちの努力の一面がみえる。しかし日本近代は、帝国主義、軍国主義、戦争をますます指向し、特にすべての宗教を超越する「近代天皇制イデオロギー」の強制下に置き、この下に置かれた日本神学の挫折と浮沈は特別なものであった。それからこの時代に一部の神学者たちが、みずからキリスト教神学の変形、あるいは変則の道を歩んだ汚点も看過できないことであろう。

日本の第一世代神学者の一人、植村正久

二、プロテスタントにおいて「教会」より「神学」が発展した背景

第一は、日本プロテスタントの初期の受容階層は、当時の政治状況において主導的なヘゲモニーの獲得に失敗した没落武士の知識人が大部分であったという点である。近代化のプロセスで日本はいわゆる「尊王派」と「幕府派」との間に激しい対立と戦争があった。すなわち天皇の身代わりに全権を振りかざした将軍体制を維持して継続的に政治ヘゲモニーを持つことを目

標する「幕府派」と、天皇を前面に立たせて強力な中央集権的王権統治を目指す「尊皇派」との対立であった。結局何回かの内戦と局地的な戦闘を経て、天皇中心のグループが勝利した。これは反対に「幕府派」を支持する多数の旧政治権力、すなわち幕府派武士グループの没落を意味した。しかし没落した武士勢力はいつか自分たちも政治の中心に復帰するという願いを持っていたのである。ところでこの没落した幕府派武士たちの中の一部は、日本の未来の方向はやはり欧米化、近代化の進路であると予想していた。そしてこのような西欧化の一番重要なベースはキリスト教であると判断した。自分たちの政治的な立場を克服して日本の近代化のプロセスで新たな役割を創出するためには、西欧文明の土台であるキリスト教を先見的に受け入れる必要があると考えたのである。

しかしながら彼らの意図は前述したように、近代日本のリーダーたちの二番目の目標、「和魂洋才」によってつぶされてしまった。すなわちキリスト教を誰よりも先に受容することによって近代化プロセスの主軸になりたかった彼らの計画は失敗したのである。結果的に相変わらずキリスト教を排除して、日本の伝統的価値で近代日本の精神的基盤を立てると決めた集権勢力の進路設定によって、彼らの計画は瓦解した。しかし、このような背景の中で各地域の知識人階層、地域の中心勢力のエリートたちがキリスト教を受け入れるという特徴があった。これは宣教初期より民衆階層の多数が宗教心を持って信仰を受け入れてそれが社会基層に根づいたカトリックとは対照的である。すなわち広くみれば、知識人の有力者たちによるキリスト教受容は、キリスト教をできるだけ思想的、認識体系的な側面から解釈しようという傾向をみせて、それはそのまま日本のプロテスタント神学の展開と発展のベースになったと言える。

第二は、天皇制イデオロギー、あるいは国粋主義との対決、排除、包摂の過程においてポジティブな面であってもネガティブな面であっても、日本の神学には持続的な課題が創出されたと思われる。そのような事情が日本神学に浮沈をもたらしながらも、その展開と発展の逆説的な土台になったとも言えるだろう。

「彼らの前で神を否んではならぬ。」そう決心した時彼の番がやって来た。彼はつかつか壇の上に登つて行つて勅語の前に行き、そのままくるりと後をむいて降りて来た。壇上で立ち止つた時、いくぶん頭を下げたように見えたが、それは決して普通の場合の敬礼ではなく、もちろん最敬礼ではなかつた。(2)

一八九一年一月九日東京第一高等中学校で開かれた天皇の「教育勅語」に対する奉拝式において、当時この学校の教員であり、クリスチャンである内村鑑三がそこに最敬礼をしなかった。いわゆる「内村鑑三不敬事件」である。この事件は日本の近代天皇制イデオロギーとキリスト教とが全面対決の状態に入る最初の歴史的起点であると思われる。日本近代化の主軸になる思想家、論争家たちがそれこそ蜂の群れのように立ち上がった。東京帝国大学の井上哲次郎がその代表的な人物であった。彼は「教育と宗教の衝突」という観点からキリスト教を批判した。彼は「内村鑑三不敬事件」を一つのシンボル的な事件として、結局日本の近代「国体」と「キリスト教」とは両立できない価値と信念であると強調している。すなわち天皇制イデオロギーを基軸にする近代日本の精神的価値と相反するキリスト教の信徒たちは日本の国家社会の立場からみると「非国民」であるという論理である。この事件によって内村鑑三個人が苦境に立たされたのはもちろん、キリスト教はこのような社会的環境において現実的にどのような進路を設定すべきかに対する論議を継続しなければならなかった。当時大部分の日本キリスト教のリーダーたちは、これに抵抗して苦難の道を選択するよりは国家社会に適応する相互理解の方法を模索することに没頭した。このプロセスは、ポジティブか、ネガティブかの評価とは別にキリスト教の神学的な課題であろう。不敬事件の当事者である内村鑑三もいわゆる「日本的神学」の一つの軸を開拓するようになったのである。内村は「二つのJ論」、すなわちイエス（Jesus）と日本（Japan）を連動、連合させる神学的探求を進め、これは最も説得力がある「土着神学」の展開であった。もちろんこのような「日本的神学運動」が「ファシズム」

末期においてキリスト教の基本的なアイデンティティまで喪失する一部の極端な変形論理を展開したため、後年大きな批判に直面したこともある。しかし全体的にこのような日本の近代国家の社会状況、その文脈から生まれた「日本的神学」が日本プロテスタント神学の発展において大きなベースになったのは事実である。

第三は、日本プロテスタント宣教の教育中心の方法論によって、キリスト教の学問、アカデミズム、いわゆる「キリスト教主義」が発展したことである。筆者は中国、韓国のプロテスタントの宣教方式の模型を「トライアングル・メソッド」（Triangle Method）と表現する。すなわち「宣教ステーション」（Mission Station）に学校、病院、教会の三つの拠点をセットにして宣教を進行する方法を意味する。特にアメリカ・プロテスタントの韓国宣教にはこの方式が例外なく展開され、かなり大きな成果があったといえる。中国の場合も大きな変わりはなくこの方式が適用された。しかし、同じ東アジアの宣教地域圏であり、同じ宣教派の活動地である日本の場合は全く別の「ツーポイント・メソッド」（Two Point Method）であった。これは一つの宣教コンパウンド（Compound）の中に学校と教会だけの設立を推進する方式である。このような方法は宣教政策によるものと言うよりは日本の状況によるものであったと思う。すなわち日本に到着した医療宣教師たちも最初は診療所を設置して、医療宣教を目標に活動したし、最終的には韓国と中国のように宣教病院や医科大学の設立も目指していたかもしれない。これは東アジアで活動してきたアメリカ・プロテスタント宣教教派に共通する宣教方法論であることだろう。しかし近代日本は、国家が主導した近代化プロセスが早急に進んで、社会全体

1891年「不敬事件」の主人公の内村鑑三

にわたって近代的システムが構築されていった。その中で近代医療体系は全国的に国家主導の方式を取った。最近「東アジア近現代史とキリスト教」をテーマに開催した国際シンポジウム[3]で渡辺祐子は次のように近代日本のキリスト教宣教環境を説明した。

近代医療の導入は明治政府によって積極的に行われた。もちろん日本で最初に近代的な医療を実践したのは、宣教医である。言うまでもなく我が明治学院の初代学長ヘボンこそその人だ。しかし宣教医が活躍する余地は、明治以後急速に少なくなり、国家事業によって代わられた。明治期に設立されたキリスト教学校で戦後大学になったところに未だに医学部がないことはその証左である。[4]これは医療宣教、あるいは宣教病院の不在による宣教成果の低下の側面もあるが、宣教師たちの力が学校設立や教育面に集中するという特徴があった。

次に論及するが、筆者が在職している日本最古のキリスト教主義大学である明治学院大学設立者も、実は初めは医療宣教を指向した医療宣教師のヘボン（James Curtis Hepburn）である。彼は宣教病院設立の目標を持っていたが、日本の状況により、神学教育、リベラル・アーツ（Liberal Arts）教育、そしてキリスト教文書の発行の部門に転換した。これは自然に教育中心の宣教、学問的なキリスト教の展開に大きく寄与する基盤になったと思われる。現在も日本のキリスト教会に活気がなく、教勢が低下していることを前提に日本のキリスト教を見る人々は、日本の私立幼稚園、小中高、大学教育機関の半分近くがキリスト教系の法人であることに驚いている。

もう一つ、特に韓国では聞き慣れない現象が日本の神学、神学教育、キリスト教教育の現場には存在する。すなわち「キリスト教主義」という概念である。これは、宗教信仰としてのキリスト教だけではなく、思想体系、あるいはイデオロギーとしてのキリスト教を意味する。実際、日本の大部分のキリスト教系の学校を称するとき「キリスト教主義大学、学校」という用語を公式に使用している。その言葉の意味を文字通りに考えると、キリスト教の思想、価値、精神をベースにして教育を実施する学校であるという意味である。各キリスト教主義学校に在籍する教員、職員、そして学生とその保証人の立場を分析すると、より一層明確な理解が可能である。すなわちキリスト教主義学校で直接的に教育を担当する教師、教育行政や事務を担当する職員のクリスチャン比率は一〇%にも絶対に足りない状態である。さらに、その学校を選択して入学する学生や保証人のクリスチャン比率は一%未満であり、これは日本全体のクリスチャン比率にそのまま相当する。しかしキリスト教主義学校の関係者の共通点は、彼らの多数がキリスト教主義に賛同することである。たとえ宗教信仰としてのキリスト教は受け入れないとしても、思想、イデオロギー、価値規準としてのキリスト教に対しては絶対的にポジティブな同意を持っている構成員が中心になるのがキリスト教主義学校の大部分の実状である。このような特徴に対する評価は多方面から可能であるし、また、次に言及する日本のキリスト教、日本の神学の消極的な側面、すなわち少し批判的にいえば日本のキリスト教の弱さとも関係している部分であるかもしれない。しかし逆にいえば、このようなキリスト教主義の強力な布陣がキリスト教信仰の核心の周辺に位置していることは、この部分に日本の神学の発展可能な領域があるとも言え、これが日本のキリスト教の特徴でもある。

第四は、早い時期から発展してきた日本の「神学インフラ（infrastructure）」の強力な底辺、そのベースを考えなければならない。かなり以前の筆者の経験をもとに言うが、筆者は韓国でも神学の専門的な教育を受けたことがあるし、日本に留学した後も神学専門コースに参加して勉強した経験がある。その中で、日韓両国でアウグスティヌス（Aurelius Augustinus）の著作を読みながら研鑽するクラスに属して勉強したことがある。韓国のコースでは、英文に翻訳されたアウグスティヌスの著作を読んで要約しながら、その内容を理解する方法で訓練を受けた。そのとき担当教授が口癖のように言ったことは、我々が読んでいるテキストは韓国語にも翻訳されているが、それは完全に間違っていて、とんでもない翻訳書なので、それは絶対に参考にしてはいけないという警告であった（もちろんそれはだいぶ昔のことで、その後、現在はアウグスティヌスの著作の素晴らしい韓国語翻訳書も発行されているはずと信じている)。実際、そのとき英文テキストの難解部分を理解する助けになると思い、たまに「カンニング」する気持ちでハングル翻訳書をちらっと横目で追ったこともあった。しかし英語の実力は不足な筆者がみても、難渋な文章に訳され、意味の混同があり、特に本来の意味とは全く合わない翻訳表現が多かったと思う。何よりもその翻訳書の文章は粗悪で、決して韓国語の文章ではないということを感じた記憶が強い。しかし日本の大学でのアウグスティヌスのコースは、最初から日本語文翻訳本をテキストにして、担当教授と一緒に日本語でその内容の意味を把握しながら読んでいた。もちろんその英文とドイツ語バージョンだけではなく、アウグスティヌスの著作の原文まで検討した教授は、自信満々に日本語文の翻訳本を信頼して講義を続けていたのである。時々は日本語文の翻訳本がほかのどんなバージョンより原文の意味に忠実であるし、むしろもっとその意味を分かるように表現されていると賞揚を惜しまなかった。その後も、キリスト教古典の日本語文翻訳本に対する、筆者の信頼は持続していたし、それは今も変わらない。我々アジアの研究者には、西洋古典の原文、あるいは西欧言語のバージョンで古典を読むことによって時間と努力を空費するより、日本語文翻訳本を推薦したいと思う。それがより正確な内容理解のために有益な方法であると考えている。特に東洋的な論理と意識構造を持っている我々には、日本語文翻訳本のほうが思考転移のプロセスにおいてもより親近感があると思う。早い時期から日本は中国と共にキリスト教の言葉の概念、原理を漢字に翻訳してきた。現在、日中韓で使用している神学用語や教会用語の中には日本で翻訳された用語も数え切れないほどに多い。そして何より、日本の神学研究の伝統には、一つの古典シリーズの翻訳に神学者、あるいは古典語研究者の一生をかけるケースが一度や二度でなく、存在すると思う。そして、そのような翻訳作業も、新しい研究テーマに関する論文や著書以上の評価を受ける伝統がある。学者の中には自分が満足するレベルの翻訳書の刊行のため数年、あるいは数十年の時間を費やすケースも少なくはない。そのような成果をそのまま尊重する神学的な了解は、神学発展において何よりも貴重な神学インフラの構築に大きな基盤になると思う。

それ以外にも、キリスト教神学研究の多様な分野より派生する具体的なテーマ別の学会、研究会の組織、活発な個別的な研究活動、共同研究、プロジェクトの多様性も特記しなければならないだろう。神学史、神学者に関する研究も洋の東西の人物を区分しないでその個人を研究する共同学会、研究会の組織と活動もすべて神学研究の環境を豊かにする神学インフラであると思う。それだけではなく出版文化、全集編纂、多様な形態の資料集刊行の伝統とその成果、各大学の図書館、公共図書館、資料アーカイブ（archive）の先進的システムと神学分野に対する配慮や関心など、その歴史と文化の基層の成熟ぶりの側面からみると、アジアでは競争相手がないほどであろう。このような事実も日本神学の背景と力量を堅固にする要素である。

三、代表的な日本の神学教育機関の歴史スケッチ

日本での宣教事業を開拓したプロテスタント・長老派の宣教師たちは、それぞれの宣教会を一つにして教団組織を設立する一方、合同で神学教育機関の設立も目指していた。「アメリカ長老教会」、「アメリカ・オランダ改革教会」、「スコットランド一致長老教会」が、宣教開始直後にこの計画に加わった。彼らは一八七七年、「日本基督一致教会」を設立したのである。

教会組織の設立は、そのまま教役者養成のための神学教育機関の設立に繋がっていくものである。そして同年六月二二日、この三つの宣教会合同の教育委員会が組織されて、ついに一〇月七日「東京一致神学校」が開校した。この学校は従来のアメリ長老教会神学教育コースをベースにしたものである。開校当時の学生数は三〇名であった。アメリカ長老教会よりインブリー（William Imbrie）、アメリカ・オランダ改革教会よりアメルマン（James

Lansing Amerman）、スコットランド一致長老教会よりマクラーレン（Samuel McLaren）などが専任教授として加わった。「東京一致神学校」は、本格的なプロテスタント神学教育機関の設立としては日本最初の神学校であった。この神学校はこの後、明治学院大学の前身で一八六三年設立、運営されていた「ヘボン塾」（以後一致英和学校）、「英和予備学校」などと統合して、一八八七年には日本最初であり、最大規模のキリスト教界の高等教育機関になる「明治学院」として再開校するのである。このプロセスで「東京一致神学校」は、「明治学院神学部」として改編された。以後、「明治学院神学部」は日本のプロテスタント・長老派の神学教育の主軸として教役者養成と神学研究の中心的役割を果たしてきた。「東京一致神学校」と「明治学院神学部」出身の代表的な初期の神学者としては、井深梶之助、植村正久、その後の著名な牧会者、あるいは日本のキリスト教界の指導者としては賀川豊彦、富田満らを挙げることができる。

東京一致神学校（横浜開港資料館所蔵）

しかし「明治学院神学部」の歴史も、内外において順風満帆な歩みではなかった。まず内部には神学的な立場の違いを原因とした葛藤が起こったのである。この結果、一九〇四年に、「明治学院神学部」の教授であった植村正久らが別の神学校として「東京神学社」を設立して、「明治学院神学部」は分裂した。当時の「明治学院神学部」には、上記の長老会ミッション以外に「アメリカ南長老会ミッション」も参加して神学教育に協力していた。その中で、宣教師たちの神学的な立場、特に保守的な神学傾向を持っていた主にアメリカ南長老会の宣教師たちと日本人神学者たちとの間で、神学的な見解の差異によって緊張関係が生じたのである。その中でも、「アメリカ南長老教会」の宣教師で明治学院神学部の教授であったフルトン（Samuel Peter Fulton）と植村正久教授との間で、神学教科書の問題などで大きな見解の相違があった。結果として植村正久教授は一九〇三年教授職を辞任して、その翌年に「東京神学社」を開校したのである。これは「明治学院神学部」が経験した第一回目の分立受難の事件であるし、日本の初期の神学教育の過程には大きな衝撃であったかもしれない。しかし一方から見ると、日本人神学者たちの神学的アイデンティティーが明確になり、自分たちの神学的な見解と宣教師たちのそれとが異なるのであれば、宣教師たちとは別の神学校、別の神学グループを作って独立することができるぐらいの独立心、実力をみせた事件でもあったと思われる。これを見ると、この時期の日本の神学者たちの神学的自己尊重意識（self-esteem）が一段階上がったことと思う。

さらに、「明治学院神学部」の内部的受難はこれだけではなかった。すでに日本人教授の植村正久と対立する関係にあったアメリカ南長老会の宣教師フルトンは、いわゆる自由主義神学の特徴を持った教科書の使用を主張する勢力に対する不満を表明した後、結局自分と自分が所属している宣教会が明治学院神学部に協力することを拒否した。そして独自の神学校設立を目指した。すなわち、すでに植村正久の「東京神学社」グループが学校を離脱していたにもかかわらず、フルトンのグループも一九〇六年「明治学院神学部」を離れた。彼らは一九〇七年、関西に「神戸神学校」を設立したのである。「明治学院神学部」はこのように二回続けて葛藤、分立の受難を経験しなければならなかった。

このような歴史を神学的なスペクトルからみると、「明治学院神学部」は「左右」の真ん中に位置しており、相対的進歩のグループが「東京神学社」に分離し、その反対側の保守グループが「神戸神学校」として分立したのである。これは、日本にプロテスタント神学が伝えられて以後、日本の神学者たちの独自的な視点が具体化して神学研究と神学教育において宣教師たちと対立した事件でもあるし、また同じ長老派の宣教会や宣教師グループの内部でも神学的な傾向性によって神学教育の方向性に相違が発生した起点でもある。いずれにせよ「明治学院神学部」が神学研究と神学教育を展開していく過程において、神学的立場の相違が発生して、「明治学院神学部」、「東京神学社」、「神戸神学校」に三分される結果になったのである。

それにもかかわらず「明治学院神学部」は、近代日本のプロテスタント教会における最大教派であった「日本基督教会」の中心的神学教育機関としてはもちろんのこと、日本神学の全体的なバランスをコントロールする役割を忠実に果たしていたと思われる。しかし、その「明治学院神学部」に時代の変革の波が押し寄せてきた。一九二〇―三〇年代以降、日本のプロテスタント教会とその神学教育が直面させられた課題は、欧米伝承の教派主義を克服してなるべく日本的な教会・神学を構築することであった。政府の宗教政策も大きな圧力となった。ついに一九三〇年、「明治学院神学部」、すでに明治学院神学部から分離していた「東京神学社」、仙台の「東北学院神学部」が廃止されて、「日本神学校」に合同したのである。「日本神学校」は、長老派、改革派の合同神学教育機関としてスタートしたのであるが、「ファシズム」時代の絶頂期になって、宗教団体法によりすべてのプロテスタント教派の強制的な合同、すなわち「日本基督教団」の設立がなされた後は、超教派の神学教育機関として再編された。これが現在の「東京神学大学」の前身である。すなわち「日本神学校」より「東京神学大学」が生まれたのである。こうして日本最初のプロテスタント神学教育機関として設立された「明治学院神学部」は、一九三〇年

明治学院神学部の校舎、現在は明治学院大学白金キャンパスの歴史記念館

の「日本神学校」の設立によってその持続的な歴史が中断されて、その伝統は「日本神学校」、次は「東京神学大学」に継承されたのである。[5]

もちろんそれ以降にも、キリスト教主義に基づく一般高等教育機関としての明治学院大学の教育事業は持続された。一九六六年、明治学院大学の中にユニバーシティー研究所として「キリスト教研究所」が設置されたことは特筆すべきである。この研究所は設立以後、神学研究者たちに対する支援、研究プロジェクトの遂行など活発な活動を継続してきた。この研究所の設立過程とその後の活動の中で持続的に提議された目標の一つは、日本の神学教育においてパイオニア的な役割を伝統的に担ってきた「明治学院神学部」の伝統、すなわち神学教育の使命を再開することであった。しかし様々な問題があり、神学教育機関の再設立や関連学科、コースの開設は難しい状態であった。[6]

しかし、二〇一七年春学期より「明治学院大学キリスト教研究所」は特別研究コースとして「アジア神学セミナー」というディプロマ（diploma）コースを開講した。

「アジア神学セミナー」は、神学研究者はもちろん、現役の牧会者をはじめキリスト教系機関に奉職する者、教師、平信徒などを対象に、「アジア神学」をテーマとして毎週二コマ連続の講義を春学期と秋学期を通して年に二〇回実施している。このコースは「アジア神学」をテーマにする神学専門プログラムとしては日本最初のコースである。明治学院大学の神学部が廃止されてから八七年ぶりに、部分的な形態ではあるが、神学教育プログラ

明治学院大学キリスト教研究所主催の「アジア神学セミナー」第一期の終講セミナー、担当教授：徐正敏、2017年12月11日

ムが再開されたのである。第一期には定員は一〇名程度のコースを計画したが、結果的には二〇名以上がセミナーを受講して、コースを修了したのである。さらに二〇一八年には第二期として一五名以上が履修した。「アジア神学」を掲げるセミナーの開講を記念して、二〇一七年一一月一八日には「アジア神学セミナー開講記念国際シンポジウム」が開催された。テーマは「東アジアの近現代史とキリスト教」で、明治学院大学キリスト教研究所が主催、中国上海大学宗教社会研究センターと韓国中央大学中央史学研究所が協力、日中韓の多数の研究者が発表と討論に参加した[7]。

「アジア神学セミナー」開講記念国際シンポジウム、2017年11月18日、明治学院大学白金キャンパス本館10階大会議室

四、同志社大学神学部とその他の神学教育機関

一八七五年一一月二九日、京都に「同志社英学校」が設立された。創設者は、「アメリカの会衆派教会」で受洗し、アメリカで神学教育を受け、アメリカン・ボードの宣教師補として日本に派遣された新島襄であった。新島襄の教育目標は、神学、政治学、文学、自然科学といった学問の探求と、キリスト教精神に基づく人格教育であった。同志社は、「アメリカの会衆派教会」の日本での宣教活動とも直結され、日本組合基督教会の教職者養成機関の役割も担っていた。設立期の同志社には、日本プロテスタントの代表的な受容グループの一つであった「熊本バンド」出身のクリスチャン青年たちが多数入学することで、日本の代表的な神学教育機関として発展していった。当時の日本にお

ける同志社の評価をみると、日本の近代教育過程において、慶応義塾の福沢諭吉は西欧文明の物質的知識、技術などを受容したのに対し、同志社の新島襄はその精神、内面を受け入れて発展させたと評されている[8]。これはすなわちキリスト教主義をその教育の根本に置いた同志社の特徴を明確に分析した評論であると思われる。

同志社設立者 新島襄

明治期の日本においてキリスト教を受容することは、国家社会と対立することでもあった。同志社も例外ではなかった。新島襄が一八七五年一一月に同志社設立申請の際に、京都府は「聖書を一切教えず」との書類の提出を求めた。それ以後も、同志社の神学教育、キリスト教主義教育の理念と日本の国策との間には葛藤が続いた。これについて『同志社五十年史』は次のように記している。

歐化主義の後に来つた思想は國粋保存、日本主義で所謂排外思想であった。其時代に最も顕著であった事跡は、宗教と教育の衝突で、之が為に直接損害を受けたのは基督教主義学校や、ミッション・スクールであった（中略）教育勅語が下賜せらると共に、凡で学校に於ては之を以て徳育の基礎と為し、（中略）之が為に基督教主義の学校の最も大なる打撃を受けるに至つた。彼の井上哲次郎博士が『宗教と教育の衝突』なる書を著はして、基督教を攻撃したのは此頃の事で、我國の人心に大いなる影響を及ぼした[9]。

このように「内村鑑三不敬事件」当時の同志社の受難を伝えている。その後も「日本主義」と「キリスト教主義」とはしばしば衝突した。一九三七年にチャペル襲撃事件がおこるなど、キリスト教といわゆる「国体」との衝突事件が発生した。一方、同志社の普通教育コースが認可されるとき、聖書を含めキリスト教教育が制限されたことはすでに言及した。これを受けて新島襄ら同志社設立者たちは、伝道者養成のための神学教育の課程を普通教育課程とは別に設置することを考えた。同志社に設置された正規の神学コースは一八八〇年九月開設の「速成神学科」であり、このコースの科目には、「天然神学」、「イエス教の証拠」、「神理学」、「説教法」、「唱歌」、「福音書」、「書簡」、「旧約史講義」などがあった。その後四年制の神学専門科が開設され、一八八九年には「同志社神学校」として独立した。それ以降には大学令によって同志社大学文学部に所属する神学科として設置された時期もあった。戦後一九四七年に「同志社大学神学部は学部」として改編された。こうした変遷をたどった「同志社神学」は、日本の「ファシズム」末期に「日本的神学」の本山として戦争協力、植民地政策に積極的に参与した歴史も有している。

しかし一方では、日本で最も進歩的な神学グループとして、特に戦後日韓神学の交流、韓国の民衆神学、土着化神学との交流において大きな役割を果たした。何よりも韓国の民衆神学の唱道者の徐南同、土着化神学の巨頭尹聖範が戦前同志社神学部に留学したことは特記しなければならないだろう。同志社大学神学部は現在も日本の神学研究と教育の中心であるし、多数の韓国

同志社大学、京都今出川キャンパス

留学生の在学を含め日韓神学交流の主軸であろう[10]。

ほかにも日本では早い時期から多様な教派の神学校、神学教育機関が設立され、長い伝統を持って、神学研究者、牧会者を養成してきた。メソジストの代表的な神学教育機関としては、東京の「青山学院大学」、関西の「関西学院大学」などがある。そして聖公会の「立教大学」、戦後設立されたプロテスタント連合の「国際基督教大学」（ＩＣＵ）、カトリックの「上智大学」なども日本の私立大学の中で有力な大学であるし、神学教育、日韓の神学交流にも大きな役割を果たしている。その他に、一部の神学者は国公立大学、あるいはキリスト教主義ではない私立大学に所属して、教育研究に従事している。それから「日本キリスト教団」の認可神学校として「日本聖書神学校」、「農村伝道神学校」などが運営されているし、他のプロテスタントの各教派も自派所属の教役者の養成のため神学校を設立、運営している。

五、戦前日本の神学教育機関で留学した代表的な韓国人

戦前、韓国の神学界には日本の神学校に留学した経験がある人脈が一つの流れを形成した。当時彼らが神学界、教育界、一般社会に大きな影響力を持っていたことが確認できる。ここでは、簡単なスケッチであるが、各神学校別に代表的な韓国人留学生を挙げてみたい。

「明治学院神学部」に留学した崔泰瑢（韓国福音教会創立者）、尹仁駒（神学者、延世大学総長、釜山大学総長歴任）、池東植（神学者、延世大学神科大学教授歴任）、金相敦（政治家、民主化運動家、ソウル特別市長歴任）、姜元龍（明学英文科出身、クリスチャンアカデミー院長、ＷＣＣ中央委員歴任）らは、韓国のキリスト教界屈指の指導者といえるだろう。「青山学院神学部」には、金在俊（神学者、韓国キリスト教長老会創立者、民主化運動家）、宋昌根（神学者、

韓国神学大学創設者）などが留学したが、彼らは韓国進歩神学の草創期の指導者たちである。「同志社大学神学部」には、韓国民衆神学の中心神学者である徐南同、韓国土着神学の代表者である尹聖範が留学した。「関西学院神学部」には、金春培、金英珠などが留学したが、彼らは一九三〇年代韓国教会の進歩神学事件の中心となった。戦後、長期にわたって延世大学総長を務めた朴大善も「関西学院大学神学部」出身である。そして「ファシズム」時代に教派統合の「日本神学校」に改編された時期の留学生としては、全景淵（神学者、韓国神学大学教授歴任）、文相熙（神学者、延世大学神科大学教授歴任）、全澤鳧（ＹＭＣＡ運動家）、文益煥（神学者、民主化と南北統一運動家）、金観錫（民主化運動家、エキュメニカル指導者）などが挙げられるが、戦後彼らは韓国のキリスト教界だけではなくて社会全般で活躍した。一方、日本神学界における保守神学の「本山」である「神戸改革神学校」にも多数の韓国人留学生が修学したが、彼らはやはり韓国でも保守神学界において活躍したのである。

六、日本の神学、神学教育の特徴と課題

日本の神学は、人文学化した神学が主流であると思う。従って多くの神学者たちが神学、あるいはキリスト教学を西洋哲学や、宗教学の一部として研究しながらその成果を発表する傾向がある。このような環境では「ノン・クリスチャン神学者」の存在も指摘されている。これは日本の「キリスト教主義」の思潮とも関連があると思う。これによって神学者たちの教育と研究の現場も必ずしも神学校か、大学の神学部である必要もない。大部分の神学者たちは、教養学部、人文学部、文学部、あるいは法学部、経済学部、社会学部、心理学部などの多様な人文社会科学分野の学部に所属して活動する。もちろん神学校やキリスト教主義学校のチャプレンとして活動する研究者もいる。とにかく日本の神学者の活動分野は広く、国公立大学までその範囲が拡張している。たとえば、代

表的な国立大学である「東京大学」の宗教、文化、教養、総合領域には多くの神学者が所属しているし、多数の神学者も輩出している。やはり国立大学である「京都大学」には、キリスト教学専門の教員のポストがあり、大学院にキリスト教学のコースが開設されていて修士、博士課程においてキリスト教学の課程が設置されている。

また日本の神学者の活動場所は大学や学術研究機関だけに限定されていない。小中高校の教育現場で活動する教員、各個教会の牧会者、キリスト教系機関のスタッフ、NGOやNPOなどに所属している研究者の神学研究のレベルも高い。基本的に大学や研究機関で研究活動に従事する神学者と教会の教役者の神学研究に対する関心、能力の差があまりないように、神学者の活動範囲が広いのも日本の神学の大きな特徴である。もちろん牧会者だけではなく、平信徒の神学者、教会とは別の信仰サークル、特に無教会グループの神学研究レベル、彼らの聖書原語の研究レベルは専門の聖書学者と大差がない程である。これは日本の学問研究の風土、すなわち各分野においてプロフェッショナルとアマチュアとの水準の差があまりないという一般的な傾向の影響もあると思う。

そして聖書、歴史、組織、実践、の神学の各分野を包括する学会として「日本基督教学会」があり、それだけではなく分野ごとに専門的な学会が設立されて積極的に活動している。これらの学会活動は日本の神学インフラの一つであろう。

歴史神学分野の全国学会である「キリスト教史学会」、第68回大会、2017年９月、聖心女子大学、東京

これらの活動は、教会の勢力が比較的弱いものであるにもかかわらず、日本の神学研究と教育のレベルを引き上げていると言える。しかし日本の神学、神学教育には大きな課題もあろう。実際、先に日本の神学のポジティブな特徴として言及したさまざまな項目は、その反対側から見るとそのまま弱点、あるいは課題として考えられる面でもある。すなわち、日本の神学は、教会の現場、そのダイナミクスを伴わずに人文科学化した神学である。理論化する神学、人文学としての神学が持つアカデミズムも大事に尊重しなければならないが、結局神学の最終的な意義をどこに見出すかという課題は依然として残ると思う。それから戦前の日本の神学はあまりにも日本的価値に執着することでキリスト教の根本を歪曲したという批判を意識した日本現代神学は、その反動で、西欧神学の命題と方法論を過剰に導入しているという特徴もある。すなわち「ファシズム」時代にキリスト教を骨抜きにするような道を歩んだ日本の神学を反省しながらキリスト教神学の正統性を回復しようとする努力が継続される中、今日ではむしろ日本的、アジア的な文脈との接点が弱い神学へと展開してしまったという反省が求められる。

注

（1）植村正久「教界時弊」、『福音新報』第一九一号、一八九四年一一月九日。
（2）政池仁『内村鑑三伝』、三一書房、一九五三年、九五―九六頁。
（3）「アジア神学セミナー開講記念国際シンポジウム―東アジア近現代史とキリスト教」（明治学院大学キリスト教研究所主催、韓国中央大学中央史学研究所、中国上海大学宗教と社会研究センター協力）、二〇一七年一一月一八日、明治学院大学白金キャンパス本館、一〇階大会議室。
（4）渡辺祐子「中国近現代史とキリスト教」に対するコメント、明治学院大学キリスト教研究所『紀要』第五〇号、二〇一八年一月、三三八頁。

（5）明治学院百五十年史編集委員会編『明治学院百五十年史』、明治学院、二〇一四年、参照。

（6）渡辺祐子、前掲書、三二六頁：加山久夫「キリスト教研究所創設三〇周年によせて」『あんげろす』一四号、明治学院大学キリスト教研究所、一九九六年一〇月参考。

（7）明治学院大学キリスト教研究所ホームページ、http://www.meijigakuin.ac.jp/iriken/参照：明治学院大学キリスト教研究所『紀要』第五〇号、「特集：東アジアの近現代史とキリスト教―アジア神学セミナー開講記念国際シンポジウム記録」、二〇一八年一月、二九九―三八八頁参考。

（8）「日本明治七年以後教育界新傾向」、『大韓興学報』第一二号、一九一〇年四月二〇日、三六―三七頁参考。

（9）同志社五十年史編纂委員会編、『同志社五十年史』、一九三〇、一六五頁。

（10）徐正敏「同志社と韓国神学―尹聖範と徐南同を中心に」、『基督教研究』第七四巻、第一号、同志社大学神学研究科、二〇一二年六月、一―二六頁参照。

第一〇章　宗教と無宗教、キリスト教と他宗教の接境での日本の「キリスト教主義」

――日本のキリスト教に対する「コンプレックス」――

一、フランシスコ・ザビエル（Francisco de Xavier、一九〇六・四・七―一五五二・一二・三）の日本宣教着手とカトリック繁盛

一五四九年八月一五日九州南端鹿児島へザビエルが到着した。ザビエルの一行は、トレス（Cosme de Torres）神父、フェルナンデス（Joao Fernandez）修士などだった。鹿児島で一年以上活動した後、当時日本の首都である京都に宣教活動地域を拡大した。当時、日本の政治体制は地方分権的状況で、一部地域の領主たちはこれらイエズス会宣教師たちとスペインとポルトガル商人が持ってきた西欧文物、新食武器などが触媒となり、カトリックの受け入れに積極的でもあった。しかし、全体としては、新しい宗教の伝播が容易ではなかった。ただ、日本の宗教的開放性、一人の領主が改宗する際に手下の民衆の集団改宗に広がるという特徴などは、短い期間にカトリックが一定の勢力を形成した背景となった。特に、これは当初からイエズス会のミッション方式の影響である可能

性があるが、カトリックを仏教の一派として理解するという現象も顕著であった。これにその名称さえ「南蠻宗」、「天竺宗」などと呼ばれ、後にカトリックキリスト教の日本語翻訳である「キリシダン」（切支丹）に定着した。最初の宣教師ザビエルが中国宣教を目指して日本を去った後、ガーゴ（Balthazar Gago）、シルバ（Edaldo Silva）、ヴィレラ（Gaspar Vilela）、フロイス（Luis Frois）、ディアス（Antonio Diaz）などが続いた。

九州地域の大友義鎮、大村純大、有馬晴信、京都の高山右近、小西隆佐、池田丹後などの大名、領主が代表的なカトリック改宗領主たちの家門である。一五七〇年に約三万人、一五七九年に一〇万人、一五八一年に一五万人、一五八七年に二〇万人の「キリシダン」統計が報告されている。

このような背景の中で、一五九二年文禄の役当時、日本カトリックは韓国とも歴史的関係を形成した。韓国侵略軍の先鋒将である小西行長は著名なカトリック家門出身のサムライ領主で「アウグスティーノ」という洗礼名を持っており、彼の揮下長卒もほとんど「キリシダン」だった。これに彼の軍隊が韓国に長く駐留しながら、従軍司祭としてイエズス会所属のセスペデス（Gregorio de Cespedes）とイオン（Foucan Eion）が派遣され、慶尚道熊川に駐在した。これが朝鮮半島とカトリックのイエズス会宣教師との最初の接触であった。この過程で多数の韓国人捕虜たちが日本カトリック信者に改宗し、それらの中に後日殉教者も出た。

二、「サン=フェリペ号（The Spanish Armada-San Felipe）事件」と日本カトリック迫害、殉教歴史と「潜伏（隠れ）キリシタン」

しかし、日本のカトリックの受け入れと初期の全盛期は長く続かなかった。最高支配者の豊臣秀吉は執権初期には政治的な理由で「キリシダン」保護政策を展開したが、一五八七年六月「キリシダン」に対する詰問書を出し、これを邪教として断罪する禁止政策を実施した。

これには、適応主義的な宣教方式と政治に優しい政策を展開していた「イエズス会」とは異なり、後発宣教団体である「ドミニクス会」、「フランシスコ会」などの攻撃的な宣教方策も深く関連していたものと見られる。そして何より、一五九六年に四国土佐の浦戸で発生した「サン＝フェリペ号事件」が大きな影響と波及を引き起こしたと考えられる。スペインのガレオン船サン＝フェリペ号がメキシコを目指して太平洋横断の途についた。ガレオン船には一〇〇万ペソ、ガレオン船一隻の平均的建造費は七万八〇〇〇ペソのためガレオン船一二隻に相当の財宝が積み込まれていた。同船の船長はマティアス・デ・ランデーチョであり、船員以外に当時の航海の通例として七名の司祭（フランシスコ会員フェリペ・デ・ヘスースとファン・ポーブレ、四名のアウグスティノ会員、一名のドミニコ会員）が乗り組んでいた。サン＝フェリペ号は東シナ海で複数の台風に襲われて甚大な被害を受け、船員たちはメインマストを切り倒し、四〇〇個の積荷を海に放棄することでなんとか難局を乗り越えようとした。しかし、船はあまりに損傷がひどく、船員たちも満身創痍であったため、日本に流れ着くことだけが唯一の希望であった。一五九六年八月二八日（同年一〇月一九日）、船は四国土佐沖に漂着し、知らせを聞いた長宗我部元親の指示で船は浦戸湾内へ強引に曳航され、湾内の砂州に座礁してしまった。大量の船荷が流出し、船員たちは長浜（現高知市長浜）の町に留め置かれることになった。停泊中船員たちと日本政府の間での以後のことについての交渉のプロセスで大きな葛藤があった。豊臣秀吉をはじめ日本の権力者たちは激怒した。このことで先にフランチェスコ会宣教師六人と日本人「キリシダン」二〇人が逮捕、処刑された。これが事実上本格的な日本カトリック迫害の始まりである。

徳川幕府も次第にカトリック弾圧政策を継承し、一六三七年に発生した島原で起きた農民反乱が「キリシダン」

が中心だったという理由で迫害はさらに厳しくなった。このような日本政権の基調は、一部例外はあったが、一八五三年安政条約で対外門戸開放の時まで続いた。

日本のカトリック迫害は、政治的理由が主だが、殉教聖人二六名が出るほどの凄惨な迫害の歴史もあり、その過程で内面的カトリック信仰の維持、土着的信仰と宗教間の習合で有名な地下信仰共同体の「隠れキリシタン」も長い歴史を持つ。

三、「出島」開放とオランダのプロテスタント

韓国のキリスト教史を説明する際、たまに使う用語として「異体宣言」という言葉がある。つまりプロテスタントが宣教を始めながら、「私たちプロテスタントはカトリックと違う」という前提をした区分を指す言葉である。しかしその「相違」は教義や歴史が違うという意味ではなく、当時韓国の政治に関与しないであろうし、韓国民族に対する脅威にならない、善隣の立場であることを想起させる言葉である。このような宣言が必要だったのは、朝鮮後期に長い間持続したカトリック教会における「血の歴史」を意識したからであり、キリスト教に対する韓国内のイメージを再考するからである。

ところが、日本の「鎖国の歴史」の中には日本自らが、「プロテスタント国家」は「カトリック国家」と違うという「異体認識」を持った証拠が今日まで残っている。長崎にある「出島」だ。日本が初めて西洋と交流したのはスペイン、ポルトガルなどカトリック国家とである。そして初めてのキリスト教伝播もカトリックだった。しかし、日本の幕府政権がカトリックの布教を全面禁止し、西欧との貿易を断絶し、鎖国の道に入ったきっかけは、カトリック国家の「政教一致」外交と強力な布教、政治的脅威を敏感に意識したからである。

一六三四年から長崎に人工島の「出島」を建設し、西洋との交易はただここでのみ制限的に行うという「条件的鎖国」が始まった。ところが、一六四一年以降一八五九年の間に日本幕府政権から唯一の貿易許可を得て商業交流を続けた国はオランダだった。オランダはヨーロッパの代表的なプロテスタント国家であった。当時日本がオランダを選んだ理由は、オランダの商人たちは日本との貿易による利益にのみ関心があり、キリスト教の布教は眼中にないという点だった。つまり日本自らが当時アジアでスペインとポルトガルに代表されるカトリック国家と、オランダに代表されるプロテスタント国家の違いを把握していたのだ。

つまり「日本の近代史はキリスト教の歴史」である。西洋文明とコミュニケーションをとり、それを取ってもキリスト教だけ禁じれば、「和」の精神を守ることができるものであり、キリスト教を禁じなければ、西欧精神によって日本が支配されるという認識を早くから持っていたのだ。このように見てみると、「和魂洋才」の日本近代化政策は「明治維新」よりもはるかに前「出島」造成時期にさかのぼることを改めて発見できるだろう。

筆者の撮影で1996年から復元を始めた長崎の「出島」にある建物の写真。特に長崎にはオランダを彷彿とさせる海上公園として「ハウステンボス」が造成されているが、ハーグやアムステルダムと勘違いをするほどだ。日本とオランダ、長崎とオランダには深い関係がある。

プロテスタント国であるオランダはこれをすばやく把握し、すみやかに動いて日本貿易の独占権を維持した。実はこの「出島」も最初はポルトガル商人のために建設したのだが、オランダが買収、一六四一年にもともと平戸にあった「オランダ東インド会社」商業拠点を理に移し、二一八年にわたる独占貿易を行った。狭い人工島で出入りが許可された日本人とだけ交流するのが原則だったが、後にはオランダ商人が日本女性と結婚したり、贅沢な生活を営んだりもした。特にオランダ貿易独占期間に日本幕府の最高権力者「将軍」は、年に一回オランダ商人たちの国際情勢ブリーフィングで世界情勢を知ることとなった。

オランダ改革教会は日本門戸開放後にこの「出島」の中にプロテスタント神学校を建てた。「政治的容認」がなされた後すばやく「宣教活動」を拡張するという「プロテスタント宣教史」の一例証を垣間見ることができる。(1)

四、近代日本の宗教政策とキリスト教、「和魂洋才」

近代日本の国家目標の第一原理は「脱亜入欧」だった。これは特に日本国内の政治状況で伝統的執権勢力である「幕府派」を制圧し、天皇を中心に新たな日本を設計していこうとする「尊王派」の国家戦略だった。まさに彼らが「明治維新」の中心勢力であり、「脱亜入欧」は彼らが推進した改革目標といえる。ところがここに大きな問題があった。つまり「入欧」という意味は西欧帝国と同等になるという意味だが、西欧帝国の精神的、宗教的基調はキリスト教にあることを彼らが知らないではない。最初の目標としての「脱亜入欧」に基づくと、近代日本の精神的土台もキリスト教にするしかなく、キリスト教帝国である西欧の先導に従わなければならないという結果に帰着してしまうのだ。しかし日本は一六世紀以来国家的経験からキリスト教に対する「コンプレックス」をずっと抱いてきた。すなわち、カトリック帝国であるスペイン、ポルトガルのキリスト教宣教時代において付随的な経験であったカトリック帝国の侵略脅威に警戒心を抱くことになって以来数百年間、そのような政治的理由でキリスト教の禁教政策を堅持してきた。ただし、西欧帝国のうち政治的性格、そしてまたキリスト教宣教の意志が比較的少ないと判断されるプロテスタント国家のオランダとのみ部分的に貿易の扉を開いた。つまり長崎の人工島の「出島」で制限的な交流だけ持続したのだ。この過程だけを見ても、近代日本のキリスト教に対する警戒、「コンプレックス」を如実に把握できる。

このような歴史を通して見ると、いくら開放、改革、近代化の基調が確立され、西欧文明化の道を行くと定めたとしても、日本のキリスト教受容の選択は容易ではなかった。彼らは、キリスト教の布教の自由許容は日本の西欧隷属化の始まりになるという警戒心を持っていた。これに続いて提示された近代日本の「キャッチフレーズ」は「和魂洋才」だった。おかげで「脱亜入欧」の兆しを予測し、先手を打つ戦略であらかじめキリスト教を受け入れた一部初期の「幕府派」の意図は失敗に戻った。つまり、政治的に失脚した一部の「幕府派」系列の地方出身の武士たちが、日本の近代目標が西欧化にあると判断し、その基盤となるキリスト教を先に受け入れ、それを通じた政治的再起の可能性を狙った方策は、この「和魂洋才」で霧散してしまったという意味である。

ここで日本の近代国家推進者たちが設計した「和魂」は何かということだ。これを彼らの宗教政策の変容過程で類推していくことができる。まず「神道国教化」政策を考慮した。明治政府は「国教化」程度ではなく、最初は「祭政一致」の時代に戻ることを宣言した。しかし、ここには二つの近代日本が超えられない限界があったようだ。まず、神道が持つ世界的宗教としての「レベル」の脆弱性もあるし、そして日本の主力宗教の一つである仏教がやはり外来宗教である関係で、国教の対象から除外されるしかなかったともいえる。もちろんキリスト教は外来宗教だけでなく、先にある「コンプレックス」まで持つことだ。ここで部分的に問題があっても結果的に選択可能なのは、伝統的日本の宗教である神道が唯一である。しかし、この神道こそ、すでにその時代や今も原始宗教、自然宗教に最も近い宗教的特性を持つ、事実上近代志向の日本の国教としては様々な限界があった。第二に、先の理由よりも重要な問題があると思われる。つまり明治維新と日本の近代化推進者の判断により、近代以降の宗教政策目標の核心が見直されたのだ。「信教の自由と政教分離の原則が近代国家建設に不可欠であるという事実を認識」した点だ。ここに加えた筆者の分析は、事実上日本の近代化モデルの最終目標は、当時国教を持つ欧州帝国より、すでに信教の自由と政教分離原理を採択していた米国であったことに注目すべきであろう。信教の自由を近代国家目標の核心として認識したのだ。

これに続いて選ばれた近代日本の宗教政策、すなわち近代国家の信教の自由に加えて、自分たちが内心的目標である国民精神統合の基礎である「和魂」を確立するための具体的な方法として「神道分離化」作業に着手した。教派神道と国家神道を区別して国家神道を一般宗教から分離する作業も急速に進んだ。一八七三年一月祝日改正、二月官弊諸社祭典の地方館参拝、三月紀元節と官弊諸社祭式制定、七月神管奉務規則と歴代皇靈・神宮以下祭祀・祝日などの制定・改正、一〇月年中祭日などの祝日制定などである。続いて一八七四年以降も官弊諸社定額布告、神社祭式制定などが施行され、一八九五年一一月二七日には信教の自由を保障する趣旨の教部省口達が公布された。

結局神道を分離し、「教派神道」は仏教、キリスト教、新宗教などと同様の次元の宗教に位置づけた。これらのグループ、様々な宗教の次元では、まさに近代的意味の信教の自由、宗教自由を提示し、さらにここから分離させた「国家神道」は「超宗教」の位置に引き上げて国家、国民統合のイデオロギーにする意図を鮮明にしたのだ。ところがこの国家神道に分類された神宮、神社は通常歴代天皇、天皇家の魂霊を祀る所で、今後さらに進展していった「近代天皇帝イデオロギー」、まもなく「天皇崇拝」の根幹となった。このような展開に伴い、近代日本の精神的土台である「和魂」は「天皇制イデオロギー」であり、これこそ日本、ひいては日本統治下の韓国キリスト教受難の根本的背景であったことを前提しようとする。

近代日本政府が苦労し、宗教政策を段階的に展開する理由には何より「キリスト教コンプレックス」がある。近代国家を志向し、その重点となる宗教の自由も保障しなければならないが、何より西欧帝国の精神的侵略、それにつながる隷属化を懸念していたキリスト教をどの程度効果的に牽制するのかが鍵だった。さらに、すでに「超宗教」に分離、昇格させた国家神道、より具体的には「近代天皇制イデオロギー」を通じて国民統合を成し遂げていく上で、キリスト教は彼らに依然として最も注意を払わなければならない妨害勢力とみなされるしかなかった。すなわち、キリスト教を含むすべての宗教の自由を明らかにする表面的な近代性と、実際に天皇制イデオロギーを通じて国家の精神、宗教を統制しようとする内在的意図の間の乖離を克服していくことが彼らの最大の目標だった。

キリスト教の布教自由は一八七三年に黙認されたが、キリスト教排撃の社会的雰囲気は解消されなかった。むしろキリスト教宣教が活発になり、そのような雰囲気はさらに激しくなった。キリスト教を排斥する神道と仏教関係者たちがこのような風潮を主導した。彼らは特にキリスト教関連文書を分析し、一定の批判の立場を立ててキリスト教を攻撃した。彼らによれば、キリスト教は神、あるいはキリストに対する信仰、自分自身の個人的な救いに信仰の中心を置き、天皇、国家、家族に対する忠誠を無視する宗教だと批判した。これは政治思想的にも「共和制」につながる危険な思想だと警戒した。また、神の天地創造やエデン説話などは非科学的盲信として追い込まれた。

宗教の自由を表面的な目標として定めた近代日本の政策基調で、直接的な官権によるキリスト教の弾圧は問題になろう。特にここに開放政策を推進していかなければならない日本政府がキリスト教を相変わらず弾圧すれば西欧諸国との国際外交的問題を引き起こす可能性もあった。そこで選ばれた方式が社会的雰囲気、世論、土着宗教との思想的討論を誘導し、間接的にキリスト教を警戒していく方法だった。

しかし当時、日本政府はこれだけでは安心できなかった。結局公式に、すなわち憲法的に信教の自由を許した帝国憲法の条項に手がかりをつけ、これを保障しようとした。これは普遍的な適用のためのように見えるが、結局はキリスト教を指摘した条件であり、その実状が特に一九三〇―四〇年代日本と植民地韓国でのキリスト教圧制絶頂期にそのまま現れてしまった。

一八八九年二月の「日本帝国憲法」(第二八条)の発布により、信教自由の法的手続きが完成した。しかし広く知られているように、第二八条は「日本臣民は、安寧秩序を害せず、臣民としての義務に反しない限り信教の自由を持つ」とされている。これは「絶対的な自由保障」というよりは、むしろ「相対的、条件的自由保障」を明示したものだというしかない。結局、このような帝国憲法の「条件手掛かり」は以後法制化され、具体的には「治安維持法」と「不敬罪関連法」で実行された。

その他、日本政府、より具体的に「朝鮮総督府」は「超宗教」としての近代天皇制イデオロギーを保全し、宗教、特に具体的にはキリスト教を制圧するための法制化過程を持続的に展開した。その代表的な法制化過程の概略的項目だけを列挙しても以下の通りである。初期のものとしては一八九九年のキリスト教統制法令がある。具体的には、布教機関規制法(内務省令第四一号)、私立学校宗教教育制限法(私立学校令と文部省訓令第一二号)、キリスト教団体法人化規制法(文部省令第三九号)などである。続いていわゆる「日韓合併」前後のものには次のようなものがある。一九〇八年の統監部時期の私立学校令、一九一一年の朝鮮教育令と私立学校規則のうち宗教教育制限、一九一五年の布教規則とキリスト教砲教機関統制令、一九一五年の改正私立学校規則が代表的である。その後、一九二〇年の改正布教規則、同じ一九二〇年と一九二二年の改正私立学校規則などを追加することができる。ところが、このような法令を実際にどのように適用し、拡大施行したのかが重要なのに、一九三〇―

四〇年代のファシズム絶頂期には単に布教関連法や、私立学校令など教育関連法適用の拡大だけでなく、前述の治安維持法、不敬罪関連法などを総動員してキリスト教弾圧の法的根拠として活用したということだ。

しかし、やはり日本近代以降のキリスト教弾圧の歴史では、法制による降圧より、その社会的世論の圧迫がクリスチャンにもっと大きな負担であり、重圧感として作用したことが確認できる。その代表的事例をいわゆる一八九一年の「内村鑑三不敬事件」に見出すことができる。内村は、神を否定することはできない。そう決心した時、彼の番が来た。彼はつかつか壇上に上って勅語の前に行き、そのまま一輪回って後ろに戻ってきた。壇上に立った時ある程度頭を下げたようにも見えたが、それは決して普通の場合行う敬礼でもなかっただけでなく、もちろん最敬礼はさらになかった。

一八九一年一月九日、天皇が下賜した「教育勅語」に対する奉拝式で、東京第一高校の嘱託教師だったクリスチャン内村が信仰良心上偶像崇拝に該当することを心配し、最敬礼として例を備えていないことから事件が始まった。まさに日本の朝野は、クリスチャンは天皇に対する崇敬に徹底することができず、日本の国家的共同目標の並進に邪魔になる勢力だと売り渡した。当時、東京帝国大学哲学教授だった井上哲次郎を筆頭に内村、個人だけでなく、キリスト教全体を攻撃した。その時登場した具体的な命題が「キリスト教邪教論」とクリスチャン「非国民論」だった。このことで結局初期キリスト教は日本社会で大きな危機に直面してしまった。

ところでここで注目すべきことは、これに対する日本クリスチャン多数の対応姿勢である。もちろん「内村鑑三不敬事件」自体とその批判については解明、弁証の論理も登場したが、全体としては日本国家社会に徹底的に適応するキリスト教としての方向だった。つまり「天皇制イデオロギー」を自分たちの信仰より上位に置く「帝国順応のキリスト教」に方向を取ったのだ。

教会やキリスト教系の学校は、天皇と皇后の恵みを語り、忠誠の意志を表明してきた。彼らは天皇制の下で圧迫され、そのイデオロギーに彼らの信仰が侵害されたという被害意識を持ったのではなく、天皇制の下に置かれた自分たちのアイデンティティを自覚し、そのイデオロギーとキリスト教を様々な方法でつなぎ合わせながら自分たちの目標を推進してきた。

結局、日本キリスト教は適応と隷属の道を選んだのだ。しかし、彼らの国家に対する忠誠、「天皇制イデオロギー」に対する適応の弁証論理を持続的に味わっても、具体的な忠誠指標が発揮されない限り、日本国家社会のキリスト教に対する排除は容易に止める勢いではなかった。これに日本キリスト教が積極的な国家協力の道に具体的に完売したことが、いわゆる「日韓合併」に対する名分作成、「植民地伝道」を通じた宣務工作の一環として推進した「朝鮮伝道論」の実行などだ。このような一連の実践的活動は、事実一時的には日本政府の認定を受け、かつて国家目標推進の協力パートナーの地位として、主要三大宗教の会合体である「三教会同」の一員にもなった。

ところが、まさにこのような日本キリスト教の国家適応態度こそ、自らをさらに国家隷属の道に没入させ、そのような道を歩み続けるしかないようになった。それはまもなく深い歴史の泥沼に陥るもう一つの背景だったとも考えられる。さらに、日帝末期に至り、韓国キリスト教に対する信仰的降圧、「天皇制イデオロギー」に対する隷属を強制する過程で、日本キリスト教は韓国キリスト教を説得して、国家の下手であることに転落する原因としても作用したのだ。日本のキリスト教も信仰史的に見ると、持続的な道を歩まなければならなかった。(2)

五、日本における「キリスト教主義」の歴史的概念

「キリスト教主義」とはどのような概念なのだろうか。この概念の一部は、筆者が延世大学の設立史と設立者

のアンダーウッド（H. G. Underwood）について研究していく時、アンダーウッドが宣教精神と世俗教育の連結、互換性のある概念を悩んだ跡から一部確認できたものでもある。日本の場合はさらに長い間、長い歴史を持ったまま宣教と教育の普遍的な互換性について悩んだ歴史を発見する。つまり、キリスト教の宣教のための一つの方法で学校を立て、教育をするか、あるいはキリスト教精神に基づいた学校教育自体がキリスト教価値の実現かという点にも集約される。現実的に、日本はキリスト教の直接的な宣教の広がりや教会の復興よりも、今日も大きな影響力を持っているキリスト教界私立学校の存在が日本のキリスト教伝統の一つの結晶体である。ここで登場する一つの重要なテーマが、「非クリスチャン」による「キリスト教教育」だ。そこに想定される思想が「キリスト教主義」とも言える。個人的な信仰としては受け入れないが、イデオロギー的に同意するキリスト教の普遍的価値のことだ。宗教的には少数の宗教であるキリスト教が日本社会に存在するあり方、すなわち日本の多数のキリスト教界学校、そこで教育を受ける学生、教育に参加する教員と職員が持つ、最終の価値論的な根拠は「キリスト教主義」という普遍価値としてのイデオロギーである。保守的キリスト教のいわゆる福音的信仰の観点からでは、イデオロギーとしてのキリスト教を容認できないかもしれない。しかし、果たしてどれだけ私たちは自信を持って、思想と信仰の違いを規定できるかという点が鍵だ[3]。

ところで、宗教、キリスト教、建学理念としての「キリスト教主義」をどのように教えるかという問題が存在する。筆者はまず、宗教を教育する三つの大きな分類をそれなりに提示したい。まず、その信仰、信念を教え、悟らせ、結局はその信仰にまで至らせる目標と内容である。第二に、ある宗教、あるいは具体的にキリスト教が持つ価値観、思想、教えの善いイデオロギーを教え、信仰としての選択可否を離れ、生涯の指標、人生の価値、自分の知識と能力の適用方向における基礎的指針になる教育だ。第三に、宗教、あるいはキリスト教を完全に知識体系で整理し、宗教に対する知、すぐに知識の地平、理解の深さを広げる次元があると前提する。そして第一の方式は大学の世俗教育過程では方法論的困難もあり、実際的な成果も疑問であることが分かる。そして第三の方法や主題こそ宗教を教える最も軽くて意味のないことではないかとは疑問がある。したがって、自然に第二の目標と方法に基づいて、大学での特定の宗教のための教育のカテゴリーが設定する得ざるないしかないと思う。具体的には、アプローチ方式は人文学的な方法論、筆者自身が選べる教育領域としては歴史的アプローチ（approach）、そして具体的なテーマは人類の世界文明と宗教との関係を中心に討論するしかない。そして、こうした宗教を教育する過程でも、教育現場が置かれた「コンテクスト」（context）、韓国と日本を中心に見ると、アジアという「コンテクスト」の具体性を強調しなければならない。そしてアジアの伝統と文化、宗教、そしてキリスト教の受け入れ関係を検討しながら、宗教の歴史的経過、役割などを議論できると考える。さらに具体的には、この宗教に対する教育で具体的に取り組むべき問題としては、平和、生命、環境、共生、人権、差別問題などがある。これをキリスト教に限れば、「隣人愛」（Do for others）の価値実現として説明するしかない。さらに、「宗教に対する教育」とは、宗教それ自体を教えるのではなく、宗教を通じてすべての人生の在り方と状況とその方向を教えることができなければならない。[4]

一方、筆者がよく質問を受ける主題が、韓国と日本のキリスト教勢の違いだ。なぜそんなに大きな相違が出るのかという問題だ。とにかく日本は非常に長い期間〇・八％、韓国は危機とはいえ二〇％が全人口のうちのクリスチャン比率だ。「プロテスタント」だけに限定してみても、日本は韓国に比べて数十年以上の宣教着手が早かった。むしろ在日米国宣教師たちが韓国宣教を準備して支援した、「ベースキャンプ」（base camp）の役割を果たした。そのほかにも宣教力の投与において集中力も韓国よりはるかに上回る。すなわち、宣教師と宣教費の投与、経済的用語で換言すると、投資がより集中したということだ。一般的には同じ系列の「プロテスタント」教派が日本と韓国に続いて宣教したが、韓国には来ず、日本だけに宣教師を派遣した教派も多い。例えば、「米国会中教会」（ＡＢ）、「オランダ改革教会」（アメリカ系、ＲＣＡ）、「ドイツ改革教会」（アメリカ系、ＲＵＣ）、「アメリカ聖公会」（ＰＥ）、「カナダ監理会」（ＭＣ）、「スコットランド長老会」（ＵＰ、韓国には満州で聖書翻訳と間接宣教だけ主導する）などだが、他にも列挙するとはるかに多い。つまり、その多くの教派が日本において全力で宣教に乗り出したのだ。もちろん今も大幅な割合を占めている日本の私立学校のうち「キリスト教主義」教育機関の割合や、キリスト教神学や神学教育の「インフラ」などにおいては、そのような集中的宣教投資の痕跡と貢献を驚くほど発見するが、教会だけを見てみると、たいへんな赤字になっていると思われる。その理由を適切に答えるのは難しい。時には過ぎる言葉で、「聖書翻訳」で「神の称号」をうまく翻訳しなかったためと考えると答えた。つまり日本語の「神様」はキリスト教だけでなく、いろいろな種類の宗教や、民間でもただ使える、一般名詞でもあるからだ。しかしもちろんそれだけが理由になるわけではない。

一方で考える。企業を経営して投資する時も、投資元金の大きさだけで利益算出を計算することができないだろう。投資先の市場状況、労働状況、生産性、何よりも市場の傾向、すなわち需要の切迫した水準と同じ物品の供給、「マーケティング」、流通構造、積極的な投資原則とＣＥＯの適切な判断と決定、市場の健全な拡大と既存の市場管理のための徹底した「アフターサービス」などが関係があるだろう。投資と当期純利益の関係を単純計算で考える起業家は一人もいないだろう。結局、その結果は市場が左右する。宣教における市場とは、宣教「コンテクスト」（context）の状況である。いくら良質の宣教が日本に投与され、継続しても日本のキリスト教受容状況を検討しなければ計算は誤ったものになるだろう。歴史的に日本の国家社会は「クリスチャン」を「非国民」と認識した。これはすごい「いじめ」の称号であるだろう。それに反して韓国は、今はいかなる場合でも初期には「イエスを信じることがすぐに国を救うことです」という考えが強かった。そして日本は初期プロテスタント受容者多数が没落した侍階層だが、ほとんど知識の指導者グループで改宗において政治的目標が主な動機だった。

しかし韓国には一部の指導者グループが民族独立運動や社会啓蒙運動の目的で改宗した場合もあるが、多くは民衆「クリスチャン」が、外憂内患中に命と最小限の財産を保護するための「生計型」の改宗［rice Christian］だった。そして続いて韓国には「大復興運動」というプロセスがあり、何もなくても「信仰だけで」という「内在化過程」があった。しかし日本で「大復興運動」の歴史はない。もちろんキリスト教の歴史は生き物のようで、日本が微妙だと無視することも、韓国キリスト教が盛業、成長、当期純利益が高いと自慢することも絶対ではない。むしろ成功した企業が責任を負うべき項目がはるかに多く、あるいは滅びても大きく滅びる危険性が非常に大きい。韓国キリスト教が危険なのは、その自慢、その見た目、そのような「成功神話の記憶」のためかもしれない。ところが歴史的にそのように宣教投資の計算が、なぜそんなに日韓間で違ったのかについては詳細に検討してみなければならない主題であることは明らかだ⑤。

もう一つ議論すると、キリスト教神学の正統的思考の一つは、キリスト教は宗教ではないという見方である。それは宗教、そのような相対的な次元ではなく、絶対的なものとしての「福音」ということだ。キリスト教の信仰告白、特に絶対的な価値体系を持つその特徴的な「パラダイム」を見極めるとき、十分にそう考えられる言葉だ。まさにここでのキリスト教は、他の宗教と厳しく区別される絶対的真理ということ、あるいは宗教といっても、まさに「真の宗教」として他のものとはまったく次元が異なるという前提だ。西欧では「宗教」といえば、そのまま当然のように「キリスト教」を意味する伝統がある。言い換えれば、「religion」はそのまま「Christianity」を意味する「学名」になったのだ。最近はそのような翻訳はないが、筆者の学部時代は、キリスト教の科目名は「宗教教育」、「宗教心理学」、「宗教倫理」などであった。すべて今日では、「キリスト教教育」、「キリスト教心理学」、「キリスト教倫理」になっている。千数百年、キリスト教世界が続いてきた西欧社会では他の宗教が全くないか抹殺されたのだ。宗教といえば、キリスト教しかなく、他のものはあるとしても宗教ではなかった。一方、キリスト教は宗教ですらなく、まったく異なる真理、すなわち「福音」という立場も依然として生きているのが西欧である。

しかし、私はアジアとキリスト教の間において、非常に基本的な認識をこう議論する。まず、キリスト教も宗教の一つである。ここで誤解があってはならない。キリスト教だけが「真の宗教」とか、キリスト教は宗教などではなく「絶対的福音」だというような告白をどうするのか。キリスト教の信仰を告白する信仰者たちの内面の次元としてはいかなるものでもよい。誠実なクリスチャンがそのように考え、告白し、そのような強力な信念を持つのはよい。ただ明らかに歴史、現象としてはキリスト教もいろいろ有力な宗教の一つにすぎないということだ。宗教相互間の関係、葛藤、協力、移動などがあるかもしれないが、仏教徒、イスラム教徒、ユダヤ教徒、さらには他の信仰体系もキリスト教と同様、宗教である。そのためキリスト教だけを宗教と翻訳したり、'religion'イコール'Christianity'と見てはならないということだ。特にアジアではそのようなことはあり得ない。第二に、「アジアキリスト教」は、キリスト教の伝統を「text」とし、アジアの様々な宗教、文化伝統を「context」につなげてみようということだ。まさにそれが「土着化神学」の出発点であろう。言い換えれば、韓国で、日本で行われてきた「土着化神学」の「パラダイム」を筆者なりにみると、あまりにも簡単に、そもそも、「キリスト教の核心」と自分たちの宗教的、文化的伝承を直結、混合しようとした愚を発見する。尹聖範教授には申し訳ないことだが、なぜそんなにキリスト教の「三位一体」教義、すなわち「聖父聖子聖霊」と韓国の宗教伝承の「桓因桓雄桓儉」を直結させようとするのか。なぜ一部の日本のキリスト教神学者たちは「現人神」天皇と「成肉身」の「イエス・キリスト」を直結させてみようと意図するのか分からない。その他にも「大慈大悲の神様」といいながら、「神様」が「仏」であり、「仏」が「神様」になることを直結するのか分からない。その他にもあまりにも性急に何でも「土着化神学」にしてしまうのかという例を挙げると限りがない。

筆者が語る「アジアとキリスト教」は、「同心圓」の周辺から一緒に議論して入ってみようということだ。「平和」を言うには、キリスト教徒、仏教徒、イスラム教徒、神道も大きな「ギャップ」（gap）がない。「生命」がそうで、「人権」がそうで、「真の道徳的価値」がそうだ。信念を一致させる前に、価値を共有し、実践的目標を共感していく過程で交渉は出発する。仏教は仏教の「text」からキリスト教という「context」を読み、もちろんキリスト教は逆にそうしていくのだ。それぞれの信仰が異なるのは、それぞれの宣教的な機会によってそれぞれが可能であり、また各自の「宣教」と「布教」に最善を尽くしていくだろう。ただし、「平和」を図るとき、「命」を生かすとき、ある人間の尊厳な価値の前に謙虚にならなければならないときは、一緒に手を取り合って、一緒に図ろうということだ。だからアジアではキリスト教が、宣教は宣教通りにしても別の認識と実践の「パラダイム」を持っていなければならない。まず、キリスト教を教育するときは、キリスト教の信仰強要ではなく、「キリスト教思想」とその「価値観」を教えなければならないだろう。「キリスト教学」や、「キリスト教主義」、「キリスト教哲学」が有効なのはそのためだ。そして「キリスト教の歴史」は反省的に省察しなければならない。その独善と、強制と、「帝国主義的宣教」と「十字軍」の歴史を反省しなければ、キリスト教はアジアで説得力を回復できないだろう。そして最後に「キリスト教倫理」は実践的に接近しなければならないだろう。イエスの思想と教えをそのまま実践するクリスチャンなら、それがアジアでのもの、西欧のヨーロッパからのもの、アフリカでのものなどということは何の関係があるだろうか。イエスの教えを理解し、それをごく一部でも実践するキリスト教ならどれであっても同じなのではないか。宣教は「イエスを実践」することから自然に行われていくだろう(6)。

結論的内容は同心円でまとめていくことができる。同心円一番奥の「コア」（core）には「キリスト教信仰告白」、そしてそのすぐ外には「キリスト教主義」、「キリスト教特別倫理」、「隣人愛」を入れる。そして一番外には「キリスト教の外延」、「キリスト教普遍倫理」、「生命、平和への尊重」、「アジア平和生命神学の可能性」などでまとめる。結局、神学的思考の拡大は決してキリスト教の告白的な信仰のカテゴリーの中から出発するものではない。それは、意外な、または他の普遍的思想に触れたときに動的に発揮される。そして時々、深い相互省察と理解の中で究極の価値が実現できると思う。私の同心円的理解のアプローチは、「アジアの平和生命神学」、そして「キリスト教の普遍的な倫理」の実現可能性に対する思考の始まりである。

同心円コア第一円：キリスト教信仰告白
同心円第二円：キリスト教主義、キリスト教特別倫理、「隣人」「隣人愛」
同心円第三円：キリスト教の外縁、キリスト教一般倫理、生命、平和への尊重、アジア平和生命神学の可能性[7]

注

（1）筆者のブログ http : //blog.naver.com/chhistory12/150153143274 参照。

（2）以上は筆者の論文、「解放前後韓国教会の受難、『神学と教会』第三号、二〇一五年（韓国語）：「宗教改革と東アジア宣教、日本のキリスト教コンプレックス」、アジアキリスト教史学会宗教改革五〇〇周年記念国際シンポジウム、二〇一七年九月二三日発表原稿（韓国語）などを参照。

（3）筆者のブログ、https : //blog.naver.com/chhistory12/150153191536 参照。

（4）筆者のブログ、https : //blog.naver.com/chhistory12/150163031134 参照。

（5）筆者のブログ、https : //blog.naver.com/chhistory12/150167214521 参照。

（6）筆者のブログ、https : //blog.naver.com/chhistory12/150160327068 参照。

（7）筆者のブログ、https : //blog.naver.com/chhistory12/150171476273 参照。

第一一章　日本基督教団の戦争責任告白五〇周年の意味

——日韓キリスト教関係史を中心に——

はじめに

一九六七年三月二六日の復活日、日本基督教団総会議長鈴木正久の名義で発表された「第二次大戦下における日本基督教団の責任についての告白」から、今年で五〇周年を迎える。筆者の観点から、この告白文の発表は日本のプロテスタント・キリスト教史における最も意味深い文書の発表であり、同時に日本のキリスト教における歴史的転換と言い得る事件でもある。半世紀を迎えるこの時点で、この告白の歴史的意義をもう一度考えてみたい。特に、これを日韓キリスト教関係史の側面から再考し、それを土台とした意味も付け加えて考察したい。

一、日韓プロテスタント・キリスト教関係史の歴史的な流れとテーマ

一九八〇年代初め、韓国の高位官僚であった李樹廷（イ・スジョン）が留学のため来日した。彼は日本の近代

文物、特に農学を学ぶ目的で来日したのである。しかし、彼は、津田仙を含む初期プロテスタント・キリスト教の指導者たちと出会い、韓国人としては最初のキリスト教改宗者の中の一人になった。彼は日本在留期にハングル聖書を翻訳し、アメリカの教会に向けて韓国に宣教師を派遣してくれるよう要請した。その結果、その願いは実を結び、韓国キリスト教受容史の一端を担う役割を果たした。

李樹廷の韓国プロテスタント・キリスト教受容者としての役割を可能にしたのは、当時の日本のキリスト教指導者たちによる全面的な後援であった。このような歴史の象徴的な証拠は、一八八三年五月に東京で開催された日本キリスト教徒大親睦会の記念写真によりよく知られている。この懇親会に招待された李樹廷は、ハングルで初めて公衆の面前において祈祷を行い、自らの信仰告白文も公表した。それは「六合雑誌」や「七一雑報」に記録されている。その頃の李樹廷との出会いを内村鑑三は次のように記している。

その上、こんなこともあった。出席者の中に一人の韓国人がいたが、彼はこの隠遁的の国民お代表する名門の出で、これより一週間前に洗礼を受け、自国風の服装に身をととのえ、気品にあふれて、われわれの仲間に加わった。彼もまた自国語で祈った。われわれにはその終わりのアーメン以外はわからなかったが、それは力強いものであった。彼が出席していること、彼の言葉をわれわれが理解できないことが、その場の光景をいっそうペンテコステらしくしたのである。これを完全なペンテコステにするためには、ただ現実の炎の舌だけが必要であったが、われわれはそれを自分たちの想像力で補った。われわれの上に、何か、奇跡的な、驚くべき事が起こりつつあることを、一同は感得した。われわれは、太陽がなお頭上に輝きつづけているかをさえも怪しんだ。(1)

これを見ても明らかなように、日韓プロテスタント・キリスト教の歴史は肯定的な関係から出発したと言える。しかし、徐々に日韓の近代史は帝国主義国家と植民地という不幸な関係へと進み、両国のキリスト教も対立と葛藤の関係を形成していった。

特に、日本の近代国家形成過程において、国家及び社会から排斥される対象であった日本のキリスト教は、国家に対して全面的な協力と積極的な参加を通して最小限の信頼を獲得するために努力する姿勢を見せた。その中で、日本の韓国侵略に対しても理論的、実践的な寄与に貢献した。一方、国権喪失期に受け入れられた韓国のプロテスタント・キリスト教は、民族の独立主権を取り戻す社会運動を主導し、いわゆる「民族教会」の道を歩むことになる。日本の「国家協力的キリスト教」と韓国の「民族運動的キリスト教」は、両国の運命が相反した状況に置かれたように、対立した関係史を生み出していった。

この時期、日韓プロテスタント・キリスト教関係史の対立するテーマとして、第一に、いわゆる日本のキリスト教の「朝鮮伝道論」によるキリスト教の植民統治への助力プログラム、第二に、韓国のキリスト教の「三・一独立運動」に代表される独立運動参加をめぐる葛藤、第三に、神社参拝と天皇崇拝を取り囲んだ日韓両キリスト教の立場の違いと葛藤などに集約することができる。

二、戦後、日本のキリスト教の歴史的な立場の変化

徹底的に国家に協力し、特に日韓の歴史的関係の中で国家的目標に協力する立場をとった日本のキリスト教は、敗戦後、衝撃に襲われた。この時、日本基督教団を中心に一定期間、沈黙の歴史が流れた。もちろん、一九四六年に日本基督教団の「新日本建設キリスト教宣言」のような文書が発表されたが、内容と論理において既存の日

本のキリスト教と、全体的にまた画期的な部分において変化を読み取ることは難しい。一九六七年三月の「戦争責任告白」が発表されるまで、日本のキリスト教は歴史的な転換を成すための準備期間として「沈黙期」を送っていた。

わたくしどもは、教団成立とそれにつづく戦時下に、教団の名において犯したあやまちを、今一度改めて自覚し、主のあわれみと隣人のゆるしを請い求めるものであります。わが国の政府は、そのころ戦争遂行の必要から、諸宗教団体に統合と戦争への協力を、国策として要請いたしました。(中略)まことにわたくしどもの祖国が罪を犯したとき、わたくしどもの教会もまたその罪におちいりました。わたくしどもは「見張り」の使命をないがしろにいたしました。心の深い痛みをもって、この罪を懺悔し、主にゆるしを願うとともに、世界の、ことにアジアの諸国、そこにある教会と兄弟姉妹、またわが国の同胞にこころからのゆるしを請う次第であります。(2)

そしてついに、五十年前の一九六七年の復活日、代表的なキリスト教団体として「日本基督教団」が歴史的な「戦争責任告白」を発表した。この事実は、そのまま日本におけるキリスト教全体の歴史的立場の転換を導く起爆剤になった。筆者はこの告白文の具体的な内容を分析するよりは、大きなフレームの中でこの告白が持つ歴史的意味を考えてみたい。

第一に、一九六七年以前の日本のキリスト教は、国家の目標に協力し加担した。しかし、この時を基点に国家の政策に対して預言者的に批判する姿勢をとりはじめた。第二に、一九六七年以前の日本のキリスト教は、社会の主流に編入しようと努力し、多数の信頼を獲得することを目標にしてきた。しかし、この告白文を基点に社会の少数者、すなわちマイノリティーの立場を代弁する自らのアイデンティティを確保する方向に転換した。第三に、一九六七年以前の日本のキリスト教は、アジアの支配者として存在する日本国家を支持し、そこに協力した。しかし、この告白文を基点にアジアの民衆に対する加害者としての反省と悔い改めを告白する姿勢をみせた。第四に、一九六七年以前の日本のキリスト教は、植民地朝鮮と韓国のキリスト教を批判して葛藤関係を維持させた。しかし、告白文を基点に韓国に対する歴史的責任を論じ、韓国のキリスト教と積極的な協力関係を模索する姿勢をみせている。

終戦から二〇年余を経過し、わたくしどもの愛する祖国は、今日多くの問題をはらむ世界の中にあって、ふたたび憂慮すべき方向にむかっていることを恐れます。この時点においてわたくしどもは、教団がふたたびそのあやまちをくり返すことなく、日本と世界に負っている使命を正しく果たすことができるように、主の助けと導きを祈り求めつつ、明日にむかっての決意を表明するものであります。[3]

これは、前述した通り根本的な進路変更を決断する告白文の最後の部分である。以上の日本のキリスト教における立場の転換が、戦争責任告白文の発表と謝罪を表すのみにとどまったとすれば、その意味を再論するほかないだろう。

三、一九六七年以後、日本のキリスト教の実践的変化と日韓キリスト教の連帯

「日本基督教団」は一九六七年の「戦争責任告白」以後、実在的な宣教プログラムに取り組み、実践を試みた。

それは概して日本社会の中に存在するマイノリティーに対する理解と、彼らと共に生きる努力であった。第一に、戦後日本社会の代表的マイノリティーであった「在日韓国・朝鮮人」に対する関心を示した。彼らのほとんどは、植民地朝鮮から強制的に移住した歴史的な犠牲者であった。それにもかかわらず、戦後の日本社会で徹底的に排除され差別を受けてきた。これに対する差別撤廃、人権保護などに対する積極的な関心を表し、実践を行ったのである。これはそれ自体、韓国に対する歴史的責任をより具体的に実践する事でもあった。第二に、沖縄問題に対する関心である。沖縄は、日本の戦争遂行の過程で最大の被害を被った地域として大変な歴史的な傷を負っている。戦後持続的にアメリカの軍政と米軍基地問題、日本政府からの差別などにより困難な状況が続く地域である。この問題に対する「日本基督教団」を中心にした積極的な関心と介入は、「戦責告白」の具体的な実践の一つであった。第三に、伝統的な日本社会の差別階層である「部落」、「アイヌ」に対する関心である。この問題は、戦後新しく登場した問題ではない。しかし、日本のキリスト教が社会的弱者に対する関心と愛を表してから、彼らに対する問題意識も共に現れた。障がい者、都市貧民、農民、労動者、外国人、女性、性的少数者、いじめとひきこもりの子どもなど、社会的弱者に対する持続的な関心と努力は言うまでもない。

以上、実践的な変化、つまり「日本基督教団」を中心に一九六七年以後に展開された具体的な進路変更こそ「戦責告白」の核心的・歴史的な意味ではないかと考える。筆者は、大学の講義で世界のキリスト教史を概観する時、常にキリスト教の存在様式を「最も美しい姿」と「最も醜い姿」に区別させる要素があると説明する。まず前者は、歴史の中で低く、卑しく、少数である弱者とともに生きるキリスト教の美しさである。反対に、強く、富裕で、多数である主流に陥って自らも力を誇示しようとするキリスト教の醜さがある。この二つの姿を区別して説明することがある。

四、「戦責告白」以後の日韓キリスト教関係

日本基督教団の「戦責告白」の背景には、日韓キリスト教関係の変化と肯定的な関係回復の可能性が融合している。特に、解放以後の韓国のキリスト教は、南北分断と戦争を同時に経験し、歴史的転換のために一定の時間を要した。

韓国のキリスト教内部の極端な分裂は、日韓キリスト教関係の新しい接点を模索するには余裕がなかったと言える。しかし、韓国のキリスト教の中でも進歩的なグループが韓国軍事独裁政権と対決し「民主化運動」を行っていた最中、この民主化運動や統一運動に対して日本のキリスト者たちが最善の協力者として名乗りを挙げたのである。そしてこの過程で、一部の日韓キリスト教は戦後日韓関係史で最も模範的なモデルを新たにつくっていった。

一九七〇年から八〇年代にかけて、東京が日韓間、またアジアを基盤とするキリスト教が正義ある協力関係を作り出す中心地になった。これは近代以後、アジアにおいて東京が正義ある事業を試みた最初の事件としても語られている。

おわりに

ある人は、一九六七年に発表された日本基督教団の「戦争責任告白」が教団の総意を込めた文書ではなく、教団議長の個人名義で発表された点を批判する。そのため告白文に込められた歴史的意義を過小評価する。しかし、

筆者はむしろその告白文に対する激しい賛否討論、葛藤が存在したことに注目し、逆の評価をしたい。すなわち、人々が看過する告白文の側面を理解してみたい。筆者は告白文が「満場一致」に近い教団総意を土台にした結果物であったなら、むしろ真の歴史の過程ではないのではないかと考える。反対と葛藤、深い苦悩と決断があってこそ、それを通して行われて築かれた歴史により真実が現われるのではないだろうか。そして、一九六七年以後の歴史的転換と経過、実践がより重要な意味を持つのではないだろうか。

ただし一つ、五〇年前となる一九六七年の「戦責告白」当時の日本基督教団と日本のキリスト教界の「初心」がどれほど再考され、どれほど維持されているかを問いたい。「戦責告白」五〇周年を迎える今、歴史的な立場を新しく確立していく再転換の機会となるように願う。

注

（1）內村鑑三『內村鑑三信仰著作全集二』、敎文館、昭和三七年、六三―六四頁。吳允台『朝鮮基督敎史Ⅳ―改新敎 傳來史 先驅者 李樹廷編』、六二―六三頁。

（2）一九六七年三月、日本基督教団の「第二次世界大戦下における日本基督教団の責任についての告白」

（3）同右。

第一二章　戦後七〇年の日本キリスト教
――韓国キリスト教との関係と比較――

戦後七〇年の日本キリスト教の歴史を振り返る方法として、多様な観点やテーマがあると考えられる。本章では韓国キリスト教との関係、また比較を中心に、その変化と展開を検討する。

しかし、これもまた様々な主体間における関係、そして多くの側面における比較項目が台頭すると思われるが、まずは、日本キリスト教が日本の韓国植民地統治と戦争動員に対する歴史認識を、どのように変化していったのかを整理しつつ、その歴史反省や責任告白の過程に注目する必要がある。よって、懺悔の歴史とは声明書のような言葉によるものではなく、これを基盤とし変化していく日本キリスト教の実践、すなわち戦後における「社会福音」が実行される過程を整理していきたい。これは日本キリスト教の全体的な戦前、戦後の歴史区分であり、そのアイデンティティが変化するプロセスでもあるからである。

そして日韓キリスト教関係史において、もう一つの主体となる韓国キリスト教の戦後の歴史的な変化を整理したい。特に分断と六・二五朝鮮戦争、軍事クーデターと独裁、急速な経済成長など、韓国現代史と関連付けキリスト教の展開を追跡したい。特に韓国キリスト教の両極端、すなわち保守的「個人救援」神学中心のグループと進歩的「社会救援」神学中心のグループの全く異なった進路の選択にも注目する。

つづいて日本キリスト教と韓国の進歩的キリスト教グループの間に形成された「チームスピリット」(teamspirit)の関係も整理したい。日韓キリスト教関係史において、最も肯定的な協力と連帯の時代に行われた具体的共同活動の内容が明らかになるからである。そしてこのような戦後の日韓キリスト教関係史が新たな日韓関係の将来的課題においてどのような意味を持っているのかについても考えていきたい。

そして日本キリスト教の戦後七〇年の歴史を振り返るひとつの方法として、同じ時代の韓国キリスト教との比較論を提示する。すなわち戦後七〇年日韓キリスト教の相違点によって現在の両教会の状況を明確に理解することが最終的な課題である。

戦後日本キリスト教の歴史責任告白の整理

戦後日本キリスト教の歴史責任に関する認識や態度の変化をまとめるためにキリスト教界の主要声明書を整理した。

計三八篇、その内の大部分は、プロテスタント教界による声明であるが、単独あるいは連合で発表された二篇のカトリックの声明書も含まれている。全体的に見た時、八・一五以降の日本キリスト教界の歴史意識と韓国問題に対する意識のはっきりとした変化は刮目に値する。主要な内容では、戦争責任に対する悔い改めと告白とその責任問題を取り扱っている。直接的な「日韓併合」に言及した内容は数的には少ない方であると言えるが、とくに戦争協力問題、天皇制イデオロギーに対する妄信的崇拝、国家神道に対する偶像崇拝、アジアの民衆に対する収奪と侵略の罪過に対する率直な告白が主流をなしている。

日本キリスト教の歴史責任告白の意義

日本キリスト教の歴史責任告白は、日韓キリスト教関係史を肯定的な方向に転換する歴史的な意味を持っている。特に一九六七年三月「日本基督教団」議長の名で発表された「第二次世界大戦下における日本基督教団の責任についての告白」はもっとも重要な歴史的転換のきっかけになった。

キリスト教の歴史を全体的にみる際に歴史批判がなされるべき状況において、教会は既得権の側に立っていた。これとは逆に高く評価できる状況とは、キリスト教が本来の使命に立ち、「預言者」としての使命を充実に行った時期だと言える。戦前、日本キリスト教の多数は強力な国家の側に立ったのだが、戦争責任告白以降は全く異なった変化を見せることとなる。

戦後日本キリスト教が注目したマイノリティー

もし「日本基督教団」が一九六七年の「戦争責任告白」以降にも実践的変化が全然なかったら、その歴史的な意味は半減されたはずだ。しかし「教団」の態度はさまざまな部分において修正された。特に「社会的弱者」、すなわちマイノリティーに対する宣教的関心はその変化の核心的な部分である。これについても筆者の従来の研究より引用する。

「天皇制やその神聖化」、「靖国神社問題」、「平和憲法運動」、「現代日本の経済侵略」、「再軍備拡張問題」、「在日コリアンの人権問題」、「沖縄問題」、「部落差別問題」、「アイヌ問題」、「教科書問題」、「政治家たちの反歴史的、政略的発言問題」等の反省と是正要求そして解決のための「NGO的活動」において先頭に立っている。彼らはすでに懺悔の気流に乗りその実践の中心へ立ち、これにより社会構成員として深刻な不利益も甘受している。[1]

韓国キリスト教の現代史と韓国現代史の政治状況
――分断と戦争、そして五・一六軍事クーデターまで、政治的社会的既得権としての南韓キリスト教時代

八・一五分断は韓国民族史だけではなく韓国キリスト教史においてもまた受難と悲劇の歴史であった。戦前クリスチャンが多かった地域である北朝鮮のキリスト教は金日成政権の治下で大部分崩壊したし、かなり多くの北朝鮮のクリスチャンは分断以後南へ避難してきた。また一九五〇年「六・二五韓国戦争」の時にも、韓国キリスト教の被害は他のどのグループとも比較できないほど深刻であった。一方南韓政権下でのキリスト教は歴史的にはまったく異なった状態を見せている。米軍政期を経て一九四八年の李承晩政権樹立以後において、キリスト教は社会的特権層としての一面を見せるほどに有力な共同体であった。しかし当時のこのような状況から、韓国キリスト教を反省的に省察しなければならない事柄が多いのも事実である。第一、社会的な既得権を持っていた韓国のプロテスタント教会は、信仰的純粋性や神学的差別性を名分にして持続的に内部分裂を繰り返している。第二、キリスト教の社会的な既得権の形成と関連するが、韓国キリスト教が本来持っていた民族社会に対する犠牲的役割の伝統を大部分喪失し、むしろ利己的な共同体としてのイメージを形成した側面である。第三、多数のキリスト教界の異端や偽宗派が登場し、善良な民衆を惑わして現実逃避的な反社会集団化とさせた。第四、「親キリスト教政権」と呼ばれた李承晩政権は自分の政権延長を目的に、独裁、不正をしながら、甚だしくは選挙においても反民主的な方法での犯罪的選挙を行い、その過程の中でもむしろ韓国キリスト教界の主流は李承晩政権を無条件に支持し、李承晩が大統領を継続的に遂行す

ることが「神意」だと褒めたたえる罪過を犯した。このような理由で李承晩政権を倒した学生中心の一九六〇年四・一九革命以後、韓国キリスト教は排斥の主要な対象として指名されてしまったのである。(2)

韓国キリスト教の民主化運動
―進歩的クリスチャングループの政治への第一線参与と部分的失敗、進歩・保守間の激烈なイデオロギー対立のキリスト教時代

本格的に韓国キリスト教の少数の進歩的な人びとが中心となって全面的に政治、社会参与や政権反対運動を展開したのは、一九六九年に朴正熙政権が執権延長の目的で推進した無理な「三選改憲」に対する反対闘争からである。その後朴正熙政権は一九七二年「一〇月維新」という超憲法的措置によって終身執権を画策したことで、進歩的キリスト教勢力の民主化運動はいっそう本格的に展開されていった。続いて一九七九年のいわゆる「一〇・二六事態」での朴正熙大統領の死亡、同年「一二・一二新軍部クーデター」、一九八〇年の「五・一八光州民主化運動」、そして全斗煥政権における「反政府、民主化運動」、そしてついに一九八七年の「六・一〇大会」による「大統領直選制」を獲得する過程に至るまで、韓国キリスト教の少数・進歩勢力の社会参与運動は熾烈に持続された。(3)

韓国キリスト教の多数派と「資本主義」韓国現代のキリスト教の主流の特徴
―多数・保守「福音派」の政治的影響力拡大形成のキリスト教時代

この時期、多数の保守的キリスト教勢力は親政権的立場を堅持し、いわゆる「政教分離」の概念を理由として、少数・進歩的キリスト教勢力の「民主化運動」を批判しながら、教会内部的な教会成長と、信徒の量

的成長を通してキリスト教の社会的影響力の拡大を推進した。一方、韓国キリスト教の社会参与勢力は神学的にいわゆる「民衆神学」を創出し、政治的弾圧や経済的な疎外状況の中で、民衆の観点から聖書を新しく読むことによって具体的な「状況神学」を作り出した。これは韓国キリスト教が神学的に世界キリスト教に寄与したものであり、世界的な神学である南米の「解放神学」、北米の「黒人神学」、あるいは「フェミニスト神学」、日本の「部落神学」などとパラダイムを共にする神学的「預言性」を発揮した。特にこのような「民衆神学」を基礎として持続してきた韓国の進歩的クリスチャングループの「民主化運動」には、隣国日本のクリスチャンの協力があった。特に一九六七年に「日本基督教団」が教団議長の名義で発表した「第二次世界大戦下における戦争責任に関する告白」以後、実践的社会運動に参与した日本のクリスチャンの積極的な協力を受けた。日本のクリスチャンは韓国の少数クリスチャンの「民主化運動」を物心両面から支え、韓国民主化運動の世界的な「ネットワーク」(network)の構築や連帯、協力の核心的なパートナーになった。

結局この時期の韓国キリスト教と韓国社会の関係からその特徴を見ると、多数保守のキリスト教の量的成長の邁進、少数進歩のキリスト教の積極的な社会参与と預言者的な活動によって両者は二分されていることを発見することができる。この時から韓国キリスト教の社会参与の形態は一つの軸で整理できない様態、すなわちその性向が両極に二分し、その間には多様な傾向のスペクトルを形成している特性を見せる。(4)

韓国キリスト教の現状に関する憂慮—多数、あるいは主流キリスト教の問題

韓国の主流・多数のキリスト教の「政教癒着」が深刻な水準に達している。また韓国の多くのキリスト教会は度を超えた量的成長主義に陥っていて、これは極端に資本主義と結びついている。韓国キリスト教が現在の形態を整え、一つの有力な宗教として韓国社会に影響力を持つようになったのは、高度な量的成長の成

果が大きく作用したし、それがある側面で宣教的力量を築き、キリスト教価値観を広めるための能力の基盤となったことは否定できない。韓国プロテスタントの初期における多数の宣教師の倫理性向は、いわゆる「ピューリタン」(puritan) に類似する特徴を見せていて、一部「反世俗的」な価値観を現したこともあった。しかし韓国キリスト教の「後期成長期」、すなわち一九六〇—七〇年代以後の高度成長期においてはその価値観が正反対に転換した。教会の成長の価値は徹底的に外見、すなわち「ハードウェア」の基準で判断している。教徒の出席数、献金額、教会堂の坪数と規模、聖職者への給料をはじめとする教会の経済力が指標の中心となった。韓国教会が新しい省察と批判的な自己反省をするためには、まず韓国神学の全体的な自己点検と、預言者的な役割を忠実に果すことのできる新しい神学運動の構築をすることが先決な課題ではないかと考える。(5)

今まで韓国キリスト教会の問題点、現状の批判的側面を中心に議論してきた。しかしキリスト教の歴史的実体や歴史的過程はおよそ最低の状態であっても、新しい変革と肯定的な挑戦を提示するモデルをもたらしてきたのも事実である。最も否定的な状態が最も希望の状態であり、最低の状況でも摂理への信頼と夢を持てることがキリスト教の神学的地平であり、信仰の特徴である。このような観点から、先ず韓国キリスト教が持っている肯定的可能性を次の何種類かに分けて点検することができる。

第一、韓国キリスト教は歴史的に苦難の民族史とともに「十字架」を負ってきた歴史的遺産と伝統を強く持っている。これは韓国キリスト教の未来的課題の一つである民族社会の問題に真正に参与すること、再び「利他的貢献者」としての使命を果すことができる歴史的な遺産であると考える。

第二、韓国の民衆クリスチャンが持つ強い信仰とエネルギーは、その特性や方向性の問題はさておき、大きな長所であると同時に肯定的財産に違いない。彼らの熱心さは、それをどの方向に導いて行くのかという指導者の働きによってポジとネガの結果のどちらも創出できる「原石エネルギー」のようなものである。

第三、韓国の少数の進歩的神学は韓国の政治、経済等、社会の不幸な時代に、忠実に預言者的役割を代行してきた歴史的伝統を持っている。軍事独裁政権の反民主的政治状況や反人権的暗黒期において、命をかけて「民主化闘争」の先鋒に立って活躍した少数の神学者、聖職者、青年クリスチャンの行跡は世界の多くのクリスチャンたちに感動を与えた。特に日本のクリスチャンたちと、そして世界の多くの国のエキュメニカル（ecumenical）グループとの協力と連帯を築き、創造的なネットワークを創り出した経験を持っている。

第四、韓国教会の現状の中で、徐々に若い神学者と青年クリスチャンを中心にして思考の転換、価値観の変革、目標の修正という雰囲気も創りだされていることが感じられる。これはこれら少数の自覚と自己省察によって、韓国キリスト教の巨大な現状の流れを修正することができるという始まりを意味する。

第五、韓国キリスト教はいま韓日間の新しい連帯と協力、中国キリスト教との宣教協力という使命に忠実に自覚的に動いている。東アジアのキリスト教が一つにつながっている区画としてみると、相互間の交流と協力を通した新しい神学と宣教のパラダイムを新たに創りだすことのできる可能性を前に置いている。それだけでなく、これはさらに拡大された新しいアジアの観点によって世界のキリスト教を理解する地平にまで連結させることができると思う。このような観点の転換や新しい神学的認識の構築が韓国キリスト教の現状を大きく克服することができる最も重要な未来であり課題であると考えている。(6)

韓国キリスト教の高度成長と世界宣教

韓国キリスト教の高度成長の要因は韓国社会の分断と戦争、社会不安、一九六〇―七〇年代の急速の経済復興と分配の疎外の問題がある。教会内部的には教会成長主義の流行、信仰的な面には現世利益信仰、シャーマニズム的宗教文化、異端、新宗教的な宗教カリスマも関連があると思われる。その結果韓国主流教会に極端的資本主義、拝金主義が蔓延して、豪華聖殿建築、牧師たちの成功主義が問題になった。韓国教会の世界宣教もいわゆる「新帝国主義」的宣教方法論、移植的宣教模型の問題点を露わにした。

韓国キリスト教の南北統一運動

しかし一部の進歩的なキリスト者グループは、南北の統一運動の先頭に立っていた。彼らは南北キリスト者間の対話に積極的な姿勢を示し、北朝鮮に対する人道的支援事業においても韓国キリスト教が中心となり展開した。

韓国キリスト教の民主化、統一運動においての日本キリスト教の支援

この時期、日韓キリスト教間に肯定的協力時代が到来する。韓国の進歩的キリスト者グループの民主化運動、統一運動に日本キリスト教が積極的に協力した。韓国キリスト教と世界キリスト教間の橋の役割、世界の世論、言論への窓口となり、特に韓国キリスト教指導者たちの活動のベースになった。

この時代の日韓キリスト教関係は、日韓の和解と協力のモデルであった。

戦後日本キリスト教にみられない現状―韓国のキリスト教多数派との比較

日本キリスト教には、リバイバル運動、現世利益信仰（祝福信仰）、教会成長主義、伝道熱情（世界宣教含め）などがみられない。

戦後韓国キリスト教多数派にみられない現状—日本のキリスト教との比較

韓国キリスト教には、懺悔と告白のプロセス、「社会福音」的責任感、キリスト者としての歴史認識、宣教神学に対する批判的反省などがみられない。

注

これは筆者の既存の論文「日韓併合に対する日本プロテスタント教界の見解」『日韓キリスト教関係史論選』、かんよう出版、二〇一三年が参考になる。

(1) 徐正敏『日韓キリスト教関係史研究』、日本キリスト教団出版局、二〇〇九年、二九〇―二九一頁。

(2) 以上、徐正敏『日韓キリスト教関係史論選』、かんよう出版、二〇一三年、二一七―二二〇頁より引用。

(3) 同右、二二〇―二二一頁。

(4) 同右、二二一―二二二頁。

(5) 同右、二二七―二二九頁。

(6) 同右、二三〇―二三二頁。

第一三章　アジアキリスト教研究の主題

―日中韓キリスト教の歴史とその展開過程の諸前提―

一、序論　日中韓とアジアのアイデンティティ

本章の中心主題は「東アジアの近現代史とキリスト教」である。これまで日本・中国・韓国の各地域におけるキリスト教の研究は、それぞれの関心や方法論等にもとづいてそれぞれ個別的に研究されてきた傾向がある。キリスト教との接触の過程とその展開、歴史的状況の特殊性が互いに異なるという側面からいうと、当たり前のことかもしれない。ところが、近年になって各地域のキリスト教の受容史や現況を相互比較したり、大きな枠組みのもとで近代化の過程に積極的な貢献をしたキリスト教の果たした役割等をともに議論したりしてきた事例はある。このシンポジウムも日中韓の近現代史とつながりをもつキリスト教の展開を比較、省察し、相互間の研究主題と方法論に対する交流に貢献することを重要な目的としている。

筆者としては本章において、東アジアのキリスト教の歴史とその展開過程において共通の前提になり得るいくつかのテーマを加えて提示したい。これは今後東アジアキリスト教の研究主題の拡大といわゆる「アジア神学」

の発展的展開のために、部分的といえども参考になることを願っているからである。とりわけ、アジアの中心的一員でありながら、その歴史と現在においてアジアのアイデンティティが薄弱であると思われる韓中日の場合を重点的に考察しようと思っている。そしてアジア近現代史において躍動的に展開された重要な政治的テーゼとキリスト教との関係性を論ずることを通して東アジアキリスト教の研究テーマの範疇を広げたいと考えている。

筆者の立場から広くみると、中国は「アジアアイデンティティ」がないかまたは足りない。中華思想（sinocentrism）、世界中心意識がその理由といえるだろう。中国にとって歴史的にみた場合、アジアはつねに周辺であり、自らの直接または間接的な影響力に対象にすぎなかった。一方韓国は中国からの独自性の確保と依存的安定の追及を繰り返した。とりわけ、近代以後日本、つまり「アジア帝国主義」の侵略と植民地経験を通してアジアに対する否定的認識を広めた。近現代史以後、アメリカを中心にする西側志向、とりわけ民族分断と葛藤、六・二五韓国戦争、ベトナム戦の参戦等の過程を経て、アジア嫌悪が加重され、「アジアアイデンティティ」はきわめて制限的である。日本の場合は近代化過程それ自体がアジアからの脱皮である。「脱亜入欧」が中心的な目標であった。そしてやがて西側的な近代化を成就させたあと、「大東亜共栄圏」を主唱したけれども、それは日本とアジアの対等的な連携や協力ではなかった。依然として日本はまだアジアにしっかり回帰していない。

結果的に韓中日のアジア的なアイデンティティは極めて不十分である。しかし、アジアの政治、経済、文化ひいてはキリスト教に至るまで、韓中日は圧倒的なアジアの主軸であり、重要な責任を果たさなければならない立場にある。

二、韓国・中国・日本のキリスト教前史（先史）

イエス・キリストの使徒トマスがインドまで来てキリストの福音を伝えたことはおおよそ定説として受け入れられている。とりわけ三世紀初めに書き記された外典『トマス福音書』（The Acts of Thomas）によると、パウロが小アジア地域で伝道しているとき、トマスがインドに着いて伝道したのだという。とりわけ一六世紀インド宣教をはじめたカトリック宣教師たちによると、インド西南部海岸のマラバル（Malabar）地域では使徒トマスよりキリスト教信仰を伝え聞き信仰告白を繋いできたという共同体に関する報告もあった。それだけなくインド東南部のマイラポール（Mylapore）地域にはトマスの殉教と関連する遺跡も発見されたことで知られている。もちろんこれを的確なドキュメンタリヒストリーで確証することはできないが、しかしトマスのインド宣教と殉教の形跡に関する告白的伝承が存在しているのは事実である。他方、一部トマスがインドを経て中国にまで行ってキリスト教信仰を伝えたとする説もある。もちろん中国の後漢（紀元二六―二二〇年）時代にはインドと中国をつなぐ交易路が活発しており、この時期インドから仏教が中国に伝わった歴史を参照すれば、トマスによる信仰共同体が中国と接触した可能性を完全に排除することはできないが、トマスによる直接的な中国伝道説それ自体は証明しがたい推測にすぎないとみるべきであろう。(1)

東アジアとキリスト教との歴史の具体的なはじまりは、七世紀唐時代に中国に到着した〝シリアのキリスト教〟「景教」である。六三五年アロペン（Alopen）を団長として到来した宣教団は中国で大いに流行し、唐の末期まで隆盛した記録が見られる。とりわけこの時期中国と頻繁に交流していた韓国（統一新羅時代）、日本にまで伝来したと伝えられており、またそのように推定される。しかし、韓国の場合、景教伝来についての傍証的な痕跡はあるが、それが確証可能な記録として残されていないため、まだ正史として記録されてはいない。その後、一三世紀に中国の元代に再来し、再興した景教である「エルケウン」（也里可温、Arkagun）も同じく当時の高麗と日本への移動の可能性があるが定かではない。

その後、一二四六年元の和林に到着したローマ教皇の全権大使カルピニ（Carpini）や、一二五三年同じく元を訪れたフランシスコ修道会所属のルブルック（Ruburck）とクレモナ（Cremona）、一二九四年同修道会所属のコルヴィノ（Corvino）による北京宣教と一三〇七年中国教区の創設などが最初の東アジアとカトリックの接触史である。しかし、カトリックによる本格的な東アジア宣教は宗教改革以後と考えるべきである。その東アジアにおける最初の到着地は日本である。同じくインドで最初に活動を始めたイエズス会のザビエルが一五四九年八月一五日鹿児島に到着したのである。その後、一五八〇年代末迫害が始まるまで一時期には二〇万人以上の「キリシタン」改宗者を数えるほどまで発展した。しかし、日本の初期カトリックは政治外交的な理由で大きな弾圧を受け急激に衰退した。一方、中国は日本宣教を拓いたザビエルが一五五二年八月広東近くの上川島に到着したのが宗教改革以後中国とカトリックによる宣教の最初の接触（交流）である。それに続きローマ法王庁はカルネイロ（Carneiro）を中国主教に任命し本格的な宣教を始めた。その後ルッジエリ（Ruggieri）、リッチ（Ricci）らのイエズス会宣教師たちが草創期中国カトリック宣教と東西文化交流の立役者になった。ところが、韓国は日本と中国に比べてカトリックとの交流が遅れた。一五九二年文禄の役当時日本軍隊の従軍神父だったセスペデス（Cespedes）がカトリック神父として初めて韓国に到着した。もちろん彼は韓国人のための宣教師ではなかった。本格的に韓国のカトリック受容が展開されたのはイエズス会の中国宣教師たちが著したカトリック書籍を用いた韓国人学者たちの学問的な研究が先行され、彼らの中から自発的に信仰共同体が形成された一八世紀後半ころである。それにもかかわらず結果的に韓国のカトリックがもっとも活発に拡散された。しかし、朝鮮王朝は強力な禁教、弾圧政策を展開し、それによって東アジアで最高かつ激烈な「血の歴史」すなわち殉教、受難の歴史を見せた。

一方プロテスタントの場合はやはり中国宣教がもっとも先立つ。一八〇七年中国最初のプロテスタント宣教師ロバート・モリソンがロンドン宣教会の派遣によって中国に到着した。彼は中国宣教の開拓者であり、聖書翻訳者として中国プロテスタントの最初の礎を築いた。日本の場合は、公式には一八七三年政府のキリスト教に対する禁止処置が撤廃されたことによって、西側プロテスタント宣教師たちの活動が自由になった。直接的伝道活動のほかにも教育機関を通した布教活動が活発に展開されはじめた。韓国は中国や日本に比べてプロテスタントの受容においても遅れをとった。一八八〇年代初葉中国を通した韓国人改宗者とハングルの聖書翻訳者たち、そして日本の先進文物を学ぼうとして留学した知識人李樹廷による聖書翻訳などによってプロテスタント受容、交流などが始まった。そして一八八四年アメリカプロテスタント医療宣教師アレン（H. N. Allen）や一八八五年教育宣教師アンダーウッド（H. G. Underwood）、アペンゼラー（H. G. Appenzeller）などの到来によって宣教活動が本格化した。

三、「帝国主義」〈imperialism〉、または「植民地主義」〈colonialism〉とキリスト教

まず、その概念と歴史を宗教改革、あるいはもっと具体的にヨーロッパの産業革命期以後の時代に限定すると、近代帝国主義、または植民地主義はキリスト教と密接に連関している。先進近代国家たちは政治軍事的、あるいは経済的に自国の影響力を行使して利益を最大限獲得し、具体的に様々な地域で植民統治の領域を競って拡張した。これを括って近代帝国主義と通称したり植民地主義と自称したりすることができる。

近代帝国主義ないし植民地主義は、一五世紀後半に始まり、一六世紀に範囲が拡大され、一定期間の小康時期

もあったが、一七世紀から一九世紀、ひいては二〇世紀半ばに至るまで全世界の様々な地域で持続的に展開された現象である。とりわけ帝国主義の主軸国家のほとんどが西側キリスト教国家であったし、直接的間接的に宗教改革以後キリスト教の世界宣教プログラムとも連動した。これと関連して近代帝国主義（植民地主義）を次のように大きく区分してみることもできるだろう。

（一）カトリック帝国主義（植民主義）：中心となった国家はスペイン、ポルトガル、フランスなどであり、その対象地域はアフリカの一部、アジアの一部、中南米（ラテン）アメリカのほとんどである。時期的にもっとも先立ってすでに一五世紀から植民地開拓が始まっており、とりわけ中南米の場合に観察されるのであるが、歴史上もっとも酷烈な形態の植民地主義が実行されたと考えることができよう。

（二）プロテスタント帝国主義（植民地主義）：中心となった国家はイギリス、オランダ、ドイツ、後発国家のアメリカなどが参加した。その対象地域は北米のほとんどの地域、アフリカのいろんな地域、インドとインドシナ、マレイ、インドネシアなどのアジアの大部分、オセアニア地域などである。一五、一六世紀プロテスタント国家のうち、海洋貿易の強力な推進国であったオランダ、イギリスなどが中心であった。一時期イギリスの植民地は全世界に広く分布され、「日の沈まない国」という別称をもつほどであった。

（三）非キリスト教帝国主義（植民地主義）：中心となった国家は日本、その対象地域は朝鮮半島、台湾、中国とアジアの一部であった。もっとも後発の、時期の短い帝国主義であったが、強力な植民地主義の典型であった。

以上の区分によると、近代帝国主義、すなわち植民地主義の侵略ルートとキリスト教の宣教ルートが同じ進路を形成しており、日本帝国主義は逆に「キリスト教コンプレックス」を現わし、西側キリスト教帝国主義に対して極度な警戒を見せた。

一九四五年第二次世界大戦の終息とともに帝国主義、植民地主義は終焉を迎えた。しかし、アジア、太平洋地域の所々にはまだその痕跡が残っており、従前とは異なる形態の帝国主義、すなわち政治的、経済的、文化的側面からの直接的間接的影響力の持続は実在すると見て取ることができる。こんな観点から近代帝国主義、植民地主義の被害者、または加害者としてのアジアの韓国・中国・日本の事例、すなわちアジアキリスト教の研究と関連する歴史的テーマとして帝国主義問題は重要な項目にならないわけがない。

四、「民族主義」とキリスト教

「民族主義」はおよそ近代的な概念である。ただこの論議の比較のため、古代からユダヤ教の宗教的民族主義とは区別する必要がある。そしてこのような旧約聖書的なユダヤ民族主義もまた一九世紀以後に起こった「シオニズム」（zionism）と区分しなければならない概念である。ともかく、キリスト教はユダヤ民族中心のユダヤ教アイデンティティから世界万民主義を志向してきた真逆の思想的ルートをもっている。したがってキリスト教はどの形態の民族主義とも積極的に提携できることのできない生まれつきの特性をもっている。

一方、ヨーロッパの近代革命期以後構築された民族主義は、帝国主義時代にアジア、アフリカ地域に転移されながら「植民地民族主義」として展開された。これら近代民族主義をもう少しはっきり理解するために発表者は、民族主義を「攻撃的な民族主義」（offensive nationalism）と「防衛的民族主義」（defensive nationalism）に分ける。大きな枠組みのなかで話すと、近代アジア、アフリカ地域を中心とした「植民地民族主義」は「防衛的民族主義」と一脈相通ずるといえる。したがって、アジアではキリスト教と民族主義はさらに敵対的になるしかなかった。

キリスト教は帝国主義すなわち植民地主義者の専有物であり、アジア民族主義はそれたと対決しなくてはならなかったからである。しかしほぼ唯一的にキリスト教帝国主義ではない日本帝国主義と対抗した韓国の民族主義は、却ってキリスト教と提携し「韓国民族キリスト教」を形成するという例外を創り出した。とりわけこれは単に異なるアジア地域と区分される構造的な条件、すなわち「非キリスト教帝国主義」から侵略を受けたという要素だけではなく、「防衛的民族主義」のもつ「苦難の実存」と連係され、「十字架の宗教」としてキリスト教が連帯できる可能性をも現わした事例である。しかし、依然として近代以後中国の場合は民族主義がキリスト教を排撃する抵抗的エネルギーとして働いた。そして日本の場合、キリスト教の受容者の間に、キリスト教が民族主義あるいは国家主義に追従して国家目標に先立って率先垂範する「ヨーロッパ型国家主義キリスト教」の形態を創り出したりもした。こうした民族主義の問題もまた日本・中国・韓国のキリスト教研究の重要なテーマとして看過できない。

五、「社会主義」とキリスト教

社会主義もまた思想的基底の特性上キリスト教と対立関係に置かれるしかなかった。とりわけアジアにおける社会主義運動の特徴は帝国主義との対決という側面を強くもっているがゆえに帝国主義の背景として認識されたキリスト教に対する排斥意義は強くなった。その上、実際的に一九四五年以後朝鮮半島における南北分断と戦争、北朝鮮政権と韓国キリスト教との葛藤のいきさつは東アジアにおける社会主義とキリスト教の関係を克明に現わした事例である。朝鮮半島の北部地域は本来キリスト教の優勢な地域であった。一時期平壌は「アジアのエルサレム」と呼ばれた。分断以前韓国キリスト教の多数、少なくとも七割以上は北部地域に分布していた。しかし、南北分断以後北朝鮮の社会主義政権とキリスト教の間では政治的理由を含んだ対決局面のため深刻な葛藤が生じた。多くのキリスト教指導者たちが政治的受難を被り、多くのクリスチャンたちが南韓に避難した。もちろん六・二五韓国戦争期には朝鮮半島ほとんどの地域で社会主義とキリスト教との葛藤が先鋭化した。その結果、北朝鮮のキリスト教は衰え、名目だけ維持され、南韓のキリスト教は強力な「反共キリスト教」としてのアイデンティティとその伝統を確立するに至った。

一方、現代中国史における社会主義とキリスト教の関係もまたアジアのキリスト教状況の鍵とならざるをえない。とりわけ一九六六年以後約一〇年間のいわゆる「文化大革命」（Cultural revolution）時期、中国キリスト教の歴史はまた異なる歴史的事例として検討されなければならないだろう。つまるところ、社会主義運動とキリスト教の関係もまた世界史的コンテクストにおける一般論とはことなり、アジアの特殊な状況、とりわけ東アジアの具体的現場における経験のもつ違う側面に対する綿密な省察が要求される主題となるほかない。

六、「資本主義」とキリスト教

資本主義の源は宗教改革以後のヨーロッパの変化からである。とりわけ、産業革命と西側帝国主義の拡散が資本主義を牽引し、その肯定、否定の側面を超えて世界的価値の流れの基調となった。換言すれば、帝国主義または植民地主義は資本主義の克明な実践方式だったということができるだろう。利潤の追求が絶対的な命題となり、正当な分配の問題や正義の実現の価値が留保される特徴をもつ資本主義は、第一次世界大戦前後世界的な社会主義革命と植民地主義にたいする抵抗によって展開されたアジア・アフリカ民族解放運動、一九三〇年代世界経済の大恐慌などの危機を被った。しかし、第二次世界大戦以後一部の国家による資本主義市場経済を通じた経済的成就の事例によって再興を成した。そしてついに中国の実用主義経済対策に代表されるように、部分的に資本主義市場経済方式を採用する動きは政治体制を問わず、いろんな地域と国家に広がった。すなわち資本主義は歴史的には改革、改良の経緯はあったけれども、その影響力は持続的であった。ただ現在もいろんな側面から警戒するほかないすなわち極端的な資本主義あるいは拝金主義の弊害、そして断片的、枝葉的利益の追求に没入して選択する「新自由主義」（neoliberalism）の跋扈などは警戒しなければならない要素とならざるを得ない。

キリスト教の根源的な思想は不問として、西側帝国主義に便乗して到来したアジアのキリスト教は資本主義と密接に背景を共有してきたことは事実である。とはいえ、さらに現状的な問題としては現在韓国の一部のプロテスタント大型教会、または特定のキリスト教系新興宗教がこうした極端的資本主義と具体的に連関している点である。特別に指し示して「宗教産業」といわれたりもする現象である。これら集団の内部的特性は、企業経営の方式、投資と利潤獲得の論理で宗教またはキリスト教の宣教や教会成長のプロクラムを展開するところにある。これがただ韓国内の現象としてだけにとどまらず、一部その他のアジア地域に拡散する様相もみせている。極端的表現であるかもしれないが、「新帝国主義の宣教モデル」が部分的に再現されているのである。これは韓国・中国・日本の相互間にも直接的間接的影響を与えている現象をみせている。これもまたアジアキリスト教研究の現在、未来の分析の課題であることは明らかである。

七、結論　新しい「アジア神学」の可能性

「アジア神学」はキリスト教をアジアの宗教、思想、文化、価値などに連係させたり、比較して可能な範囲内でアジア的特徴を加えようと努力したりするものとして理解されてきた。すなわち「組織神学的思惟移入」を通

してアジアの伝統的宗教的情感とキリスト教神学の一部の表現を一致させて同一の内在であることを宣言することなどを重要な課題としてきたことは確かである。したがってつねに仏教とキリスト教、儒教とキリスト教、その他のアジアの宗教観念や文化様式と類似したキリスト教の伝承を発見する作業が重要であった。これに儒教と東洋哲学の上帝概念とキリスト教の「ハヌニム」、仏教の「弥勒信仰」とキリスト教のメシア（Messiah）思想、韓国の民間信仰の「鄭鑑録」信仰とキリスト教のメシア信仰等を連係させることなどが一度ならずあった。大概は「土着化神学」の一環であり、「適応主義的宣教神学」の特徴がその中心であった。

このような批判認識を基盤に設定しなおそうとする「アジア神学」にたいする結論的提案を、二〇一七年明治学院大学キリスト教研究所が開講した「アジア神学セミナー」コースの開設趣意書の内容の一部を引用することでその代わりとさせていただきたい。

本セミナーは、当面東アジアのキリスト教史を中心的なテーマ領域としてスタートするが、その根底にある問題意識には、仏教のような本格的なアジア宗教の根底に広範に広がっている「アニミスティックな感性」や、あるいは「アジア的霊性」に対して、マイノリティ宗教としてのキリスト教が過去、現在、将来において、どのように関わってきたのか、関わっているのか、今後関わっていけばいいのかといった歴史認識の問題とそれを超えた実践的問題関心がある。

アジア宗教の主流である習俗化したシンクレティズム（宗教混淆）に対して、外来宗教としてのキリスト教宣教は多くの挫折を経験して今日に至っている。その経験から提起されている「欧米文明化」型キリスト教宣教とそれを支えてきた神学・キリスト教倫理の見直しの問題、アジアの文脈の中での聖書の読み方の問題など、キリスト教の根幹に関わる問題群も本セミナーで順次取り上げられる。

これらの問題群は、従来のアジア宗教（たとえば禅仏教者）とキリスト教（の神学者）による「宗教間対話」からはなかなか見えてこないテーマであり、日本人を含むアジアの人々の日常生活の中に溶け込んでいる多様な宗教的感性（政治的・社会的感性を含む）とキリスト教との接面を掘り起こす作業を不可欠とする。

これらは教会の牧会現場やキリスト教学校の教育現場、職場等での具体的な経験、知見を持ち寄って討議することで初めて考察対象自体が見えてくるといった性格のものであり、本セミナーでは、それを広く「エイシアン・コンテクスト（アジア文脈）の中のキリスト教」という言葉で捉え、それに固有の問題性をキリスト教神学の諸概念とつきあわせながら、従来の神学概念の有効性もしくは無効性についても検討していきたい。

そのために本セミナーでは、参加者の生の生活感覚・諸経験からの報告と、それをめぐる議論を大事にしつつ、当面する課題そのものの発見と、その解決に向けた実践的検討を重視していく。問題の解決を性急に伝統的組織神学の枠の中に求めることをせず、それを「アジア文脈」の問題として一旦捉え直し、その場で「神学する」ことを通して問題解決の神学的道筋を見出していくというのが本セミナーの主眼である。本セミナーの最終的な目も、そのようにして得られた神学的思考の道筋を蓄積しながら「アジア文脈の神学の可能性」を探り、世界に発信していくことにある。(2)

注

（1）A.F.J. Klijn, The Acts of Thomas: Introduction, Text, and Commentary <Leiden: Koninklijke Brill NV, 2003>; History of Christianity in India <Bangalore: Church History Association of India, 2001>; S.J. Anthonysamy, A Saga of Faith: St.

Thomas the Apostle of India <Mylapore：National Shrine of St. Thomas Basilica、2009 >；H.D. Souza、In the Steps of St. Thomas <Mylapore：Disciples of St. Thomas、2009>：王治心『中国基督教史講』、香港：基督教文芸出版社、一九七九年：韓国基督教歴史学会編『韓国キリスト教の歴史二』改訂版、ソウル、基督教文社、二〇一一年、などを参照。

（2）明治学院大学キリスト教研究所「アジア神学セミナー趣意書」、二〇一七年四月。

第一四章　東京発「一九七三年韓国キリスト者宣言」の経緯と内容

―池明観、呉在植、金容福の活動を中心に―

はじめに

一九七二年一〇月、韓国の朴正熙軍事政権はいわゆる「一〇月維新」を断行した。これは超憲法的処置で、事実上朴正熙の永久執権を画策する反民主的政変だった。一九六一年の朴正熙一派の五・一六軍事クーデター以後、特に朴正熙の大統領三選出馬のための強圧的「三選改憲」以降、韓国民主化運動に邁進していた運動勢力は、大きな衝撃と挫折を経験したが、さらに強力な意志をもって民主化運動の隊列を整え、闘争の方法と路線を再構築してゆかなければならない状況におかれた。

当時の韓国民主化運動勢力の主軸としては、プロテスタント・キリスト教の少数リベラル派勢力とカトリック勢力が協力するキリスト教リーダーシップが重要な役割を担っていた。特に「韓国キリスト教教会協議会」（以下、NCCK）を中心とするキリスト教エキュメニカル共同体は様々な方面で民主化闘争を企画し、また民主勢力に対する政府弾圧で投獄や拷問されるなど人権を侵害される人々に対する支援、救助活動に尽力した。

そして日本に滞在する海外教会との連帯・協力のための一部組織、その仕事に従事していた人々と日本キリスト教、およびその窓口を通じた欧米、アジア諸国キリスト教との連合は、韓国民主化運動の最も強固なコミュニケーションと支援ネットワークのベースだった。

とはいえ、当時の韓国キリスト教の民主化運動はごく限られた少数グループの活動であり、韓国キリスト教多数派を占めていたいわゆる「福音派」、「敬虔主義グループ」はこの運動に関心を持たないか、むしろ軍事政権を支持し、教会の量的成長にのみ関心を置いていた。しかも同じキリスト教グループでありながらも、民主化運動に積極的な進歩的キリスト教を強く批判して、その活動を妨害する姿勢さえ取っていた。彼らの論理はいわゆる「政教分離原則」[1]であるが、じつをいうと自分たちの軍事政権支持や現実政治への影響力行使についてはそれを棚に上げ、民主化運動に参加するグループに対してだけ「政教分離原則」を主張するという矛盾に満ちたものであった。

このような状況下で積極的な闘争活動に取り組み、海外教会とのネットワークを形成していった韓国キリスト教民主化運動勢力は、上記のような国内教会のありさまと少数派という勢力の限界などによって、韓国キリスト教人全体の名の下に民主化運動を推進する教会共同体としての信念、特に神学的立場の表明が難しい状況だった。いうまでもなく、キリスト教の社会参加・闘争は、あくまでその神学的、信仰告白的基礎を示さなければ、その行動の根拠を正しく確保できない。それは対外的説得力の確保、すなわち海外教会との協力と連帯を実現する上できわめて重要なことであった。

ここにおいて、在東京の韓国キリスト教民主化運動の主導者たちは、国内教会とりわけＮＣＣＫの中心勢力と連携し、韓国キリスト教民主化運動史における最初の神学的宣言であり信仰告白である「一九七三年韓国キリスト者宣言」(以下「東京宣言文」)を作成するに至る。そしてそれは一九七三年五月二〇日付で秘密裡に韓国で流布され、その後海外に発表された。

本章では、神学史的にも意義深い「東京宣言文」の作成経緯とその内容分析をおこなうこととする。特に作成経緯については当時東京に滞在し、実際にこの仕事を推進した三人、すなわち宣言の韓国語版と日本語版を作成した池明観、英語版を作成した金容福（最終的な英文校閲は夫人であるアメリカ人 Marion Kim が担当した）、そして全体的なプロセスを主導し、国内組織との連絡、世界教会への通報、送告までを手配した呉在植の活動を中心に描出してみたい。

本章において、宣言の作成経緯解明にあたっては、一九九八年六月一三日、韓国キリスト教歴史研究所が主催した特別座談会（筆者が司会進行を担当した）における池明観、呉在植の証言記録を一次的な資料として活用する。[2] そして内容分析のためには、韓国語版と日本語版の「東京宣言文」に基づき神学的分析を試みてみる。

筆者としては本章が、韓国民主化運動の同時代的便宜的記録整理といった次元を超えて、本格的な歴史整

「東京宣言文」作成者の特別座談会、1998年６月13日、韓国キリスト教歴史研究所、証言は池明観、呉在植、司会と質問は徐正敏（左から呉在植、池明観、徐正敏、写真は韓国キリスト教歴史研究所提供）

理すなわち韓国キリスト教史あるいは日韓キリスト教関係史の観点で本宣言を考察する最初の試みになることを望んでいる。当事者の三名は、呉在植が二〇一三年一月三日、池明観が二〇二二年一月一日、そしてこの論文が計画され始めたばかりの二〇二二年四月七日には金容福さえもが故人になった。故人と交誼を持ち得た者としては悲しいことであり、いまとなってはもはや残された史料のみに頼ることができるだけで、直接作成当事者の新しい回想や新証言を得ることはもはや不可能になったのであるが、一方では歴史化な視点で宣言を整理できる副次的条件が整ったともいえる。

一、時代状況

朴正熙は一九六一年五月一六日、自らを支持する一部の勢力とともに軍事クーデターを起こした。部分的な難航もあったが、クーデターは成功し、彼は権力を掌握した。初期には内外に革命の名分を掲げ、政治状況が安定すれば軍に復帰することを明らかにした。しかし、行政、立法全般の憲法的権力を振りかざした「軍事革命委員会」（後に「国家再建最高会議」に名称変更）を掌握した朴正熙の野心は果てしなかった。政治的立地のために「民主共和党」を組織し、政治的目標を達成するために機能した「中央情報部」（初代の情報部長は金鍾泌）を創設した。その後、軍隊復帰の約束を反古にして自身が大統領選に出馬し、成立したいわゆる「第三共和国」の成立の日、すなわち一九六三年一二月一七日から朴正熙軍事政権の鉄血統治は本格化した。以後、任期四年で二回在任が可能な憲法を、秘密情報組織の圧力を総動員し、一九六九年九月一四日、三選改憲発議案を国会で強圧的に通過させ、形式的国民投票を経て確定させた。その結果、一九七一年四月、三期目の大統領に就任したが、彼とその追従勢力の政治的欲望は無限だった。ついにその翌年の一九七二年一〇月一七日、いわゆる「一〇月維新」を断行した。国家緊急事態を宣言した状況下に強行されたこの措置により、大統領選挙は間接選挙に変わり、朴正熙の終身執権が可能になった。また、この前後の過程で、民主化を念願していた勢力に対する反人権的暴圧、投獄、拷問、スパイ操作、共産主義者烙印、形式的な軍事裁判の死刑宣告と即時執行による殺害などがおこなわれたことは、すでに複数の経路の韓国現代史家によって確認されている。特に、一九七四年一月に発効した「緊急措置」第一号から一九七五年五月の第九号までの暴力的措置は、近代国家権力の最後の防塁ともいうべき司法権を崩壊させ、国民の最小限の基本的人権を蹂躙した[3]。

「東京宣言文」が作成された時代的背景を、朴正熙軍事政権の反民主的行動の年表的整理だけ述べることはじゅうぶんではない。よってここでは当時の時代背景の認識を、「東京宣言文」作成者のそれを引くことで浮き彫りにしてみたい。

　一人が三権を完全掌握し、国民を抑制することにあらゆる軍事力と情報組織を動員している今日の状況のもとで、われわれはこの宣言に署名した人々の名前を明らかにすることに躊躇をおぼえる。われわれはわれわれの戦いが勝利を獲得し得る日まで、地下に身を隠し、口を閉ざして行動しなければならないからである[4]。

ここには国家の三権を掌握して、国民を抑圧するため軍事力と情報組織が動員される状況、「東京宣言文」を支持する人々の名前すらも明らかにすることができない極限状態の時代認識が明確に表明されている。

さらに「東京宣言文」は、朴正熙政権の「一〇月維新」前後の状況について次のように述べている。

昨年一〇月以来、韓国国民が当面した状況は極めて深刻である。大統領に集中した権力はわが国民の生活に甚大な脅威を与えている。（中略）第二次世界大戦以後、わが国民は祖国が南北に分断された状況のもとで数多くの苦難と試練、社会的混乱と経済的収奪を経験してきた。特に韓国動乱とその後をついだ独裁政権の恣意横行は、わが国民を耐え難しい悲劇の中におとし入れた。国民は常に、新しくまた平和な社会を享受することができるよう熱望し続けた。しかるに今や独裁の絶対化と残忍な政治的弾圧によって、こうした人間的な社会を回復しようとする国民の希望は無惨にも打ち砕かれてしまった。去る一〇月一七日のいわゆる「十月維新」は、邪悪な人間どもがその支配と利益のためにこしらえた国民に対する反逆であるとわれわれは考える。(5)

これらによって「東京宣言文」作成者の同時代に対する状況認識を理解することができるだろう。

二、「東京宣言文」作成主体

歴史的文書が作成、頒布される過程には、複数の人物の参加、献身、協力が必要となる。特に抑圧された状況下で進行される文書作成には、無名の多くの人々の貢献が不可欠である。「東京宣言文」も同様であろう。ただし、この論文では、当時、直接作成に関わった主導者たちとそれを助けたネットワークの一端に焦点を当ててみることとする。すなわち「東京宣言文」の作成主導人物とは、池明観、呉在植、金容福に集約されるのであるが、(6)まず彼らの生涯と活動の履歴をたどっておく。

池明観：一九二四年一〇月一一日、平北定州で生まれた。平壌高等普通学校を経て、新義州師範学校を修了した。

分断、越南以後しばらく小学校で教鞭をとったが、一九四八年九月ソウル大学宗教学科に入学した。韓国戦争勃発後の一九五〇年九月に韓国軍に入隊し、翌年六月に通訳将校に任官し、一九五五年四月まで服務した。その間、一九五四年九月にソウル大学を卒業し、同年一一月にカン・ジョンスクと結婚した。一九五六年四月、ソウル大学大学院宗教学科の修士課程に入学、宗教哲学を専攻し、ソウルの徳成女子高校で教鞭を取った。一九五八年には修士課程修了後、博士課程に進学し、一九六〇年から新聞、雑誌などの様々なジャーナルに寄稿し、メディア活動を始めた。同年、徳成女子大学で哲学科目講義を担当した。翌年、徳城女子中高校校長を務め、同年ソウル大学大学院博士課程を満了し、ソウル大学文理大学でも哲学を講義した。しかし、一九六二年七月『朝鮮日報』に寄稿した政治的状況に対する寄稿文の内容が問題になり、在職していた徳城女子中高校とソウル大学講師を不本意ながら辞職する。その年八月当時、韓国民主化運動の中心となった雑誌『思想界』の主幹に就任し、軍事政権に対する言論闘争を本格的に開始する。

一九六五年一二月、日本の月刊誌『自由』社の招待で初めて日本を訪問し、東京、京都旅行をはじめ、様々な日本の知識人、ジャーナリスト、出版人などと交流を始めた[7]。一九六六年二月、軍事政権の弾圧により、『思想界』の主幹を退職し、徳成女子大学教授に着任した。その年一〇月、日本語著書初出版となる『流れに抗して』（新教出版社）を発行した。一九六七年九月、アメリカのニューヨークのユニオン神学校での一年間の留学のため渡米し、その翌年ヨーロッパ旅行後、再び日本を訪問した。一九七二年徳成女子高校校長に就任したが、この頃から渡日して、日本で活動することを決心したという。そしてついに一九七二年一〇月三〇日、東京大学大学院政治学コースに留学するという名目で日本に到着し、その後の二〇年余りの亡命教授生活を始めたのだ。同年から岩波書店の『世界』にT・K生というペンネームで「韓国からの通信」を連載し始めた。

東京滞在中、一九七三年二月から主導者たちと共に歴史的文書である「東京宣言文」を五月二〇日発表するに至る。その後一九七四年五月から日本同志らの助けと世界教会協議会（WCC）などの財政支援に支えられ、東京女子大学客員教授、教授をつとめ、一九九三年四月帰国まで在職し、哲学、キリスト教、現代思想、アジア近代化論、韓国近現代史、国際関係論、韓国文化研究などを講義した。その間、持続的な匿名、実名の執筆活動と日韓、国際間の連帯活動を中心に韓国民主化運動の海外活動拠点を主導した。他にも持続的な学問活動、一九七五年『韓国現代史と教会史』（新教出版社）をはじめ、多数の研究書、著書を出版した。特に池明観が中心となって編集刊行した、『日韓キリスト教関係史資料』（一九八四、新教出版社、第二巻、第三巻はそれぞれ別の編集により、一九九五年、二〇二〇年に発行）の貢献は日韓関係史研究の基礎となった。

池明観の日本での事実上亡命教授としての生涯で、韓国民主化運動と関連した最も大きな足跡は二つに集約される。

まず、一九七二年末から始まった、ペンネームT・K生で雑誌『世界』に連載した「韓国からの通信」の執筆である。これは朴正熙軍事政権のいわゆる「一〇月維新」以後、厳しく統制された韓国の政治、社会、人権弾圧の実情について、秘密ルートで得た資料を利用し、匿名で日本媒体に寄稿したが、これを通じて韓国民主化運動の日韓と国際連帯の根幹がかたちづくられることとなる。

彼は「韓国からの通信」という記事を雑誌『世界』に匿名「T・K生」として連載した。それは韓国の民主化運動とそれに対する政府の弾圧の状況を、韓国からの資料を用いて日本と世界の同志たちに伝えるものであった。この作業は日韓両国の同志たちにそれこそ「〇〇七作戦」を彷彿とさせた。その筆者すなわち「T・K生」が誰であったかという秘密は、二〇〇三年に池明観自身が明らかにするまで誰一人知らなかったのである。彼ら日韓同志の結束は、当時の悪名高き「韓国中央情報部」（KCIA）の執拗な追跡をもやすやすとくぐり抜けることができた[8]。

この連載の資料伝達、執筆、編集、刊行のため、彼とごく少数の韓国人、日本人同志だけが参画する秘密作戦が行われたという。そして最後までこのルートは健在し、韓国情報機関の執拗な追跡を回避して所期の成果を得ることができた。ペンネームT・K生がまさに池明観自身だったという事実は二〇〇三年に至り池明観自らが告白、公開するまでは誰も認知できなかった事実だった。その事情の究明もまた歴史的研究の一課題であろう[9]。

第二に、池明観の日本で民主化運動への貢献、功績の最大のものは、やはり「東京宣言文」の作成であるが、それについてはのちほど言及する。

さて、池明観は一九九三年四月、二〇年余りの日本生活と活動を終えて韓国に帰国した。帰国翌年の一九九四年三月から春川の翰林大学教授兼日本学研究所所長に就任した。その後、持続的な日韓関係の学術、民間外交、共同プロジェクトで役割を果たし、日韓間を行き来し、また日本に長短期滞在し続けた。特に二〇〇一年には韓国放送公社（ＫＢＳ）理事長に就任、メディア活動でも足跡を残した。二〇一二年アメリカでの長期滞在のために出国、二〇一四年には再び帰国し、韓国と日本で講演、執筆、活動を続けたのち、二〇二二年一月一日、九七歳でソウル近郊で逝去した[10]。

池明観は晩年にも、特に米国に行く途中に東京、京都などで数回講演会を開いた。ここでは自らが日韓を往来し、生きた時代と自己の生活と学問と思想の回想、整理、特に日韓間に強固に結ばれた同志たちとの友情に対する所懐を明らかにした。

日韓の間でともに力を合わせて民主化と統一運動の先頭に立っていた人々として、呉在植（オ・ジェシク）、金観錫（キム・クヮンソク）、姜文奎（カン・ムンギュ）などの韓国人の名前をあげることができる。また彼らの友であり、協力者としては、東海林勤、森平太（本名森岡巌）などの日本人が思い浮かぶ。彼らはひとり一人がそのまま日本そのものであり、また韓国そのものであった。その時代に東京から始まった日韓協力の地平を、池明観は近年の明治学院大学での講演で「東京は最も善き気運を懐胎して、発送するアジアのパリのようであった」（二〇一五年六月二〇日）という言葉で表現した。[11]

呉在植：一九三三年三月二六日、済州島近くの楸子島で生まれた。平壌に移住、一九四五年に崇徳小学校を経て、一九四六年に崇仁中学校に入学した。しかし分断状況で越南、ソウルの中央中学校に編入、一九五一年卒業した。翌年、ソウル大学宗教学科に進学、一九五七年に卒業した。大学時代からキリスト教学生運動に参加し、一九六〇年から韓国学生キリスト教運動協議会（ＫＳＣＣ）の幹事として働いた。一九六四年にアメリカに留学、イエール大学神学科を一九六六年に修了した。帰国後一九六七年に韓国ＹＭＣＡ全国連盟幹事、再び一九六九年には韓国キリスト学生会総連盟（ＫＳＣＦ）総幹事を務め、持続的に韓国のキリスト教学生、青年運動を主導した。一九七一年から一〇年間はアジアキリスト教協議会都市農漁村宣教部（ＣＣＡ－ＵＲＭ）幹事、国際部（ＣＣＡ－ＩＡ）幹事でアジアキリスト教エキュメニカル運動、社会運動の現場で活動した。このころ日本に拠点を作り、在日活動を始めた。

一九七〇年六月、アジアキリスト教協議会（ＣＣＡ）中央委員会が日本で開かれた。そこで私を都市農漁村宣教部（URM, Urban Rural Mission）幹事とすることに決定した。そうなった由縁はドミノ現象と同じだった。まず、世界教会協議会で世界教会協議会都市農漁村宣教部（ＷＣＣ－ＵＲＭ）幹事をしていた日本人が交通事故で突然死亡する事件が起きた。そこでＷＣＣで急いで対策を立て、アジアキリスト教教会協議会都市農漁村宣教部幹事をしていたハリー・ダニエル（Harry Daniel）を連れて行くことに決めた。すると今回はＣＣＡが急ぐことになった。ＣＣＡではハリー・ダニエルの後任について相談して、私を指名することになったようだ。その後、ＣＣＡ－ＵＲＭ委員長の竹中同志社大学神学科教授がソウルに来た。竹中教授は当時、ＫＳＣＦ理事長の朴大善牧師に会い、「ＣＣＡがそのように決めたので、理事長に呉在植を手放させてくれ」と言ったのだ[12]。

これは本人が直接明らかにした日本での活動開始の契機である。ついに一九七一年東京の日本キリスト教会館五階にＣＣＡ－ＵＲＭ事務所を設け、東京渋谷に居所を定めた。まさに呉在植の日本滞在と活動、そして池明観と金容福の東京合流、呉在植の渋谷自宅拠点が「東京宣言文」作成のための必要条件として整ったのだ[13]。

呉在植は一九八二年から一九八八年まで韓国に帰国し、韓国キリスト教教会協議会（ＮＣＣＫ）宣教訓練院長、統一研究院長として働いた。その後、一九八八年から一九九三年までは世界教会協議会（ＷＣＣ）の開発局（ＣＰＤ）長、そして第三局（ＪＰＩＣ）長に選任され、スイスで活動した。つまり、世界のキリスト教エキュメニカル運動と社会活動の中心で働いた。彼は一九九四年に帰国し、一九九六年まで市民運動団体である「参与連帯」創立代表、韓国クリスチャン・アカデミー社会教育院長を務めた。そして一九九七年から二〇〇二年、韓国ワールド・ビジョン（World Vision）会長を歴任した。その後も対北支援民間団体協議会初代会長、大統領統一顧問、ワールド・ビジョン北朝鮮局長、アジア教育研究院長などを歴任して社会運動の中心で活躍し、二〇一三年一月三日、七九歳、ソウルで逝去した[14]。

呉在植の生涯は持続的なキリスト教社会運動の活動であった。彼が東京に滞在する時期の条件、人脈などの組み合わせ、そして「東京宣言文」作成の主導、支援、韓国国内との連携、費用調達、配信配布過程の主導、海外教会と社会に向けた拡散などで彼の働きは絶対的であり、最大の貢献者としても過言ではない。特に池明観の場合は少し異なる過程を通じて東京滞在が可能だったが、もう一人の「東京宣言文」の主導者の金容福の長期東京滞在には、呉在植の努力と「DAGA」（Documentation for Action Groups in Asia）の設立が重要な役割をした。このことについて、呉在植の回顧を一部引用し、「東京宣言文」作成と関係した彼の足跡をたどってみる。

一九七二年のある日、金容福博士が東京に来て会った。（中略）金博士はアメリカ人夫人と子供たちまですべて連れてきたが、日本で滞在できる六ヶ月ビザを持っていた。（中略）彼は東京に住んで、もう少し勉強することはできないかと思うようになった。（中略）私はフィリピンと韓国に戒厳令が下された状況ではどうやら東京がベースになると予想していた。そうなれば東京URM事務所は戦略的な拠点として重要な役割を担うだろうと思っていた。（中略）ある日蔵田雅彦という人が訪ねてきた。彼は国際アムネスティの日本の責任者だったが（中略）私は彼の説得に努力し、最終的に彼がDAGAのスタッフに参加することができた。（中略）東京にはカトリック大学の上智大学がある。上智大学の中に国際関係研究所があったが（中略）金容福博士の話を出した。（中略）国際関係研究所に来れば解決されると。（中略）また、それとともにDAGA事務所も上智大学の中に作るならば（中略）DAGAを保護してくれると付け加えた。[15]

右記は「東京宣言文」主導者のひとり、金容福の長期滞在を手配する経緯を呉在植が回顧したものである。「東京宣言文」がほかならぬ日本の東京で準備、作成されるようになったことには、見えない背景や人脈形成、特に日本の協力者や協力大学と研究所、呉在植と金容福の意気投合と蔵田雅彦の参加、上智大学国際関係研究所などの協力で設立されたＤＡＧＡのチームワーク等々、つまり日韓間の同志的な結束が欠くべからざる条件、基礎となったことが分かるであろう。

金容福：一九三八年一一月一日、全北金堤で生まれた。一九五七年、金堤竹山高等学校を卒業し、延世大学哲学科に進学、一九六一年卒業して、その後二年間空軍に服務した。一九六三年にアメリカに留学、一九六九年までアメリカに留まり、プリンストン神学大学院で博士課程を履修し、一九七六年に「Historical Transformation People's Movement and Christian」と題する論文によってPh.D.を取得した。その間、プリンストン神学大学院 ティーチングフェロー、アメリカ連合長老会宣教本部の国際宣教常任顧問などを過ごした。

一九七三年、東京神学大学院リサーチフェローの身分で日本で学業を開始し、一九七四年から一九七七年にかけてＣＣＡとＷＣＣ常任研究員、特に上智大学国際関係研究所の上級招請研究員、そして呉在植と共にＤＡＧＡを創設するなど、在日活動を持続した。そしてこの時代に「東京宣言文」の作成主導者となり、英語版の執筆を担当した。一九七七年から一九七八年の間には、アメリカのサンフランシスコ神学大学院招請教授、スイスのエキュメニカルインスティチュート招請教授を務め、その後韓国に帰国。一九七九年から一九八四年、韓国キリスト教社会問題研究院副院長、一九八五年から一九八八年まで長老会神学大学第三世界教会指導者訓練院副院長、以後世界改革教会連盟総会（ＷＡＲＣ）委員会事務局長を務め、その間アメリカのサンフランシスコ神学大学院とクリスチャン神学大学院の招聘教授などとしても活動した。一九九二年から一九九九年まで韓一長神大学総長を歴任し、その間一九九四年から二年間韓国キリスト教学会長を務めた。他にも東南アジア大学院（ＳＥＡＧＳＴ）韓国地域院長、アジア神学者協会（ＣＡＴＳ）共同会長、韓国民衆神学会長として活動した。

二〇〇〇年、韓国生命学研究院長に就任し、生命運動に献身し、二〇一〇年以降は社団法人アジア太平洋生命学研究院理事長、国際平和ネットワーク（Peace for Life）議長などで継続的な活動を行った。それ以外にも民主化運動、平和運動、統一運動、生命運動に対する国内外交流、シンポジウム、フォーラムなどを組織、主導してきた。

神学者、牧会者としても一九七九年セムンアン教会大学部青年部指導牧師を筆頭に、一九八五年から一九九二年、ソウルサンドール教会担任牧師などを務めるなど、教団・教会関連の多くの委員会、ＷＣＣ専門委員、ＷＡＲＣ神学部委員長などで活躍した。また、一九八〇年に『韓国民衆とキリスト教』（形成社）、同年『韓国民衆の社会転期』（ハンギル社）をはじめ国内外で多数の研究書を出版した。

二〇二二年四月七日、八三歳で逝去した[16]。

結局のところ、金容福の生涯でも一九七三年初めから一九七七年までの日本滞在期間、呉在植、池明観との東京生活と活動が、彼をして「東京宣言文」作成主導者の一人に導いたということができる。金容福はアメリカ留学中、マリオン（Marion、韓国名金・メリョン）と結婚した。もちろん日本滞在中も一緒に生活していた。それゆえに「東京宣言文」の最終英文校閲は夫人金・メリョンが担当したとされている。夫婦とはいえ、これもやはり「東京宣言文」作成、配布の国際的チームワークが機能した一例であろう。

夫の英語文書は日常的に私がネイティブチェックをしてきました。東京滞在時にも一緒に生活しながら、やはり「東京宣言文」の英語版に対するネイティブチェックと校閲に私は参加しました。しかし、その内容については完全に夫の持ち分であり、私は英語の表現にのみ関与していました。当時の時代の状況を見ると、非常に貴重な歴史的文書になるということは認識できました[17]。

三、「東京宣言文」の作成経緯

「宣言文を作成しましょう」。戒厳令の状況に処した祖国を見て当時日本にあった池明観、金容福、呉在植の心が互いに通じた。私たちは渋谷にある私の家に集まり、宣言文を作成した。金容福教授が基礎的な構図を作って、池明観教授と私は横でコメントをした。宣言文は韓国語、英語、日本語の三つの言語で同時に作成された。私たちは作成した宣言文を国内に送り込んだ。NCCKでこの宣言文を発表することを望んだからだ。しかし、国内の状況が難しくなっているのか、「この状況で本当にするのか?」と発表には躊躇した。池明観先生が、国内事情も難しいだろうがこれをコピーして配布するにはお金が必要だから、お金を用意した後もう一度言ってみようと提案した。私は米ドルで一、〇〇〇ドルを送り、韓国で宣言文を出さなければ、世界はこれをどのようにして知ることができるのかと再び勧誘した。結局NCCKで宣言文が発表された。この宣言文には多くの人々が署名をしたが、状況が危険だから署名名簿なしで宣言文のみ発表された。[18]

以上が、呉在植の回顧録が明らかにしている「東京宣言文」の作成と配信に関わる概要である。

ソウルには「韓国キリスト者宣言」という文書が流布された。この文書はチョ・スンヒョク牧師を通じて素早くアジア教会協議会で、パク・サンジュン牧師を通じてWCC指導者たちに伝えられた。政治的独裁に抵抗する信仰告白的文書だった。この文書は匿名で発表されたもので、作成主体が不明のまま流布された。[19]

金興洙は、「東京宣言文」作成経緯への最初の言及が一九九一年、金観錫牧師の古希記念文集『この地に平和を：七〇年代人権運動』という本を準備している座談会であったと明らかにしている。司会李・ジェジョン、出席者金観錫、李愚貞の対談で、NCCKの金観錫連携のもと、日本で池明観が主導したと明確にし国内外に配布されたが、国内では文東煥、安炳茂をはじめとする韓国神学大学教授たちが先に知ることになったという内容だった。[20]

また、金興洙は同書中で呉在植の陳述も引いている。

呉在植によると、それで「私たちは何かを発表しなければならない。まとめましょう」と言って金観錫と相談したということだ。「韓国でそれをしなければなりません。忙しくて大変で難しい場合は、私たちがドラフトを書くことができます。承認を得てそうしてほしいという依頼を作成しました。それでそれがソウルに届き、ソウルで発表することになりました。」ソウルとこのような協議を経て、呉在植の東京アパートで文書作成に着手した。池明観は金容福にまず英語で書くように頼んだ。その後、池明観が日本語と韓国語に翻訳して書くことにした。金容福が草稿を作成し、三人が一緒に集まって字句修正をし、最後に金容福と池明観が完成した。不確かではあるが、二月か三月頃にソウルに韓国語版を入れた。はじめは今がどんな時か知ってこんなことをするのかという叱責を受けた。たいへんな危険のなかこれを印刷もして、いろいろなこともしなければならないのでこれはダメだという中、呉在植が一、〇〇〇ドルを準備してソウルに送った。[21]

「東京宣言文」作成の背景ときっかけ：時代的背景はすでに明らかにした。まず、呉在植の陳述に基づき、より具体的な作成のきっかけを整理しておく。

呉在植は一九七一年ＣＣＡ－ＵＲＭ責任者として東京に滞在し始めた。東京の日本キリスト教会館に事務所が設けられ、渋谷に居所を定めた。一方、池明観は一九七二年一〇月、東京大学の招待を受けて日本に来た。両者とも当時の韓国の状況に深い懸念を抱いており、韓国の民主化運動に陰に陽に寄与してきた経歴を持っていた。池明観が呉在植のソウル大学宗教学科の大先輩という個人的な関係もあった。しかも当時二人の民主化運動に対する理念や方法論は、韓国のＮＣＣＫの路線、より合理的で説得力のある方法、すなわち日本や世界のキリスト教会とエキュメニカル運動体との国際的連帯による方法に拠るべきであるという点で一致していた。一部の海外韓国人が望んでいた過激で革命的な方式にはある程度距離を置いていた。この点について呉在植は次のように強調している。

海外の教会や海外の同胞や団体たちの立場からみれば、どのように反抗するのか、「もっと過激にやるべきだ」というような声も多くあったが、反共的な声明が出るならばそれを自分たちは支持できないという勢力も多かったのです。日本では自由主義思想がはるかに優勢で、（中略）私たちは韓国のＮＣＣの立場を守り、そのラインにこだわりました。言い換えれば、われらが連帯する側は韓国のＮＣＣ界のグループであり、韓国の闘争が外の人々と連帯するものではない。（中略）例えば、私たちの理念的で神学的で信仰的なものに合わなくてもそれを支持します。これが連帯闘争の基本的なガイドラインでした。[22]

これは呉在植と池明観がこの「東京宣言文」作成を議論するときの最も基本的な立場に関する証言である。明確に言えば、たとえ「東京宣言文」が東京に滞在する自分たち、すなわち海外居住者によって作成されても、これはあくまで韓国内のキリスト教民主化運動の中心組織であるＮＣＣＫとの連携、コミュニケーション、共有の過程に基づいたものだという前提だった。続いて呉在植は「東京宣言文」を作成するに至った理由、動機的背景について次のように言及している。

七二年末から始めるのに七三年に入るから反政府の意志の簡単な文章を書いたチラシなどは出てくるが、なぜ私たちがこれをしなければならないのか?キリスト教の立場からみて、これにはどういう意があるのか?それらについて総合的な立場が明らかになってから、世界に訴えれば良いと思いました[23]。

呉在植には、世界の同調者とくに海外教会と連帯する韓国クリスチャンの立場を、神学的、信仰的に明確にしなければならないという使命感があった。彼の回顧録に「韓国からこのような宣言文が出なければ、世界はどのようにして知ることができるのかと再び問いかけた[24]」という回想でも明らかだ。たとえ「東京宣言文」が東京で作成されたとしても、これは韓国のＮＣＣＫを中心とした韓国内のキリスト教民主化運動主体の告白的宣言という文書のアイデンティティを明確にしたいという考えをもっていたことが分かる。

一方、池明観も「東京宣言文」の作成背景と動機の陳述で、これが当時の状況で必須であり、また先駆的な作業だったと強調した。

外の世界教会からみると「維新憲法」というのはとんでもないもので、成立するはずもないものだったのですが、韓国内では沈黙していて、抵抗がなくて海外にいて恥ずかしいほどでした。それで国内に火をつけようと、呉先生がおっしゃったように国内とは密かに連絡だけして、東京で始めたのです。呉先生やその時に海外にいた方々の働きがきわめて重要でした。その時、パク・サンジュン牧師がＷＣＣにおられ、呉先生がＵＲＭ－ＣＣＡに来て労働運動を支援しました。それで労働運動が抵抗運動の先頭に立つことになります。呉先生は神様の摂理だと言われましたが、実に絶妙なつながりでした。[25]

主導者呉在植と池明観の証言から、「東京宣言文」の動機、背景、作成の基本的な立ち位置とその目標が鮮明に現れている。

具体的作成経緯：呉在植は国内との連絡、すなわち当時ＮＣＣＫの総幹事の金観錫との連携を通じて、国内で発表する形式の宣言文を計画しながら、具体的に東京での作成プロセスを陣頭指揮した。池明観の回想は次の通りである。

ある日は呉先生が来られました。私はその時お金がなくてラーメンを煮込んで食べていました。（韓国の休職している）大学から少しでる給料でソウルの家族が生活していたから余裕があるはずはないです。昔の話だから正直に言うのですが、この時、呉先生が私に一、〇〇〇ドルを持ってきました。ＣＣＡでいろいろな援助プロジェクトがありますが、その中に私を入れてくれたのです。こんな生活をして毎日ラーメンだけ食べていてはいけないと、そうそのかすのです（笑）。国内がそんな状態なのに、何を勉強だけしているのだとか、戦うべきなのにどうしたのだとか、そういわれて元々戦うのが好きだったから私も我慢できなかったのです。それで、そうしようと決意しました。すっかり呉先生の手法にはめられたわけです（笑）。[26]

この証言によれば、韓国内で一〇月維新が宣言された一九七二年その年末頃、呉在植が東京生活を始めたばかりの池明観の居所を訪問し、ＣＣＡの研究支援金一、〇〇〇ドルを支援した[27]。そしてその場で、もともと民主化闘争の必要性を感じていた池明観を鼓舞し、沈黙している韓国内の状況を悔しがらせて、世界の教会に対する意思表明のための文書を作成することでまず意気投合したものとみられる。

続いては金容福の合流である。すでに呉在植と金容福との出会い、金容福の東京滞在については言及した。呉在植はこれについて再び次のように強調している。

金容福博士は（中略）日本に来ましたが、私の計画に巻き込まれるようになりました。（笑）それで、ＵＲＭに資料室（ＤＡＧＡ）を作り、それを拡張してそこで給料もらって、日本に一年いる予定が四年いることになりました。そんなに日本での拠点がだんだんと整ってきましたが、それで私たちの意見がなにか発表をしなければならないということでまとまったのです[28]。

以上が「東京宣言」主導者たちが明かす東京滞在と合流の具体的事情である。ＵＲＭ事務所、ＤＡＧＡ資料室、そして三人の主導者の居所など、空間的なことも明らかになった。そうして一九七三年一月から作成作業が始まったのである。最初の作成のための会合について、池明観は次のように回想している。この会合で宣言文の性格、意義、内容、目標などについても深く議論が進んだものとみられる。

おそらく、一月初めに非常に寒い時、呉先生のお宅に集まって、何をしなければならないのか、世界教会から支援を受けなければならないから、国内での仕事は世界教会に韓国教会の行動を見せなくてはいけない、加えて、この闘争が単なる政治的闘争ではなく、教会的な戦いであることを宣言しようということになりました。行動の基盤は呉先生が全部用意してくださり、それから宣言書の基礎を誰がこしらえるのかを相談しました。[29]

三人の主導者の最初の集会で議論した最も重要な合意は、「東京宣言文」の性格と目的を定めたことである。それはつまり、韓国キリスト教の民主化闘争が単なる政治的闘争ではなく、信仰告白的、神学的根拠を持つ闘争であることを明らかにすることだった。それを通じて海外教会の理解と協力、連帯を引き出すという目標を設定したのである。そしてそこから具体的な作成のプロセスに入り、誰がどのように、どの言語で作成するのかということに進んでいった。

各言語版の作成者：主導者たちに共通的する回想は、金容福が英語で先に草案し、その内容について池明観と呉在植が検討し、コメントと校閲をしてついに完成した英語版から、池明観が韓国語版と日本語版を作成して完成したという点で一致する。池明観は次のように述べている。

私は金容福博士に英語で先に書くように頼みました。声明としても対外的なものだから金容福博士に英語で書いてほしいと言いました。英語がオリジナルです。そして金容福博士の韓国語は私よりはできないから、次に私が日本語と韓国語に翻訳して書くことにしました。今改めて（宣言文を）見て記憶がよみがえっていますが、記録はありません。そして日本語版も作りました。字句修正は三人が一緒に集まってやって、最後に金容福博士と私が完成させました。[30]

ここでオリジナルと呼ぶ金容福による英語版の「東京宣言文」作成過程で、彼のアメリカ人夫人金・メリョンが参加し、英語表現についての「ネイティブチェック」をしたことはすでに確認した。ただ筆者にはこの点についてまだすこし疑問が残っている。果たして「東京宣言文」が最初から英語で先に作成されたのかという点についてである。金容福がアメリカ留学派であり、群を抜く英語能力を持つことは広く知られている。また、その奥さんがアメリカ人だという事実も、こうした作成作業の展開に説得力を加えてくれる。しかし、金容福が最初に韓国語の草案なしに最初から英語で「東京宣言文」を書いていったという点にはすこしく疑問の余地がある。自分で韓国語の要点メモを書いたり、少なくとも三人の会合で宣言文に盛り込む内容についての議論メモや（たとえ口述であっても）叩き台を共同で作成し、それをもとに英語宣言文が翻訳、作成されたのではないかという推定である。

これに対して池明観は、断固として金容福が最初に英文で原本を作り、それを三人が討論して校閲し、完成した英文版を自分が韓国語と日本語に翻訳したと主張する。やはりその通りであるのかもしれない。しかし、三人の主導者の中で、神学を専門的に専攻し、神学者としてのアイデンティティを持ったのは金容福だけだ。この宣言が教会的宣言、神学的宣言になることを望むのは、主導者すべての共通認識だった。これについては後日の作

「1973年韓国キリスト者宣言」、韓国語印刷の形式１、原本から一部を編集

成草案者が明らかになるとき、専門神学者の草案による神学的宣言文という形式的要件を加えるための含意が含まれていたのではないかという点について、さらに検討を加えることが必要だと考える。ただし、現在まで主導者たちの証言によるかぎり、金容福による英語版（原本）の草稿作成、三人の主導者の討論、校閲、金容福の英語版の最終完成、そしてそれを台本として池明観による韓国語版、日本語版の翻訳完成が、その作業順序であり作成過程であるといえる。[31]

国内外の配布と世界への宣言、日本キリスト教界と世界教会の支援

主導者たちは継続的に「東京宣言文」が韓国国内との連携のもとに進められ、東京の自分たちは単に作成過程の実務責任者であったことを強調する。呉在植はその開始からが国内のＮＣＣＫとその代表金観錫との交感のもとに進行されたことを再度確認した。[32]

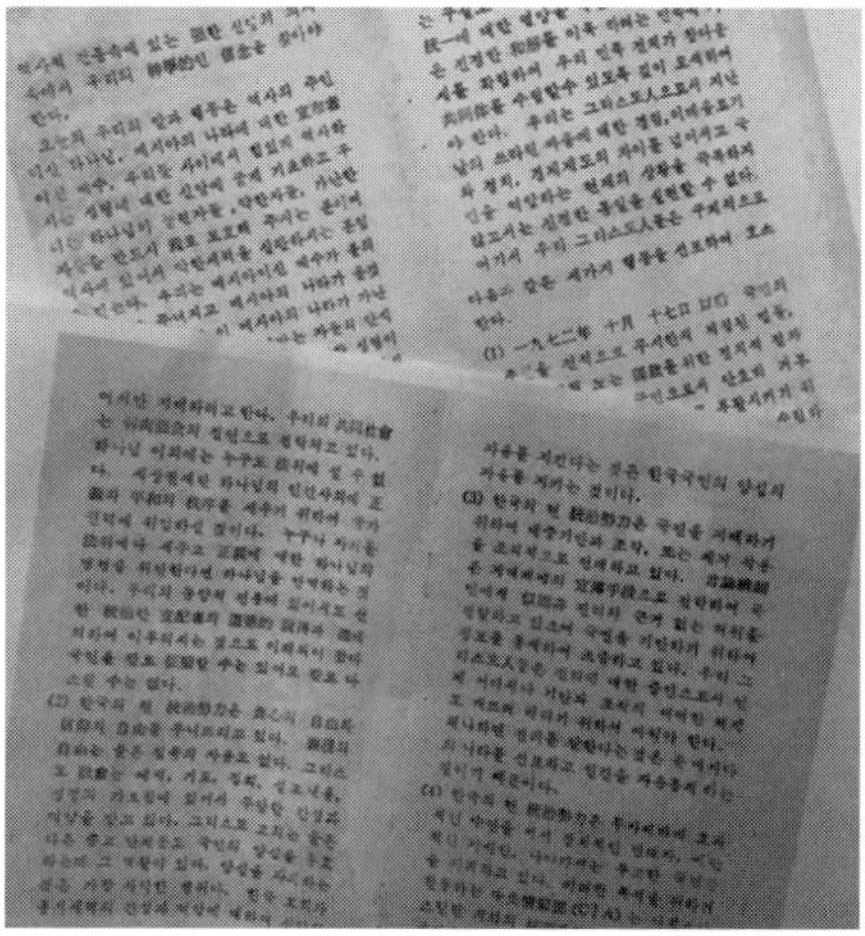

「1973年韓国キリスト者宣言」、韓国語印刷形式二、原本から読みやすく編集された韓国語版

国内外配布：韓国内への伝達と初期の反応、そして韓国キリスト教界の承認、国内での印刷と印刷された「東京宣言書」を自分たちが受け取った経緯について池明観は回想している。要約すると、一九七三年二月、あるいは三月頃に「東京宣言文」を韓国内に送った。金観錫、文東煥、朴炯圭牧師などが受信者だった。最初の反応は状況が難しく危険だという反応が来た。これに東京の主導者たちは、先に、

言及した通り、呉在植の努力で、印刷などの費用一、〇〇〇ドルを準備して送り、再度配布と公式化を要求した。そして結局匿名ではあっても国内印刷と一部配布、海外での頒布を承認する手続きが進んだ。発表日が一九七三年五月二〇日となり、比較的粗悪な国内印刷物を再び東京で逆に受け取ることとなった。[33] 国内で印刷された「東京宣言文」はいわゆる「イースター事件」[34]でチラシとして配布されたというニュースが日本など国外に報じられ、後で確認されることとなるが、ソウルの「ハンビッ教会」や「首都教会」の前でも「東京宣言文」が配られたと伝えられている。その後、印刷された宣言文が日本に渡ってきたという次第である。[35]

一九七三年四月以降、国内で正式に公開する形式を備えておらず、この宣言を作成した東京の主導者たちの名前はもちろんこれに賛同する人たちの名前もなく、匿名で作成・印刷されたチラシであるが、まがりなりにも国内キリスト教界の承認を得て配布が始まった。[36]

世界に向けた宣布：東京の主導者たちは日本と世界教会の支援を受けて、その拡散を計画した。つまり、韓国の政治状況に対する韓国キリスト教界の神学的立場について、海外教会から理解を得るために海外宣布を始めたのだ。彼らがまず頼ったのは、韓国キリスト教活動家の中で世界教会エキュメニカル運動組織で働く人的ネットワークだった。まずは作成主導者となったCCA-URMを中心とした東京の呉在植、金容福を筆頭に、スイスWCC本部で働いていたパク・サンジュン、世界キリスト学生連盟で活動して日本に合流したカン・ムンギュ、一九七三年六月六—一二日CCAシンガポール総会に韓国キリスト教会代表として参加したチョ・スンヒョクなどがネットワークの中心となった。[37] 韓国から来たチョ・スンヒョクと共にシンガポールCCA総会に出席した呉在植の回想を引いておく。

チョ・スンヒョク牧師が国内で印刷したメモ、（中略）宣言書を持って来られました。ホテルの部屋に座って取り出すのにホテルの部屋でも周りを見回して、国内で印刷されて出てきた本物のオーセンティック（authentic）なソースをその総会で私たちが確認して発表しました。しかし、それは大きい声で発表できないものだから、秘密の文書のように各国の代表者たちに伝えましたが、それが韓国からもたらされた文書でした。それで、公式的な宣言書であることを証明するのに大いに役立ちました。（中略）私たちが送ったお金がどのように使われたものかはわかりませんが、どうにかこうにか国内で印刷したのです。[38]

一九七三年六月のシンガポールＣＣＡ総会が「東京宣言文」の海外に向けた宣布の第一次段階だったことが確認できる。

ところで、「東京宣言文」が海外教会に拡散宣言される過程で、東京の主導者たちが最も懸念し、また後で安心することになる問題は、この宣言の性格についてだった。彼らは、すなわち海外に居住するクリスチャンの個人あるいは一部のグループが書いた私的（秘密）文書としてではなく、韓国キリスト教界、すなわちＮＣＣＫを基盤に韓国キリスト教人全体の宣言になることを望んだ。そうしなければ、世界教会に向けての説得力と発信力を有する宣言にならないと考えたのである。呉在植と池明観は特にこの部分を強調して証言している。作成過程でＮＣＣＫの金観錫などとの絶え間ないコミュニケーションの下で宣言文がまとめられ、結局韓国キリスト教の総意として発表された声明であることが重要である。呉在植は次のようにいう。

（東京で書かれたとしても）これはあくまで韓国キリスト者の宣言であり、韓国で印刷され発信され、それが基礎となって海外に発表されたのです。それこそが公式のものであり、実際の経緯もそうであり、それはけっして私たちのフィクションではありません。あくまでも韓国のキリスト教徒たちが発表したものとして、私たちがそれを受け取り、これを広く知らせたのです。このことを強調しておきたいと思います。(39)

池明観も関連して次のように述べている。

私たちは韓国国内教会と外に出ていた私たちのような人々を別に考えたことがないので、私たちの考えはすなわち国内教会の考えであり、国内教会の考えはすなわち私たちの考えだと思いました。だから、NCC総会が集まって決意する方法はなく、危険を冒してまで参加しようとする人々の糾合が難しい場合は、私たちが「エクレシア」(教会)を代表するしかないと考えました。(中略)(この宣言について)六百人から千人が賛同したと聞いています。(中略)つまりは韓国教会全体の考えだったのです。(40)

韓国内のキリスト教人全体の意思が反映された公式文書になったと考え、自信を得た東京の主導者たちは、本格的に「東京宣言文」の世界拡散を企画し実行した。その代表的な活動が雑誌 *Christianity and Crisis*(41) に「東京宣言文」の英語版を掲載することだった。呉在植はこれについて鮮明な証言をしている。

Christianity and Crisis に行くときは、金容福博士の奥さんのマリオンが金博士の英語を修正して素晴らしい文章にしました。実は金博士の英語の文章はとてもパワフルです。マリオンが草稿を書けばそれはダメですが、金博士が書いたスケルトン(skeleton)をマリオンが直すと、二つが合わさって完璧な文章になります。だから Crisis に掲載した宣言がヒットしたのです。文章的にも。(42)

と金容福の夫人金・メリョンの英語校閲での貢献を再び強調している。

さてこの過程で、東京の主導者たちは「東京宣言文」が韓国キリスト教の公式的立場として認められ、雑誌掲載後には世界教会がこの文書の正統性を認めるようになるように務めたことを強調している。呉在植の証言を引いておこう。

（中略）私たちがこの雑誌に載せるとき、（編集者より）この宣言の正統性、宣言者のリスト、関連機関などを提示してほしい、素性の明らかでない文書を雑誌に載せることはできないということで、問題が提起されました。（中略）正統性を立証するために金観錫牧師、ＮＣＣの指導者たち、海外にいる私たちの同志の名前を尽くしてこれらの人々がみな証明したことによって、ようやく雑誌に載せられたのです。雑誌に載せて出てからは、そのような疑義は出なかった。*Christianity and Crisis* が認める韓国キリスト者宣言であると……（後略）[43]。

「東京宣言文」の世界に向けた配布は大きな意義を持ち、この文書の歴史的価値を高めてくれた。池明観はこれに対して当時の心境と宣言の効果について次のように証言した。

国内で出てくる宣言が、地下宣言ではなく公式宣言と認められて安心しました。これが地下宣言として出るのであれば、国内で正式に追認する時期を待たなければならないと思っていたが、それは杞憂でした。この声明が全体エキュメニカル運動の組織や関係方々に伝えられたので、世界的に言えば、韓国教会が今やこそ維新体制について宣戦布告をしたと受け取られることになったのです[44]。

地下文書ではなく、公式宣言と認定された過程は以上の通りであり、その結果、世界教会が「東京宣言文」を韓国教会が維新体制と対決する信仰的神学的宣言の出発として受け入れる効果があったことが確認されるであろう。

続いて池明観は、自分が活動していた日本のキリスト教界の変化を目指した。

だから（世界教会は）韓国教会に注目し始めました。それは日本のようなところでは、私は日本のことだけは分かるのですが、とてもすごかったです。私たちの宣言は維新体制に対する政治的闘争ですが、同時にキリスト教的な闘争と認識されるようになりました。それで日本でも韓国の民主化を助ける勢力が台頭し、キリスト教勢力と繋がって一緒に運動を展開することになったのです。言い換えれば、セキュラ（secular）な意味での政治的民主化を支援する勢力と教会勢力が一つになるきっかけが設けられました。ようやく日本では、韓国教会の民主化闘争に対する態度が公式に知られることになりました。その後、特に国内で印刷した地下文書が何度もコピーされて伝えられはじめます。つまりこの宣言によって、韓国の民主化運動に対する支援運動が起きたのです。それは物質的、精神的支援の始まりでした[45]。

「東京宣言文」が持つ歴史的意義、つまり海外教会のなかでもとりわけ日本キリスト教界の韓国民主化運動に対する理解、協力、支援を先駆的に牽引したのが「東京宣言文」発表であったと池明観はいう。

呉在植も「東京宣言文」の歴史的意義を強調している。彼は、「東京宣言文」がドイツの「バルメン宣言[46]」と同じレベルの宣言という内容を書いた論文があるという伝言（その論文の有無はさらに確認する必要がある）とともに、同時期の他のアジア地域の状況と比べて回想した。すなわち、一九七〇年代フィリピンの戒厳令、一九七三年のインドの緊急措置、台湾、タイ、インドネシアの戒厳令と軍事政権統治を例に挙げ、その共通の政治抑圧、人権弾圧の状況で韓国キリスト教が先に「東京宣言文」を発表した事実から、アジアキリスト教エキュメニカル運動全体がインスピレーション（inspiration）を受け、大きく刺激されて、それ以降のキリスト教政治社会運動の先駆的なモデルとなったことを確認している[47]。

そして、「東京宣言文」以降の韓国教会について、「完全にユニバーサルクリスチャンデクラレーション（Universal Christian Declaration）となってしまうのです。それで韓国キリスト教徒たちの闘争の地位がエキュメニカル世界でとても高く評価されるようになりました[48]」としている。

KOREAN CHRISTIAN MANIFESTO

In a series of sweeping moves last October—which included suspending the Constitution, dismissing the National Assembly and reorganizing the Government to virtually guarantee his indefinite rule—President Park Chung Hee of South Korea brought his country a degree of police state terrorism and totalitarian control unmatched even during the last corrupt days of the Syngman Rhee era and rivalled in modern times only by the brutality of the pre-World War II Japanese colonial period.

The reaction of Christians to the "October Revitalization" was reported at first to be one of maintaining a defiant silence. The steadfast refusal of Christian leaders to say anything at all when pressured by officials to make public statements in support of the Government's moves has been interpreted as a negative expression of judgment against the Government.

Now, however, it appears that a more active form of resistance is beginning to take shape among a growing group of Korean Christians. A document secretly brought out of Korea recently, and printed here in part, testifies to this new reality.

(1) The present regime in Korea has destroyed rule by law and persuasion, and has instituted rule by brute force and threat alone. Our community has fallen into a jungle where "the weak are eaten up by the strong."

No one is above the law except God. Power is created by God and entrusted to rulers for justice and peace in human society. Whoever puts himself above the law and violates the mandate of justice is in rebellion with God. In the Oriental tradition, also, good rule is understood to be rule by virtue and moral persuasion of the ruler. A man may conquer the people by the sword, but he can never rule the people with it.

(2) The present regime has been suppressing freedom of conscience and freedom of faith. There is neither freedom of speech nor freedom of silence. Worship services, prayer meetings, the content of sermons and prayers and, above all, the teaching of the Bible—all have been constantly and unjustly interfered with.

The Christian Church and other religious communities have responsibility to defend the conscience of people, for destruction of conscience is most demonic. The Korean Church's struggle to defend freedom of faith is a defense of the very freedom of conscience for the people.

(3) The present regime in Korea, in its attempt to control the people, uses systematic deception and manipulation of information, and thoroughgoing propaganda and brainwashing. The mass media has been turned into the tool of Government propaganda, and has been spreading half-truths and groundless falsehoods.

We as Christians must fight against any system of deception and manipulation, for we are witnesses to truth; truthtelling should be our life. To tell the truth freely is the only way to proclaim the Kingdom of God for the liberation of man.

(4) The regime in Korea today is using ruthlessly efficient means to suppress and destroy political opponents, intellectual critics and even innocent people. For this purpose the Korean Central Intelligence Agency and other security networks are used in cruel and ruthless ways, similar to the Nazis' Gestapo or Stalin's KGB. The body and spirit of the people indiscriminately are subject to constant threat and intimidation; moreover, people disappear after their arrest. . . .

(5) The present regime is responsible for an economic system in which the poor are exploited by the powerful. The people, especially urban workers and rural peasants, are suffering extreme forms of exploitation and socio-economic injustice. The so-called economic development in Korea is a result of a few powerful rulers' conspiracy against the people, and it is turning out to be a curse to the environment of our people.

We Christians must struggle to destroy the system of dehumanization and injustice, for we are witnesses to the realization of the Kingdom of God in which the poor will be enriched and peace and justice will be realized.

(6) The regimes of the North and South are using the unification talks as a device of power play against each other, domestically and internationally. This is a betrayal of the aspiration of Korean people for the unification of our homeland.

We believe that any unification process in Korea should be based on genuine reconciliation and should be a search for an authentic national community. We realize that the deep wounds of the past Korean War, and differences in ideology and the political and economic system must be overcome.

We realize that there will be no authentic unification until we overcome the bitter experiences of the Korean War, differences in ideology and the political and economic systems, and the present oppressive situation.

Here we urge the following actions:

(1) *To the people in Korea:* Withdraw any form of recognition of the laws, orders, policies and other political processes of dictatorship that have been wrought since October 17, 1972. Build various forms of solidarity among the people to struggle for the restoration of democracy in South Korea.

(2) *To the Christians in Korea:* As preparation for the above struggle, we Christians should renew our churches by deepening our theological thinking, by our clear stance and solidarity with the oppressed and poor, by the relevant proclamation of the gospel of the Kingdom of God and by praying for our nation; and we should prepare ourselves for martyrdom, if necessary, as our forefathers did.

(3) *To the churches of the world:* Most of all we need your prayers and solidarity, and we ask you to express our common bond through actions of encouragement and support.

140　　Christianity and Crisis

Korean Christian Manifesto、***Christianity and Crisis***、33 No12 Jul09 1973 p.140、ISSN：0009—5745

韓国情報機関の反応、監視、対処：ところで「東京宣言文」の韓国語版は二種類あることが確認されている。韓国語版の第二テキストが生成されたのは皮肉なことである。*Christianity and Crisi* に掲載された「東京宣言文」などによって、宣言文の宣布事実とその内容が当時韓国政府の情報機関すなわち「中央情報部」（ＫＣＩＡ）に捕捉された。彼らが先に入手した文書は世界教会に公開された英語版だった。情報機関はそれを翻訳した。もっとも、*Christianity and Crisis* に掲載された「東京宣言文」は要約なので、日本語版を参考した可能性も高い（これもさらに確認しなければならない課題である）。ともあれ、韓国情報機関が翻訳した韓国語版こそがむしろ韓国語版のオリジナルであるかのように認知されていた。金興洙は「東京宣言文」作成主導者たちとの座談会で質問を兼ねて左記のようにまとめている。ちなみに、その座談会の席上では、二種類の韓国語版を見比べながら進行されており、資料Aは英語版からあるいは他の資料も含めて韓国政府情報機関が翻訳した韓国語版、資料Bは東京で池明観が直接作成した韓国語版を意味する。

前に資料Aがあり、後に資料Bがありますが、この前にある資料Aが安企部（中央情報部を意味）で宣言文を入手して翻訳したものです。資料Bはどんな文書なのか分かりませんが、NCCで出した資料集に今これ（資料A）が入っています。（中略）若干の表現が異なり、後の文書は前の文書に入っていない言葉が一部入っています。また、漢文が入っています。（中略）だから原本がどんなものなのか、ふたつを比較して教えてください。[49]

この質問に対して、韓国語版作成者の池明観は「資料Bが原文です。それは間違いありません。漢文が入っているのがそれが原文です[50]」と確認した。興味深いことに、韓国政府情報機関の追跡・介入の過程で「東京宣言文」の別の韓国語版が生成されたというわけである。

池明観は海外にいた作成主導者たちに対する情報機関の執拗な監視、追跡に関して包括的に証言している。

（複数の文書を）すべて燃やしてしまいました。なぜならいつ私がいるアパートに入って持って行くか分からないからです。私たちは手元になにも持たず、海外教会に保存しました。（中略）その当時は中央情報部が海外で盛んに活動をしていました。私たちは追跡されていましたから、そうしたのです。どこに行くときも前のドアから入り、後のドアへ出ていくように注意しました。（中略）秘密維持のためにとても丁寧な努力をしました。[51]

結果的に、「東京宣言文」の主導者たちは直接的な弾圧は受けなかったようだ。呉在植はその理由を、世界教会との連帯・疎通する連絡網の安定装置に求めている。ドイツ、ワシントン、東京につながるネットワークの力である。その後、朴正熙の直接指示により中央情報部が正式にこの件を調査したことが伝えられ、その資料が情報機関によって入手されたかもしれないという推定がなされた。[52]

呉在植は、日本キリスト教界との同志的結束を強調している。

東京の仲間たち、その人たちを忘れることはできません。日本で一緒に信仰告白をした日本教会の仲間たちが本当に苦労をしてくれました。（中略）表彰をしてあげたいくらいです。彼らの中にはいまや逝去した方もいらっしゃいますが、多方面から日本の政府と世論に圧力をかけて私たちを保護してくれました。当時私たちは知らずにいたことで、今となってはみな知っていますが、警察庁まで協力して保護してくれたことがわかっています。[53]

そして、彼らが自ら注意したのは、いわゆる左派の人々、日本では具体的に「朝鮮総連」関連の人々とは意識的に交流することに気をつけたという。身近な人々の中に「平壌」側とわずかでもつながりがあれば、徹底的に遮断する慎重さをみせたことを明らかにしている。[54] 彼等がこのような態度を維持したのは、主導者自らの活動領域の安定に加え、韓国内のキリスト教民主化運動勢力、組織を保護しようとしてのことであったと思われる。

日本キリスト教界と海外教会の支援：「東京宣言文」作成の「ハードウェア」ともいうべき、韓国内のキリスト教民主化運動勢力、日本、アジア、世界キリスト教界との協力連携を手配することを主に担当した呉在植には、多くの協力者の支援があった。呉在植の生涯の同志であり友人の徐洸善は、呉在植の回顧録の序文で次のように記録している。

呉在植先生は、人生の節目ごとに貴人に会います。（中略）自分は決して「流れ者」でもなく、孤独で「一人ぼっち」でもなかったと誇らしげに語ります。友達が「アリの群れ」のようにたくさんいたと自慢します。一言お願いすれば必要なお金を助けてくれる賛助者が地球村の四方に陣を張っているかのようだったと。危険を冒して必要な情報を提供し、連絡網を作る同志がありました。海外では国内とつながり、国内では国際社会とつながるネットワークを作りました。そして正確な状況判断と情勢分析に従って発言し、行動しました。国家の強大な情報組織を英語でＣＩＡ（Central Intelligence Agency）といいます。一九七〇年代の軍事独裁時代の韓国ＣＩＡも怖かったのですが、呉在植先生の「ＣＩＡ」も強大でした。呉先生のＣＩＡは、「Christian Intelligence Agency」でした。私たちのキリスト教連帯は韓国だけでなく、アメリカとヨーロッパとアジアの教会と密接に緻密な関係網を築き、反独裁民主化運動に勝利しました。[55]

まさにこのような呉在植の活動は「東京宣言文」作成前後、韓国民主化運動が東京から展開された人的物的支援構造であろう。何よりも「東京宣言文」の準備過程で、池明観、金容福に対する支援、特に金容福の東京長期滞在のために与えられた経済的基盤は、呉在植が管轄していたＣＣＡ－ＵＲＭの予算が基盤になったとみられる。呉在植が公開したＣＣＡ－ＵＲＭの予算関連の回顧は傾聴に値する。彼の同志でＷＣＣ－ＵＲＭの幹事であったハリー・ダニエルの活躍によるＵＲＭ予算の拡大と、その中で自分が使えた予算の規模に関する証言である。

（ハリー・ダニエルが）ＷＣＣ－ＵＲＭに赴任した後、ＵＲＭ部署の予算をみてみたが、年に五、〇〇〇ドル程度だったという。（中略）ハリー・ダニエルはドイツの団体を訪ねて、直談判を行い（中略）一年に五、〇〇〇ドルの予算を二〇〇万ドルにした。（中略）私が使うことができるＣＣＡ－ＵＲＭ予算は潤沢になった。ＷＣＣ－ＵＲＭの予算二〇〇万ドルのうち一〇〇万ドルがＣＣＡ－ＵＲＭ幹事である私に入ってきたのだ。ＣＣＡ－ＵＲＭから入ってきた支援金はアジア地域の都市産業宣教のために使われたが、そのうち韓国を支援するためだけに五〇パーセントが使われた。(56)

ＣＣＡ－ＵＲＭの予算だけで五〇万ドルが韓国関連で使用され、その中の相当額が韓国キリスト教民主化運動と関連して使用されたということである。これがそのまま「東京宣言文」作成の経済的支援の根幹となった。もちろん、他にも日本と世界教会の人脈を通じた個人的な後援があったことはたしかだが、ひとまず、主導者たちの証言によって明らかになっていることだけでみても、池明観の東京生活の支援のための一、〇〇〇ドル、金容福の東京長期滞在の基盤となったＤＡＧＡ（Documentation for Action Groups in Asia）の設置と給料支払、「東京宣言文」を韓国内に再度送っての印刷と関連経費で一、〇〇〇ドルを支援したことなどの資金基盤は、やはりＣＣＡ関連予算がリソースとなったものとみることができる。その点で呉在植の証言は多くの示唆を与えるであろう。

千ドルが一回二回ではなく、数え切れないほどのお金なのに、主にこのようなもの（東京宣言文）作成の資金はCCAのお金であり、韓国への支援、メディア弾圧によって解雇された労働者や刑務所にいる人たちへの至急の世話に必要とされるお金が全然ないときなどの支援金は、日本の同志たちの募金で送ったケースが多いです。CCAのお金もその中にありますが…[57]。

その他の韓国民主化運動のための海外支援について呉在植は、「まあ、正式に（募金や支援を）することもできないものでありながら（中略）キリスト教団体ではない多くの団体が、さらに日本の埠頭労働組合までもが協力をたくさんしてくれました。一般労働団体も多く協力しました。しかし、左派労働組合からはお金をもらいませんでした[58]」と付け加えている。

ところで「東京宣言文」主導者たち、特に呉在植は、記録として残すための証言対談においても、より具体的に当時の「東京宣言文」作成やその他の韓国民主化運動に関わる日本および日本キリスト教界、および世界教会の支援内訳を、かつてのように身辺の脅威がほとんどなくなった時点においても、くわしくは明かさなかった。その理由はいくつかあるだろう。まずはキリスト教の信仰的次元としては、隠れた貢献者の価値をそのまま守ろうとする傾向があり、公表を望まない後援者の立場を尊重し、彼らの匿名性を保護しようとする側面があったと考える。もう一つは、前述のように配布過程の明確な確認が難しいのと同様に、当時の記憶と記録の消滅という単純な理由もあるものと推定される。

一方、海外教会の支援というのは、単に経済的後援に限定されるわけではない。「東京宣言文」作成の主導者を助けた、特に日本の同志、友人、人脈は幅が広く深い。池明観の東京定着、活動全般にわたる日本の主要人脈についてはすでに言及した。それらのほとんどは、特に「韓国からの通信」連載の秘密少数協力者をはじめとして、池明観の東京活動の基盤であり、人的支援のベースとなった[59]。池明観は二〇一五年の筆者との対話で、「自分が二十数年、日本で活動し、自分なりに充実感を覚えながら日韓の境界を生きることができたのは、自分の能力によるものではなく、ただ日韓間に大河のごとく流れる友情の水面に浮かび揺れる小さな舟のようなものにすぎなかった[60]」と述べている。

呉在植は自身の回顧録で、特に日本での活動で自分を助けてくれた代表的な協力者たち[61]を取り上げている。もちろん呉在植の場合、他にも世界教会のエキュメニカル運動組織に関連する助力者たちは多数いるであろう。このような日本と世界の人脈、支援こそが「東京宣言文」作成の最も重要なベースであり、主導者の勇気と決断を支えたのである。

四、「東京宣言文」内容分析

以下では、池明観が翻訳、執筆した日本語版「一九七三年韓国キリスト者宣言」を中心に「東京宣言文」の内容を分析したい。

まず「東京宣言文」最初は宣言主体を明確にしている。「韓国キリスト者の名で発表する」という最初の文章は、宣言発表の主体の確認である。「東京宣言文」がはたして韓国教会、韓国クリスチャン全体を代表できるかという疑問の提起が予想されることに対して、池明観は「「エクレシア」が難しい時代になると「エクレシオラ」になるとは言いませんか?小教会になるしかありません。非常に難しい時期には、十字架を負う少数が教会を代表するしかない、だからそういう時に正しい信仰告白をして十字架を背負っていく人々は、すなわち全体教会を代表するという、数的なことだけを考えるべきでないという教会観を持っていました[62]」と述べている。

引き続き宣言文は、時代的状況、韓国の政治状況、朴正熙軍事独裁政権の実状、維新以後の韓国状況に対する認識を共有し、それに続いて次の三項目、（一）神意確認、（二）世界（韓国民衆）がクリスチャンに付託した要請、（三）韓国キリスト教の歴史的反省によって神学的信念の確立を促した。

われわれは具体的な歴史的状況の中で神のみ言葉に服従すべきであるとの神の命令をうけている。（中略）韓国国民は、キリスト者たちを仰ぎ見ながら、今日の与えられた状況において行動することを要請している。（中略）われわれはわれわれの神学的信念を求めねばならない[63]。

続いていわゆる「メシア国[64]」の拡張のための闘争が宣言される。特に「メシア国」拡張のための神学的議論を、「三位一体」の教義とその神学的理解の内容、形式を動員して展開している。この宣言を俯瞰するとき、それはキリスト教神学史において「社会福音」（social gospel）[65]の影響を受けた神学を基調にしているが、これも伝統的なキリスト教神学に基づく論理ではないかと考えられる。

今日におけるわれわれの言葉と行動は、歴史の主である神、メシアの国の宣布者であられるイエス、われわれの間で力強く働きたもう聖霊に対する信仰に固く基礎づけられているものであり、われわれは神が虐げられている人々、弱い人、貧しい人々を必ず義をもって守って下さる方であり、歴史において悪しき勢力を審判されたもう方であることを信じる。われわれはメシアであられるイエスが、不義な権力が崩れてメシアの国がくることを宣布したもうたことと、このメシアの国が貧しい人々、虐げられている人々、さげすまれている人々の安らぎの場になることを信じる。われわれはまた、聖霊が個人生命の復活と聖化のために働くのみならず、歴史と宇宙の新しい創造のために働きたもうことを信じる。[66]

これは聖父、聖子、聖霊の属性と役割を神学的に告白し、それを基に韓国キリスト者の祈り、信念、実践の意志を明らかにしようとするものである。ここには、（一）「神の前で隣人に代わって苦難にあっている虐げられた人々の自由を祈る」、（二）「イエス・キリストのように真理の宣布」する、（三）「聖霊がわれわれの内なる人を作り変え、新しい社会と歴史を創造したもうことに参与することを求められている」[67]と「祈り」、「宣誓」し、「参加」することの使命の確認がある。これこそまさに信仰告白的宣言であり、キリスト教の伝統的信仰に基づいて、韓国の政治社会、経済的危機と戦うことの決意表明である。

続いて「東京宣言文」は、本文として六項目にわたって、韓国政治社会が維新下で経験している、厳しい現実についての認識を通じて、具体的に韓国キリスト者の信念と実践の方向を提示している。[68]

（一）韓国の統治勢力は「公法」と「正義」への統治ではなく、「暴力」による「支配」を日常的におこなっており、これに抵抗する。

（二）韓国教会には「信仰の自由」、韓国社会全般には「良心の自由」が蹂躙されている現実で、そうした自由の勝利のために対抗する。

（三）大衆に対する「欺瞞」、「洗脳工作」を拒否する。

（四）情報機関などによる「威圧」「脅迫」など人間の自由を侵害する殺人的行為を告発する。

（五）貧しい人々に対する経済的「收奪」、「不正」に対して闘争する。

（六）南北韓政権の統一に対する意志の薄弱を指摘し、真の和解を通じた「民族共同体」樹立を促す。

続いて「東京宣言文」は三項目にわたる今後の方針、実践決議を提示する。すなわち（一）「民主主義を復活させるため、あらゆる形態の国民的連帯を樹立」、（二）「キリスト者の連帯を強化、殉教もいとわない」、（三）「世界教会との、キリストによる共同の紐帯」である。[69]

そして最後に、「東京宣言文」の宣言と実践は、イエス・キリストの足跡に従う信仰的決断であることを明らかにしている。

われらの主、メシア、イエスは、ユダヤの地に貧しい人々、虐げられた人々、さげすまれる人々の間にあって彼らと共に生活したもうた。彼はローマ帝国の代表者ポンテオ・ピラトの前に臆することなく立たれた。そして真理を証しする途上で十字架にはりつけにされ死にたもうた。しかし、民を解放するために死より甦えられ変化の能力を伝えて下さった。われわれは今日、主のみあとに従って歩むことを決意する。そして主の如く疎外の下にある同胞たちと共に生きつつ、政治的圧迫に抵抗し歴史の変革に参与しようとする。なぜならば、こうすることだけがわれわれの愛する祖国、韓国の地にてメシアの国を宣布する道であると信じるからである。[70]

「東京宣言文」の内容は、「社会福音」的な神学の基軸を維持していると結論できる。なにより韓国キリスト者の信仰、決意、実践の基礎が、歴史におけるイエス・キリストの実践的生死そのままに従い、殉教まで覚悟するという信念を示している。社会の変革のため、貧しく苦しむ隣人と共に暮らし、真理を証し、死に至るまで民衆の解放のために政治的抑圧に抵抗し、歴史の変革に参加することが、イエス・キリストの「メシア国」を宣言するものだと確信するものなのである。

結論

「東京宣言文」が宣言された時代環境は、韓国の軍事独裁時代、特に朴正熙政権が永久執権を画策し、超憲法的暴挙によりいわゆる「一〇月維新」を強行、国民を抑圧する状況下にあった。宣言は、これに当時東京に滞在していた、韓国キリスト教の進歩的エキュメニカル運動家たちが韓国内教会と世界教会と連携、交感して作成したものである。「東京宣言文」は韓国国外の東京で作成されたが、韓国のキリスト教民主化運動の主流勢力との共感、承認、連帯を経て、韓国キリスト者全体の名前で発表された。

また「東京宣言文」が作成され、発表、拡散される過程で、特に日本のキリスト者、そして海外教会の協力者たちの献身的貢献は、物質的にもまた人間的にもすべてを網羅して多大だった。ただそれらが全体的としては把握できるが、その貢献の細かい実状までが明らかになっていないのは、協力者たちがもつ当初の意志であるとともに、独裁政権の暴圧的抑圧のなかほとんどの活動が匿名、秘密を維持して遂行されるしかなかったことによる結果でもある。当時はほとんどの資料を削除、消滅させて運動が進められたのであり、史料と記憶の亡失に起因する側面もある。

「東京宣言文」は信仰告白的な、神学的文書である。「三位一体論」に基づく聖父聖子聖霊の属性と役割を、キリスト教の伝統、伝承、聖書的理解から確認している。しかし、そうした正統神学の基盤を堅持しながら、歴史の中で「神の国」の実現、すなわち「東京宣言文」の最も重要なキーワードである「メシア国」を宣言し実現していくという点を強調している。これは歴史の変革に信仰的決断をしたキリスト者が参加し実践するための目標である。全体的としてみると、一八九〇年代に始まり、一九二〇年代以降さらに展開された「社会福音」、特に第二次世界大戦以後の世界神学史の一軸を成す「抑圧されし者たち」と共にする「状況神学」の流れの上に立っているとみることができる。

「東京宣言文」は韓国キリスト教民主化運動の先駆的指標を掲げた宣言であり、アジア諸国のキリスト教の政治社会に対する抵抗運動にも大きな影響を及ぼした。そしてまたひとつの意義として、日韓両国の肯定的関係、特に日韓キリスト教関係史における最も重要な協力と連帯として、明るい可能性を提示してもいる。日韓関係、日韓キリスト教の関係は、これによってそれ以後どのような状況下でも稼働可能な友好、善隣、協力のチャンネルを持つようになったのである。

注

（1）彼らが主張する「政教分離原則」とは、アメリカ福音主義系宣教師たちの韓国宣教当時、日本侵略期韓国キリスト教の民族運動参加に反対して掲げた原則がその基盤であり、ここに初期日本キリスト教界も韓国キリスト教に対して同じ主張を提起したことがある。ところが、その「政教分離原則」が、政治勢力の非正義的行動や非民主的人権弾圧についても沈黙したり、ただ政権に盲従することに堕してしまいかねないことについてはより深い議論が必要なのだが、本論文では、いったんその問題は論外に置く。

（2）「韓国キリスト者宣言」の作成経緯」、『韓国キリスト教と歴史』、第九号、韓国キリスト教歴史研究所、一九九八年九月、三三一—三五七頁（以下「宣言作成経緯の記録」）：『韓国キリスト教歴史研究所ニュース』、第三一—三二号（一九九八年四月、一九九八年七月）参照。

（3）シン・ヒョンシク『五・一六軍事クーデターと朴正熙政権』、サムスンビエンシ、二〇一九年：李・ユンソプ『朴正熙政権の歴史』、ピルメック、二〇一一年など関連の概要書を参照。

（4）「一九七三年韓国キリスト者宣言」日本語版（『日韓キリスト教関係史資料　三　一九四五—二〇一〇年』、富坂キリ

スト教センター編、新教出版社、二〇二〇年、二四四—二四八頁）中：「一九七三年 韓國그리스도人 宣言」（韓国語版）。

（5） 同右。

（6）「東京宣言文」主導者が池明観、呉在植、金容福に集約されるのは、もちろん部分的にそれに対する証言が続いた中、一九九八年一月一〇日金興洙の「韓国キリスト教歴史研究所」月例研究会で「一九七三年韓国キリスト者宣言の作成と配布過程」というテーマの資料リサーチで、続いて一九九八年六月一三日作成主導者のうち池明観と呉在植が直接出席、証言した「韓国キリスト教歴史研究所特別座談会」で公式化された。（「宣言作成経緯の記録」参照）。

（7） この頃、そしてその後の日本滞留初期、池明観と出会った日本人は、秋山憲兄（新教出版社）、高戸要、北森嘉蔵（神学者）、森岡巌（新教出版社）、小川圭治（キリスト教歴史学者）、安江良介（岩波書店、世界編集長）、隅谷三喜男（経済学者）、中嶋正昭（日本キリスト教協議会）、李仁夏（在日牧師）などである。

（8） 徐正敏『日韓関係論草稿』、朝日新聞出版、二〇二〇年、八七頁：徐正敏『日本という隣人』（韓国語）、ソウル、ドンヨン、二〇二二年、九八頁。

（9） 雑誌『世界』、岩波書店、一九七二—一九八八。『韓国からの通信——一九七二・一一—一九七四・六』、岩波書店、一九七四年。『韓国からの通信続——一九七四・七—一九七五・六』、岩波書店、一九七五年）。『韓国からの通信第三——一九七五・七—一九七七・八』、岩波書店、一九七七年。池明観、『TK生の時代と「いま」東アジアの平和と共存の道』、一葉社、二〇〇四。池明観、『「韓国からの通信」の時代』、影書房、二〇一七年。『日韓キリスト教関係史資料　三　一九四五—二〇一〇』、富坂キリスト教センター編、新教出版社、二〇二〇年、四四七—四六〇頁など参考。

（10） 以上、池明観の生涯は、「池明観先生略年譜」（「池明観先生追悼の集い」資料、富坂キリスト教センター、二〇二二年五月一四日。：徐正敏編『TK生池明観アジアからの通信—池明観先生第一周期記念追慕文集』（韓国語）、ドンヨン、二〇二三年、二三四—二三九頁。年譜：池明観の多数の著書のプロフィールなど参照。

（11） 徐正敏「東京はアジアのパリのようであった」、『朝日新聞論座』、二〇一八年。一二月（日本語版と韓国語版）。徐正敏『日韓関係論草稿』、八七頁。徐正敏、『日本という隣人』（韓国語）、九九—一〇〇頁。

（12） 呉在植『私に花のように近付く現場』（呉在植回顧録、韓国語）、大韓基督教書会、二〇一二年、一五一—一五二頁。

(13) 同右、一七〇頁。
(14) 以上、呉在植の生涯は、前掲書の年譜を参照。
(15) 呉在植、前掲書、一六四―一六八頁のまとめ内容のうち、呉在植の上智大学表記の誤記と「国際問題研究所」という表記は「国際関係研究所」に修正した。
(16) 以上金容福の履歴は、金容福が自ら作成した「学歴と経歴」を尹晨榮がまとめた文書で葬儀礼式にも使用した年譜を主に参照した。
(17) 金容福夫人の金・メリョンとの電話インタビューによる(二〇二二年九月二八日)。
(18) 呉在植『私に花のように近付く現場』、一七〇―一七一頁。
(19) 金興洙『自由のための闘争―金観錫牧師評伝、韓国語』、大韓基督教書会、二〇一七年、一五五頁。
(20) 同右、一五五―一五六頁参照。
(21) 同右、一五八―一五九頁。
(22) 「宣言作成経緯の記録」、三三四頁。
(23) 同右。
(24) 呉在植『私に花のように近付く現場』、一七〇―一七一頁。
(25) 「宣言作成経緯の記録」、三三五―三三六頁。
(26) 同右、三三六頁。
(27) 呉在植を通じて当時池明観が受け取った一、〇〇〇ドルの性格について、筆者の経験を付け加える。筆者には一九九〇年の同志社大学留学中、やはり呉在植以後CCA-URMのスタッフを務めた蔵田雅彦の努力と当時NCCK総幹事だった権・ホキョンの推薦で、CCAの研究教育支援基金で五、〇〇〇ドルの支援を受け取った経験がある。時代的差異、物価変動などを勘案するとき、呉在植から池明観が支援を受けたCCA研究支援費一、〇〇〇ドルの性格と一致すると考えられる。
(28) 「宣言作成経緯の記録」、三三五頁。

(29) 同右、三三六―三三七頁。

(30) 同右、三三七頁。

(31) この点について筆者をはじめとするいくつかの継続的な疑問について、主導者の中の呉在植、池明観は一貫した証言をしている。特に呉在植は金容福からの独特な用語を紹介しながら彼のオリジナル性を強調した。「「メシアの国」というのは金容福博士のユニークな表現です。だからOriginal Thinkingは金博士がしたとみなければなりません」。一般的な神学的用語としては「神の国」という表現が広く使われるが、これを金容福は「メシアの国」という言葉で表現したという意味で、「東京宣言文」にも金容福の独特の用語が反映されたという意味である（「宣言作成経緯の記録」、三四九頁）。これについて池明観も同意している。

(32) 「宣言作成経緯の記録」、三三五頁参考。

(33) 同右、三三五、三三七頁参照。「東京宣言文」の発表日時である一九七三年五月二〇日にはかなり重要な意味がある。その一年前である一九七二年一〇月に朴正熙独裁政権の終身執権を画策する「維新」があった。そしてその翌年の一九七三年八月八日、東京で朴正熙の最大の政敵だった金大中を中央情報部が拉致した事件が起きた。そして同年一一月、ソウル大学生の全面的維新反対闘争をはじめ、学生、市民、大衆の反維新闘争が本格化するという意味で、「東京宣言文」の先駆的な歴史的意義を再度確認することができる。一方、金興洙の証言（二〇二三年一月一二日）によれば、当時「東京宣言文」の韓国語版の印刷の責任を担当していた金聖在（一九四八―）はソウル市乙支路の印刷所群集の街で、印刷業者カン・ウンキ（一九四二―二〇〇二、彼は当時ＮＣＣＫの大部分の秘密文書の印刷を担当）に頼んで印刷したと。

(34) 朴正熙政権の維新治下の一九七三年四月二二日のイースターに、ソウルの南山野外音楽堂で開かれたキリスト教連合礼拝で「信徒よ、復活した王、主の名で民主主義花咲く」、「民主主義は慟哭する」などのプラカードとチラシを一部帰宅するクリスチャンたちに配布した事件をいう。これを捉えた軍事政権はその年の六月からこれを「内乱陰謀罪」として捜査し、同年七月六日、朴炯圭、権・ホギョン、南・サンウ、李・ジョンランなどを拘束した。イースター礼拝後に、一部に「東京宣言文」が配布されたという証言があったが、事実として明らかになった。

(35)「宣言作成経緯の記録」、三三七―三三八、三四八頁参照。

(36)「東京宣言文」の国内配布過程に対する歴史的整理と検証が不十分であり、現時点ではほとんど埋もれたも同然である理由は、朴正熙政権当時の継続的な監視と抑圧、朴正熙政権に続く「新軍部」全斗煥政権によるさらに加重された弾圧で、関係者の身辺に様々な問題が続いたことが考えられる。そしてそれ以後、民主化が実現していった後には、記憶の消滅、資料の消失などがやはり主な理由ではないかと判断される。

(37)「宣言作成経緯の記録」、三三八―三三九頁参考。呉在植の証言では、シンガポールのCCA総会は五月というが、確認すると一九七三年六月六―一二日である。

(38)同右、三三九頁、シンガポールCCA総会にチョ・スンヒョクが隠して持ってきた「東京宣言文」は韓国内で印刷した韓国語版であるといってよい。この時期の一九七三年六月はまだChristianity and Crisisにそのダイジェストも掲載される前であるからだ。公開的ではなく、韓国語版をCCA総会のメンバーたちにどのようにして配布したかについてはより正確に確認する必要がある。ただ韓国語版の「東京宣言文」の印刷物の内容の概要を当時現場に参加した韓国の代表者、「東京宣言文」の作成者の一人である呉在植が各国代表者に英文で整理して、説明したと推定される。

(39)「宣言作成経緯の記録」、三四一頁。

(40)同右、三四五頁。

(41)一九四一年から隔週間で一九九三年まで発行されたリベラルなキリスト教界の雑誌。キリスト教倫理学者のラインホルド・ニーバー（Reinhold Niebuhr）が創刊し、やはりキリスト教倫理学者のジョン・ベネット（John Bennett）らが主導した。キリスト教の社会政治思想と社会参加問題に関する討論の場となった。一九四〇年にはラインホルド・ニーバーのクリスチャン・レアリズム（Christian Realism）が紹介され、一九五〇―六〇年代にはキリスト教社会参加に関する様々な議論、一九七〇―八〇年代には解放神学、黒人神学、女性神学など様々な進歩的「状況神学」を議論する討論の場として活用された。一九五〇年代初頭の朝鮮（韓国）戦争の頃には戦争問題を多く取り上げ、一九七三年七月九日発行第三三号に「Korean Christian Manifesto」（東京宣言文英語版要約）を掲載した。

(42)「宣言作成経緯の記録」、三四〇頁。

(43) 同右、Christianity and Crisis では、Korean Christian Manifesto という題目で一九七三年七月九日発行の第三三号一四〇頁に掲載された。ただし全文ではなく、核心的な内容の要約である。東京で金容福が作成して、彼の夫人の金・メリョンが校閲した「東京宣言文」全体の英語版のタイピングの文書は現在アメリカのエモリー大学に保管されているが、そのマニュスクリプトは韓国に入手された。
(44) 「宣言作成経緯の記録」、三四一頁。
(45) 同右、三四一―三四二頁。
(46) 一九三四年ナチズムに抵抗するドイツのプロテスタント・キリスト教の「バルメン教会会議」(Synod of Barmen) で発表された六項目の宣言である。「牧師たちの非常同盟」(Pastors' Emergency League) がその中心であった。
(47) 「宣言作成経緯の記録」、三四二―三四三頁参考。
(48) 同右、三四三頁。
(49) 金興洙の質問、「宣言作成経緯記録」、三四八頁。
(50) 同右。
(51) 「宣言作成経緯の記録」、三四七頁。
(52) 同右、三四三頁参照。
(53) 同右、三四三―三四四頁。この部分は同じ時期池明観が日本の雑誌『世界』にＴＫ生というペンネームで寄稿した「韓国からの通信」の執筆、掲載過程にみられる日本同志たちの協力と秘密保護に関わる同志的結束にも通じることであろう。
(54) 「宣言作成経緯の記録」、三四七頁参照。
(55) 徐洸善「私は一人ではありません！―呉在植先生自叙伝出版に貼り付け―」『私に花のように近付く現場』、七―八頁。
(56) 『私に花のように近付く現場』、一八三―一八六頁。
(57) 「宣言作成経緯の記録」、三五五頁。
(58) 同右、三五二頁。

（59）注7参照。

（60）二〇一五年六月二〇日、東京・明治学院大学キリスト教研究所が主催した「池明観講演会」後、懇親会席上の会話。

（61）隅谷三喜男（経済学者）、中嶋正昭（日本キリスト教協議会）、李仁夏（在日牧師）、竹中正夫（同志社大学教授）、これらは通常池明観や金容福の協力者たちとも重なる人々であろう。『私に花のように近付く現場』、二三一―二四六頁参照。

（62）「宣言作成経緯の記録」、三五一頁。ここで「エクレシア」（ecclesia）は教会、全体教会、「エクレシオラ」（ecclesiola）は小さな教会、少数の教会を意味する。

（63）「一九七三年韓国キリスト者宣言」（日本語版）:「一九七三年 韓國그리스도人 宣言」（韓国語版）。

（64）「メシア国」は一般的には「神の国」を意味する。ところが、この用語を使ったのは、「東京宣言文」作成者によると、草案者である神学者金容福が独特に使用する神学的用語で、これが「東京宣言文」を金容福が草案したことを確認する証拠だと主張する。注31参照。

（65）一八七〇年代以降、進歩的キリスト教神学で活発に議論され、産業社会の急速な発展と労働現場の問題、社会的矛盾を改革しようとする神学実践運動の展開を主に意味する。Charles M. Sheldon の In His Steps : What Would Jesus Do?（1897）、あるいは Walter Rauschenbusch の Christianity and the Social Crisis（1907）などの著書が主なベースとなった。これらの神学的基調は近現代神学史の重要な流れを形成し、いくつかの「状況神学」の基盤となり、キリスト教の政治、社会への「参加」の根拠として提示された。

（66）「一九七三年韓国キリスト者宣言」（日本語版）:「一九七三年 韓國그리스도人 宣言」（韓国語版）。

（67）同右参照。

（68）同右参照。

（69）同右参照。

（70）同右参照。

impairing the proud Korean Church history and the essence of the Christian faith and opposing the wishes of the majority of people." A statement by the Presbyterian Church in the Republic of Korea titled "6.10 'Popchilso Suhomit Hanmi FTA Pijun Chokku Kungmindaehoe' wa 'Kugukkidohoe' nun Cholhoedoeoyahanda" [The 'National Convention to Press for the Upholding of Law and Order and the Ratifi cation of the Korea-US FTA' and 'Prayer Meeting for the Nation' on June 10 Should be Canceled], June 9, 2008.

(Checked by Helen Ballhatchet.)

(34) See Lee Eun-Young, "Sinjayujuuiwa 1990 Nyondae Ihu Hanguk Taehyong Kyohoeui Pyonhwa" [Neo-Liberalism and Changes in Large Churches in Korea after the 1990s], Master's degree thesis, United Graduate School of Theology, Yonsei University (2007), 77-84.

(35) Kang Moon-Gyu, "Hanguk NCCwa Ekyumenikal Undong" [Korean NCC and the Ecumenical Movement], ed. Park Sang-Jeung, Hanguk Kyohoewa Ekyumenikal Undong [Korean Church and the Ecumenical Movement] (Seoul : The Christian Literature Society of Korea, 1992), 68-100.

(36) See Hong I-Pyo, "Ondouduui Kyohoewa Kukka Insik Yongu" [A Study on "Church and State" in the Idea of Underwood], Master's degree thesis, United Graduate School of Theology, Yonsei University (2005), 51-254.

(37) See Suh Jeong-Min, "Hanguk Kidokkyoui Hyonsange Taehan Yoksajok Komto" [A Historical Review of the Phenomena of the Korean Church], Hanguk Kidokkyowa Yoksa [Korean Church and History], vol. 31 (Sept. 2009), 263-264.

(38) The March First Movement was the nationwide independence movement that began on March 1, 1919 during the period of Japanese colonial rule.

(39) "The Korean Church is divided into the conservatives and the progressives. Although they say they both believe in the same God and the same Jesus, I feel that they are a lot diff erent in kind. In terms of numbers, the conservative camp with the large churches is superior. The conservative camp is capable of calling out tens of thousands of people when they have a gathering. But they are criticized if they use that capability for the right cause. The conservative Christians led anti-North Korean, pro-American demonstration gatherings under the Kim Dae-Jung and Roh Moo-Hyun administrations. After the Lee Myung-Bak administration was launched, they agreed with the import of [American] beef and strongly demanded that [the government] speed up the FTA negotiations [with the USA]. With the start of the Lee Myung-Bak administration, the conservative Christian forces have given the government their full support, but the progressive forces are quite critical about the Lee administration." "Kidokkyodo Imyongbak Changnoege Halmarun Hamnida" [Even Christians Speak up to Elder Lee Myung-Bak], OhMyNews, June 11, 2008.

(40) "Our Lord Jesus Christ can never be a tool for pro-Americanism or conservative ideology ; He is the Lord of everyone who takes delight in justice, peace, love, and respect for life. We sincerely ask them to refrain from acting thoughtlessly,

rum held on Aug. 21-22, 2008).

(28) See Yeon Kyu-Hong, "Chonggyo Kwollyokkwa Kyohoe Punyol" [Religious Power and Church Divisions], Theological Thought , Vol. 131 (2005), 234-255.

(29) See Yang Nak-Hong, "1959 Nyon Hanguk Changnogyoui Punyol Kwajong" [The Progress of the Division of the Korean Presbyterian Church in 1959], Korean Church and History , Vol. 23 (Sept. 2005), 125-161.

(30) See Yang Nak-Hong, "The Progress of the Re-division of the "Sungdong" and "Kosin" Factions of the Presbyterian Church in the 1960s," Korean Church and History , Vol. 27 (Sept. 2007), 139-172.

(31) See An aggression is made. The Korean Committee of the U.N., the most objective witness available, maintains, "All evidences point to a planned and organized aggression which was secretly prepared and started [by the North Korean army]." An armed aggression as a tool of the national policy is wrong. We, therefore, recommend that as a means for maintaining world order, the U.N. swiftly condemn this aggression and allow a military action supported by all member countries. At the same time, individually and through the U.N., governments should urge for the conclusion of a just settlement by way of negotiations and reconciliation." Minutes and Reports of the Third Meeting of the Central Committee of the World Council of Churches , Toronto (Canada), July 9-15, 1950, 90-92. Quoted in Kim Heung-Soo, "Hanguk Chonjaeng, WCC, Chungguk Kyohoe" [The Korean War, WCC, and the Chinese Church], Tongasia Chonggyomunhwahakhoe Cheilhoe Kukjehaksuldaehoe [1st International Conference of the East Asian Religion and Culture Association], (Aug. 2009), 330.

(32) See NCCK, Hanguk Kyohoe Ingwon Undong Samsimnyonsa [30 Year History of Human Rights Movements of the Korean Church] (Seoul : NCCK, 2005).

(33) "[The Korean Church] did not put up any opposition during the 10-year rule of the Liberal Party and so it could not participate in the historic April 19 movement. It failed to give a just rebuke at the time of the May 16 Coup. Regarding the Korea-Japan talks for the normalization of the diplomatic ties between the two countries, it strongly protested at fi rst but did not do so for long. It practically agreed with the unjustifi able Vietnam War. After all that, what would it have to say now?" Ham Seok-Heon, "Hanguk Kidokkyonun Muosul Haryonunga" [What Would the Korean Church Do?], NCCK, Hanguk Yoksasogui Kidokkyo [Christianity in Korean History] (Seoul : NCCK, 1978), 231.

(19) Ibid., 418-424.

(20) "The narrowness, selfi shness, jealousy and spiritual pride which engenders divisions, and the paralysis and waste of energy, time, and money, which result, have been, one would think, suffi ciently demonstrated both at home and on the foreign fi eld to convince most rational men that as a policy at least, sectarianism is a failure, and grateful we are to see that an increasing host of Christians, are becoming convinced of this and are acting on their convictions. The divisive, self spirit, is now a days what is termed in American slang, "a back number," quite out of date, and yet alas it still carries infl uence enough to seriously hamper Gods work on many a fi eld. Alas how can men thus foist our divisions on the young native church which neither knows nor cares anything about the reasons which caused the rise of the various denominations." L. H. Underwood, "A Prayer for Unity," The Korea Mission Field , Vol. Ⅸ , No. 1 (Jan. 1913), 23.

(21) "Constitution of the General Council of Protestant Evangelical Missions in Korea," Annual Report of the General Council of Protestant Evangelical Missions in Korea ,(Oct., 1909), 35.

(22) "It is this Assembly's resolution that, when the time comes, one Protestant church should be established in Korea. The name of the church is the "Korean Christian Church." Assembly Herald (1905), 529 : Presbyterian Council Minutes (1904), 43.

(23) See Min Kyung-Bae, Hanguk Kidokkyohoesa [A History of the Korean Church] (Seoul : Yonsei Univ. Press, 2007), 308-321.

(24) "Chyangno Konguihoe Tonggye Pogopyo" [Report of Statistics for the Presbyterian Council] (until June 3, 1974), Taehan Yesugyo Changnohoe Hoerok [Minutes of the Presbytery of the Korean Presbyterian Church] (1908), 4-6.

(25) Yesugyo Chyangnohoe Chyosyon Chonghoe Tyeilhoe Hoerok [Minutes of the First General Assembly of the Korean Presbyterian Church of Korea] (1912), 1 -6.

(26) Louis H. McCully, "History of the Progress of Union in Korea," The Korea Mission Field , Vol. ⅩⅤ . No. 11 (Nov. 1919), 227-228.

(27) See History Committee of the General Assembly of the Korean Presbyterian Church of Korea, Hanguk Changnogyohoeui Yonhapkwa Ilchirulwihan Hanguk Kyohoesa Forom Charyojip [Collection of Materials for the Korean Church History Forum for the Coalition and Unity of the Korean Presbyterian Church] (Fo-

Seong-Duk, Ondoudu Charyojip [A Collection of Materials on Underwood], vol. 1 (Seoul : Yonsei Univ. Press, 2005), 53-54.

(9) The Saemunan Church, Saemunam Kyohoe 85 Nyonsa [The 85-Year History of the Saemunan Church] (Seoul : Saemoonan Church, 1973), 43-50.

(10) H. G. Underwood, Call of Korea (New York : Fleming H. Revell Company, 1908), 136.

(11) See Korean Bible Society, Taehan Songso Konghoesa [History of the Korean Bible Society], vol.1 (Seoul : Korean Bible Society, 1993).

(12) See Suh Jeong-Min, "Hanguk Chansongga Kaegwan" [Overview of the Korean Hymnals], Hanguk Songso Chansongga 100 Nyon [100 Years of the Korean Bibles and Hymnals], ed. Han Young-Je (Seoul : Christian Literature Press, 1987), 57-97.

(13) "We are glad to hail the dawn of a new day in the history of missions when a chapter on Christian and church unity is being enacted in a very practical way, and when we can introduce to our readers and friends- Presbyterians and Methodists, North and South-the KOREA MISSION FIELD, which stands for the whole mission fi eld of Korea, Presbyterian and Methodist alike." "Current Notes," The Korea Mission Field , vol. 1, no. 1 (Nov. 1905), 11.

(14) Lee Jang-Sik, Taehan Kidokkyosohoe Paengnyonsa [The 100-Year History of The Christian Literature Society of Korea] (Seoul : The Christian Literature Society of Korea, 1984), 9-27.

(15) Suh Jeong-Min, Chejungwongwa Chogi Hanguk Kidokkyo [Chejungwon and the Early Korean Christianity] (Seoul : Yonsei Univ. Press, 2003), 130-131.

(16) "1. A common possession of small cities and their neighboring areas is not the best way of using our power. However, it is recommended that, as a general rule, both missions commonly possess an open port and a city with a population of 5,000 people or more and cities which can make a station necessary for the possession of other areas." Quoted in "1893 Agreement Between the Methodist and Protestant Churches," Lee Man-Yeol, ed., Apenjello : Hangugeon Chot Songyosa [Appenzeller : The First Missionary to Korea], 352.

(17) Annual Report of the Board of Foreign Missions of the Methodist Episcopal Church , Korea Mission, 1915, 44.

(18) See Lee Man-Yeol, Hanguk Kidokkyo Uiryosa [A History of the Korean Christian Medicine] (Seoul : Acanet, 2003), 307-372.

References

(1) "Alnyeon Pyongwon Solliban" [Draft for the Establishment of Allen Hospital], Kuhanguk Oegyo Munso [Diplomatic Records of the Late Choson Dynasty], Book 10, American Draft, vol.1 (Jan.27, 1885), 112-113.

(2) Rhee Duck-Joo, "Skranton Kajogui Songyo Hwaldong" [Missionary Work by the Scranton Family]," Narawa Kyohoerul Pitnaen Idul [Those Who Brought Glory to the Country and the Church] (Seoul : Sangdong Church, 1988), 16.

(3) Allen Diary, Oct. 11, 1885.

(4) Min Kyung-Bae, Hanguk Kidokkyohoesa [A History of the Korean Church], (Seoul : Yonsei Univ. Press, 2007), 150-170.

(5) See Suh Jeong-Min, Chejungwongwa Chogi Kidokkyo [Chejungwon and the Early Korean Christianity] (Seoul : Yonsei Univ. Press, 2003), 114-125.

(6) See Byun Chang-Wook, "Hangugesoui Songyo Kuyok Punhal Hyopchong-Miguk Pukchangnogyowa Kamnigyo Songyoburul Chungsimuro" [Agreement to Divide Missionary Areas in Korea : Focusing on the Presbyterian Church in the U.S.A. Mission and the Methodist Mission], Hanguk Kidokkyo Yoksa Yongu Sosik [Newsletter of the Institute for the Korean Church History], vol. 68, (Dec. 2004), 27-35.

(7) Suh Jeong-Min, Hanguk Kyohoeui Yoksa [A History of the Korean Church] (Seoul : Sallim, 2003), 9-12.

(8) "We are to have several baptisms on next Sunday, and the men who have applied appear to be thoroughly in earnest. They are some of the off shoots as it were from some of Ross' work in the North. He baptized a man and sent him down with some Korean and Chinese copies of the Scriptures to see what he could do with them. He has been at work with these and now says that he has some twenty or thirty that are applicants for baptism. Many of these are out in the country, but as soon as they heard that there will be an opportunity to profess Christ and to receive baptism here at the capital, they will come up. We examined three the other day and they passed a very good examination and seemed to be well aware of the fundamental and saving doctrines of Christianity. Their answers were clear quick and right to the point··· When we have such testimony as this and are asked to baptize them, we cannot say them nay." Underwood's Letters to Dr. Ellinwood," Jan. 22, 1887, trans. & ed. Lee Man-Yeol and Ok

Conclusion

Historically, Christianity has not always existed in its most ideal form and has not been able to express its essence fully. Instead, it has always been under the sway of the power of a historical "context," accepting it positively at some times and negatively at others. In this respect, the Korean Church is not an exception. It is well known that from the early stages of the mission and the first acceptance of Christianity, the Korean Church has endured an unending series of drastic changes and crises. This history has produced a church that has been more powerfully affected by "context power" than any other church in any other place or time, a church that did not begin as intended, or follow a natural, undisturbed course of development. However, at the same time, the Korean Church was also given the potential to return to its original course as a result of counteractive energy.

Together, these characteristics have led to conflicts and confrontations of incomparable severity in the Korean Church. In turn, these have been a source of polarization and schism.

History always provides a clue to the solution of the problems of the present. After all, the Korean Church can hardly address its current challenges through either the first way or the contrasting second way. Consequently, a third way that embraces both the fi rst and second ways is required. Needless to say, this third way should also be found in the lessons of history. Fortunately, Korean Church history has a rich heritage from which we can fi nd what we are looking for with a simple change in our way of thinking. Alliance rather than breakup, union rather than disintegration, and specifically, a new concept of ecumenism are what make up the third way that this history reveals to us.

a completely divided entity. It should also be recognized that "left and "right," like "front" and "rear," are not completely isolated from each other, but are part of the same line and can therefore move towards each other as well as in the opposite direction. This is the "way of dynamism," where the possibility always exists for one opposite to move towards the other.

Second, it is important to actively find the "tradition of union" which has been repeatedly at work in Korean Church history. By clearing up the misunderstanding that Korean Church history is fi lled with conflicts and divisions only, the "way of hope" will discover a history where one church and one tradition were pursued even under difficult conditions, enlisting the help of the context.

Third, the theological and missionary basis for the overcoming of this situation should be found in, for all its faults, ecumenism. In the Korean Church, ecumenism and the ecumenical movement have been regarded mostly as the exclusive property of some liberal theologians. Such views are derived mostly from a misunderstanding of history and the development of this movement, but before everything else, the concept of ecumenism needs to be redefined.

A new concept of ecumenism proposes that we lose the obsession with finding a common ground and building unity based on this and instead focus on open-minded discussions that aim to find differences between the opposing groups, respect and understand them, and advance together in areas where cooperation is possible. This is not to follow the logic of any one group, nor a fixed way of thinking from the progressive perspective. It can be the most concrete way of insuring reconciliation and cooperation. This is, in fact, a "new way of ecumenism" which is oriented toward the most practicable path. Based on the explanations above, this author proposes that these three elements, namely, "dynamism," "hope," and "new ecumenism," can come together as a "third way," which is new but not entirely so, to overcome the ills of the Korean Church.

trifugal forces, but the many dramatic turns of events in modern Korean history have frequently caused them to find expression in serious confrontations. As observed above, there has existed a strongly denominational Korean Church with a tradition of continuous cooperation and alliance in mission, the establishment of churches, and the management of organizations. More than that, in many instances, it has surpassed all internal opposition and stood side by side in helping the Korean people to cope with their sufferring during the Japanese colonial era, even leading the attempt to recover national sovereignty during the March First Movement. It has also addressed problems stemming from the nation's division, war, and political and economic ordeals. It is easy to find such examples throughout Korean Church history.

The heritage of cooperation and unity has erupted many times in the history of the Korean Church as a dynamic energy regardless of outside conditions. On the other hand, another line of tradition in Korean Church history has given witness to too many serious confrontations over ideology, regionalism, interests, hegemony and sometimes superficial theological disputes that were not based on real fundamental differences. Such confrontations have often expressed themselves in the division of churches and the polarization of theology and forms of social participation.

It is not just a minority opinion that at present Korean Christianity is going through a time when the tradition of conflict is venting itself in its most extreme form. As it is today, the Korean Church has a very unstable future. It has lost its ability to evangelize national society effectively, and has been exposed to the greatest anti-Christian atmosphere since missionaries first came to Korea.

However, the way to overcome this problem also exists within the heritage of the Korean Church as does a clue about how it should shift its understanding of the present situation. First, the internal diff erences in Korean Christianity need to be seen as diverse colors in a single spectrum, not as representing

Church, and this created, intense intra-church conflict.

The problem became even more serious after 1970, when some Korean Christians began to take a more active political stance. This led to strife, both in and outside the church, between those who were critical of the regime and those who tacitly supported it. These dividions was further aggravated by the fact that some Christian groups stood at the forefront of the democratization movement, laying the foundation for the extreme polarization of today.

Some overseas theologians and Christian leaders still ask probing questions that point to the extreme polarization of the Korean Church.(39) For instance, some have asked how one day, Christian demonstrators gathered at Seoul Plaza with "Pro-American and Anti-North Korean" placards only to be followed by another Christian demonstration gathering at the same place with "Anti-American and Pro-North Korean" placards the next day. Or they might ask about two different Christian demonstrations held on the same day, one at Seoul Plaza and the other at Seoul Station Plaza that also were in opposition to each other.(40) Such questions, which cast doubt on the idea that these opposing groups within the Korean Church actually represent the same religion, can be taken as critical or even disparaging. Yet speaking from within the Korean Church, this polarization is truly worrisome if it means that both sides are losing their identities and that people are asking how these two different Christian camps can coexist under the same name and advance side by side in Korean society.

A Third Way Based on the Context

In the context of Korean Church history, we can detect one underlying dynamic of unifying energy that has continued to work throughout. Secondly, however, there is another underlying dynamic of energy that leads to conflicts and divisions. This has also been there since the beginning. It is possible for these contrasting dynamics to interact constructively as centripetal and cen-

of the suffering and confusion of the Korean royal household and people as their country was threatened with the loss of national sovereignty in the late nineteenth century. They turned away from their previous theological positions and missionary methods, went against the guidelines of their missionary headquarters, and adopted a policy that some people considered to be a "mission of political participation." A number of Protestant and Methodist missionaries stationed in Seoul had close relationships with Emperor Kojong and Empress Myongsong on an official and unofficial basis, as well as with Korean political and social leaders.(36) Early Korean Christians showed a "nationcomes- first" attitude in their faith or, in a broader sense, experienced an "ideological acceptance of Christianity," with the primary motive of conversion being the desire to achieve "national goals."

Their understanding of Christianity therefore falls under the label of "social participatory gospel."(37)

This is indeed a concrete example that, even if the nature of "missionized Christianity" is constant, the Christianity that is accepted can take on completely different characteristics according to the relevant "contextual power."

Afterwards, the Korean Church underwent massive changes as it passed through several phases : the 1907 Great Revival, an important turning point in Korean ecclesiastical history ; the March First Movement(38) in 1919, the climax of Christian national and social participation ; and after these moments of enlightenment and social participation, the period up to the end of Japanese colonial rule, when most Koreans suffered from extreme hardship and frustration. Basically, however, the characteristics of Korean Christianity and the actions of Korean Christians were both heavily dependent on the political, social, economic, and cultural "context," a tendency that has remained strong throughout Korean Church history.

After Korea's liberation in 1945, Korean Christians took different theological stances on the political and social responsibilities placed on the Korean

progressive forces lost the politically critical and prophetic stance that they had maintained, while the conservative forces, which had previously advocated the separation of church and state, now took issue with the governments' ideological position and assumed a critical stance.

Even now, Korean theologians do not really base their position solely on either conservative or progressive theology. In theological conflicts, confrontations between the two groups still focus on political and social positions and viewpoints regarding the government's foreign policy rather than on clearly theological differences. More specifically, under the present administration, the conservative group is now pro-government, whereas the progressive group has taken a critical position. However, due to their history of participation in two former governments, the progressives have lost much of the power necessary for effective criticism.

3) Polarization of Political and Social Positions

It was been pointed out above that Korean theological communities have experienced confrontations and conflicts not simply because of differences in their theology, but because of the way in which theological disagreements have found political and social expression. As a matter of fact, this tendency is not limited to the post-1945 history of the Korean Church and its theology. During the early days of the mission and also under Japanese occupation, Korean Christians there was a close link between differing theological opinions and attitudes and different views on political and social issues, including the issue of how to deal with problems related to cooperation with the Japanese government.

The first Protestant missionaries who started the Korean mission maintained an evangelistic position and supported the principle of separation between church and state with reference to political and social issues. However, a considerable number of them were unable to remain indifferent to the "context"

the theology of culture, and feminist theology can also regarded as relatively unadulterated theological discussions.

However, it should be pointed out historically that in the progress of these debates, what triggered and intensified problems were not exactly the theological differences and ensuing confrontations themselves, but other problems that accompanied them. Almost all conflicts and divisions took place not because of differences in purely theological views but on account of disparities in political positions and views on social issues. Important factors at work included the extreme ideological confrontations in society, different positions on social problems, and collusion with, or criticism of, secular regimes.

Theological differences were often cited as a reason for the conflicts and divisions, but in fact, theology itself was not responsible in many cases ; instead, the confrontations within the Church were mostly the result of varying social and political inclinations and differences in the primary concerns of particular ecclesiastical communities.[(35)]

The ecclesiastical confrontations continued even though the positions of the participants changed according to different periods and regimes. For example, when the military regimes were in power, the so-called "progressive theology camp" stood at the forefront of the democratization movement with almost all of its theological and missionary resources devoted to political and social struggles. On the other hand, the "conservative theology camp" maintained a supportive posture toward the regimes and concentrated on the growth of individual churches, personal evangelism, and revivals. They criticized progressives who were committed to political participation through social struggles as anti-evangelicals opposed to the principle of the separation of church and state. Later, when the political environment changed and what were termed as the "Government of the People" and "Participatory Government" were in power, many leaders of progressive groups with a history of activity in the democratization movement were appointed to high positions. Subsequently, the

new vision of society and creative solutions for its realization.

2) Polarization of Conservative and Liberal Theology

Strictly speaking, the history of Korean theology is far shorter than that of the Korean Church in its entirety. In the early days of the missionized Korean Church, it was beyond its capacity even to completely accept and digest the theology of the missionaries and other imported ideas. Of course, there were differences in the mission theology of individual missionaries and missionary groups, but it still took a considerable time for the Korean Christians and church leaders to be able to distinguish them sharply and form opinions of their own.

It can be said that theological differences started to arise among Korean theologians and in the church in the 1930s, when elite Christian leaders who had studied theology abroad came back and began to work. Still, most disputes over theology started by theologians who had studied abroad largely subsided when they were admonished by ecclesiastical authorities who exercised control over these issues. It is probably after 1945, especially with the secession of the "Presbyterian Church in the Republic of Korea" from the "Presbyterian Church in Korea," that problems involving theological issues have had historically significant results.

Since then, the Korean theological community has been strictly divided into conservative and liberal groups, touching off acute theological arguments that have led to conflicts and schisms. Admittedly, clearly irreconcilable positions have appeared as a result of disparate theological views and sometimes deep and meaningful theological discussions. These include debates on the theological discourses imported from Western theological communities since the 1960 s, such as secularization theology and the theology of the laity, and disputes over indigenous theology. Minjung theology, a famous example of the latter, has been particularly controversial. Arguments over the theology of religions,

an extremely wide gap between rich and poor and irregularities and encouraged corruption through collusion between politicians and business people. At the moment they overcame absolute poverty, the majority of people had to suffer more frustration and pain from relative poverty and a sense of deprivation and alienation. It was during this period, on the heels of Korea's rapid economic development, that the Korean Church experienced dramatic growth. The Korean Church therefore had the responsibility to heal the polarized Korean society and ease the adverse effects of the country's economic development.

In reality, however, instead of making an attempt to fulfill its social responsibility by helping resolve social conflicts and extreme relative deprivation, the Korean Church jumped on the bandwagon of the drive for growth, contributing to the ill effects produced by capitalism. Because they became involved in collusion between political, business, and religious interests, many churches lost their unique prophetic role.[(33)] The Korean Church itself could not avoid the biggest problem of a society with a rapid economic growth and the proliferation of chaebol (large business conglomerates), in other words, the drastically wide gap between rich and poor and the economic distribution structure of society. Alongside the world's largest churches and extremely wealthy congregations were numerous poor churches in such dire straits that they could not even provide a minimum standard of living to their clergy. The gap between them was undergirded by a structure so fi rm as to surpass the polarization of society in general. This was the unfortunate reality of both Korean society and the Korean Church. Some people from both inside and outside the Church have taken issue with these problems, prompting many to reflect on and reconsider the situation. However, the continued existence of divisions related to issues such as growth and alienation, wealth and poverty means that the Korean Church still finds itself in a critically polarized condition.[(34)] The challenges that this current situation presents call for the Korean Church to develop a

A Diagnosis of the Polarization of the Korean Church

1) Polarization of Growth and Alienation

Though it is difficult to present exact statistics, Korea undoubtedly has both the church with the world's biggest congregation and the largest national church in terms of membership in the case of several Protestant denominations. Similarly, the number of believers and Sunday services offered, the scale of programs, the financial resources, the size of church buildings, and the living standards of clergy, are some of the highest in the world even after the first decade of the twenty-first century, a time when a decline in Protestant Christianity in Korea is attracting attention.

It is true that the rapid growth of a small number of large churches and their continued development have played a central role in driving the quantitative growth of the Korean Church and this contributed to Korean Christianity becoming one of the largest mainstream religions. This process has also expanded its social influence and made it a leader on the international religious stage. It is worthy of notice that the rapid growth of the Korean Church, and the success stories of some large churches in particular, bear a close parallel to Korea's rapid economic development. From the late 1960s through the 1970s and 1980s, Korea's economy developed spectacularly. The military regime's economic development-comes-first national strategy, which is often termed "developmental dictatorship," enabled Korea to swiftly escape from the poverty of traditional Korean society and the overall destitution the people faced after the division of the Korean peninsula and the Korean War.

This achievement fulfilled the hopes the Korean people have held throughout their history and, at the same time, is a model which numerous underdeveloped countries could follow.

However, as can often be witnessed in history, brilliant achievements always cast a long, dark shadow. Korea's spectacular economic success created

cally only remains an unrealized ideal and impractical slogan. That is why the word ecumenism needs to be understood in a different way. That is, it is necessary to alter the concept and purpose of ecumenism to mean an eff ort to identify differences and points of disagreement, mutually respect and understand them, and then use this foundation of mutual respect to pursue cooperation and solidarity wherever possible. Such a change of understanding would certainly be relevant to the Korean Church, where ecumenism has been a cause of division and conflict in contradiction of its original spirit.

At any rate, the ecumenical movement of the Korean Church after liberation from Japanese colonial rule progressed mainly within the liberal camp and put a greater emphasis on social movements than on the reconciliation and unity of the Church. Needless to say, it cannot be denied that important programs of the ecumenical movement also include the articulation of church positions on social problems and global issues, such as peace and the preservation of the order of creation, as well as cooperation among denominations and faith communities. For a certain period of time in Korea, the movement concentrated on political democratization with considerable achievements.

The active social participation by the liberals attracted great attention from churches around the world and, eventually, conservative theologians and churches began to reflect on this issue. As a result, their interest and eff orts found expression outside the WCC movement at the Chicago Conference in 1973 and, finally, at the Lausanne Covenant which was adopted at the first International Congress on World Evangelization in 1974. Leading conservative evangelists in the Korean Church actively participated in the Covenant, which led to the Seoul Declaration on the Christian Mission in 1975, an expression of interest in social responsibility by both “ecumenicists” and “evangelists.” These developments represented another “context” of the Korean Church.

had even supported North Korea's claim that it was South Korea that had started the war. Yet recent studies utilizing the WCC's own documents have found that when the Korean War broke out, the WCC adopted a statement demanding that the North Korean army pull out of South Korea and that the situation be restored to what it was before the war began. This is especially significant because it was one of the first such statements by an international organization, predating even that of the U.N.[(31)]

In this way, the modern ecumenical movement centered on the WCC haplessly ended up as a divisive force in Korea which led to the division of the church through the split of the "ecumenicists" and "evangelists" on theological and ideological lines before it could achieve any meaningful results. In other words, the WCC movement, which signified the overcoming of divisions and mutual reconciliation and cooperation, ended up creating a "context" that was in direct opposition to these goals. Unfortunately this led to ecumenism in Korea being treated as a monopoly of liberal theologians and, in extreme cases, as a source of energy for participation in social movements. The characterization was reinforced as Korean dissident political groups in agreement with the WCC line became central figures in the democratization movements of the 1970s.[(32)] To summarize, the modern ecumenical movement in Korea worked as an essential program for liberal, participatory theology rather than as energy for cooperation, the reconciliation and union of the Church, and the abolishment of inter-denominational barriers.

At this juncture, we need to take some note of the generally recognized concept of ecumenism and how it has changed. The common sense understanding of ecumenism is typically characterized by a powerful image of a church union movement which aims at finding common ground among different churches and communities and uniting theological understandings and organizations based on these commonalities. However, this is merely an idealized image of the movement. The complete union and unity it envisages typi-

was still working even at the height of schisms as a dynamic drive for union.

3）Course of the Ecumenical Movement

As is generally known, the modern ecumenical movement has its origin in the "context" of the mission field throughout the history of the modern mission. At the International Mission Council（IMC）gatherings, questions were raised both directly and indirectly about what the barriers among different denominations would continue to mean in the mission fi eld. These questions eventually led to the formation of a stream of mission theology from which arose the idea of establishing a "single mission church" or "single indigenous church." However, the movement can be said to have taken shape most earnestly after the foundation of the WCC in 1948. As a mission fi eld, Korea also played a certain role in charting the direction of the modern ecumenical movement, participating in the WCC from the very beginning as a new church in an independent country. Nobody predicted at the time that the WCC would become an Achilles' heel for the Korean Church.

On the front lines of the Cold War, Korea suffered national division in 1945 and the Korean War, a war of ideology unprecedented in its history, in 1950. As a result, Korea became a place where left and right were in constant ideological confrontation. Under these circumstances, the inclusion of churches in the Communist bloc among the members of the WCC, the pivotal force of the modern ecumenical movement, became an important issue. Some held that the presence of these churches made the WCC a pro-Communist organization. Therefore, according to their argument, if Korean churches joined the WCC, they could not escape from controversies over the ideological implications of their membership in such an organization.

The argument, however, was based largely on misunderstanding. The opponents of the WCC suspected that, due to its ideological neutrality, the organization had not sided explicitly with South Korea during the Korean War and

"real" motives.

2) Formation and Actions of the Unionists

When the Chaegon (Reconstruction) and the Pokhung (Revitalization) factions split the Methodist Church in Korea, the first schism since its establishment, many Methodist lay people, especially leaders of the women's mission and young Christians, claimed that the division could not be justified and earnestly appealed for reunification. The Methodist Church did manage to reunite, though not simply on account of these appeals. After that, repeated divisions occurred, such as that between the Hohon (Legal General Assembly) and Kaengsin (Reformed) factions. However, the many unionists worked to stop the splits. Of course, it can be said that it was primarily the different governing system (particularly the centralization of church assets) that worked as a brake against schism. This enabled the Presbyterians to avoid the level of divisions suffered by the Methodist church. However, it still cannot be denied that the context of union worked continuously in the process.

This does not mean that the context of union did not exist within the Presbyterian Church as well. In fact, whenever a division took place, eff orts were made and opinions were expressed in attempts to bring the separated groups together and these sometimes ended in partial success. For example, after the separation of the Tonghap faction from the Haptong, the existing Kosin and Haptong factions, which shared considerable similarities in theology, were dramatically united. It is true that both factions had members who were opposed to the reunion. As things turned out, they themselves broke away.[30] However, the strength of the unifying energy which was ceaselessly at work in these proceedings clearly possesses significant historical meaning. Therefore, defining the history of the Korean Church after the 1945 liberation of Korea simply as a history of divisions and conflicts would not be accurate. It should be recognized that the "contextual power" which suffuses Korean Church history

odist Church were truly caused by the issue of "piety." In fact, a great deal of evidence can be found that the divisions did not necessarily focus on whether or not Christian leaders had offered obeisance at Japanese Shinto shrines or maintained a pro-Japanese stance toward the end of the Japanese colonial period. Rather, other issues were more strongly at work, such as the regional background of the people involved, personal connections in supporting or opposing particular fi gures, personal or communal financial interest, and the political leadership or hegemony in and outside a church. After all, what was claimed as the reason for a division was often lost in the process of the division itself, which frequently became a struggle for power according to self-interest and favoritism.

Take, for example, the secession of the "Presbyterian Church in the Republic of Korea" from the "Presbyterian Church in Korea" which was allegedly caused by different theological positions-probably the most justifiable cause of a division of a religious group. Even in this case, it is questionable how important this ostensible cause was to the division.[28] The vast chasm between the superficial cause, which in this case would follow under the category of "ideological division," and the actual cause can be seen in the division between the Tonghap and Haptong factions of the Presbyterian Church and the controversies over allegations of pro-Communism. The assertion that the division was the result of the ecumenical movement being pro-Communist does not hold water. Moreover, other reasons which were also cited as a cause of the division (for example, the personal problems of President Park Hyung-Ryong of the General Assembly Theological Seminary and the appointment of commissioners to the Kyonggi Presbytery) were more direct causes of the conflicts. Indeed, the real reasons were far from the cited reason that the ecumenical movement was pro-Communism.[29] In the history of the division of the Korean Church, it is often the case that the "context" of conflicts exercised a significant influence in determining what were the "superficial" and what were the

gaged. This issue was the cause of the split of "Kosin" (or Koryo Theological Seminary) faction from the Presbyterian Church, and the breakup of the Methodist Church into the "Chaegon" (Reconstruction) and "Pokhung" (Revitalization) factions.

The second major cause was the conflict between conservative and liberal theology. Disputes over theology, especially conservative criticism of liberal theologians, were one of the most common causes of church division. A famous example is the dispute at the Chosen Theological Seminary (currently Hanshin University) over Kim Jae-Joon's ideas
The third cause relates to ideology. This issue was an important factor in the great schism of the Presbyterian Church into the Tonghap (Unity) and Haptong (Union) factions. At issue was the ecumenical camp's alleged pro-Communist posture. This will be discussed in more detail later, but for now all that needs to be noted is that it was clearly an example of the "ideological division" over whether to agree, or disagree, with the World Council of Churches (WCC) movement in the "context" of the ideologies of left and right. This factor, of course, also played a role in the divisions that took place among other denominations.[27]

The fourth cause of the division was the involvement and intervention of conservative international Christian organizations, particularly the International Council of Christian Churches (ICCC).

This cause could also be classified as a theological or ideological factor, but still can be categorized separately because a number of divisions took place due to the involvement of the ICCC.

However, a closer examination of the history of the division of the Korean Church after Korea's liberation from Japanese imperialism and the Korean War reveals that the "context of divisions" was caused by factors far different from the ostensible reasons given for schism. More specifi cally, it is doubtful whether the secession of the Kosin faction and the early breakup of the Meth-

The Context of the Schisms in the Korean Church after Korea's Liberation from Japanese Colonial Rule and the Reactions

1) Ostensible and Real Reasons of the Schisms

Korea's liberation from Japanese colonial rule in 1945 can be described as an "exodus" in the history of the Korean people, as it led to freedom of faith for the Korean Church. However, major historical events often have both bright and dark sides, and the arrival of freedom led to another major ordeal in Korean historythe division of the land and the disunion of its people. First of all, the division of the Korean peninsula was obviously the most important factor in determining the physical disunion of the Korean Church itself. Moreover, the congregation and resources of the Korean Church at the time were heavily concentrated 7 : 3 in the North. With the division of Korea, the northern part was occupied by Communists, who were anti-Christian.

Subsequently, numerous Christians in North Korea suffered a great deal and many of them took refuge in the South. The northern and southern churches were severed. On the one hand, the Christians from North Korea and their leaders played a positive role in the revival of Christianity and a medium for union with the Christians in the south. On the other hand, they also became a cause of conflicts and breakups within the South Korean Church.

A discussion on the start of (South) Korean Church history after Korea's liberation from Japanese colonial rule is not possible without the theme of "division." When a religious denomination divides, there must be some justifiable reasons. Several causes are often cited for the division of the Korean Church, the first being the relative level of personal piety of church leaders. More specifically speaking, there were the questions of whether they had participated in rituals at Japanese Shinto shrines and whether or not they were engaged in pro-Japanese collaboration and if so, to what degree they were en-

from 1903 to 1910 had a vitalizing effect that also worked as a driving force behind the alliance. The revival was ignited at a Bible Training Class for missionaries in Wonsan in 1903, reached a climax with the Pyongyang Great Revival Movement in 1907, and led to the Save One Million Souls Movement in 1910. It functioned as a large-scale movement for union because it encompassed all the missionaries and believers of every missionary denomination across the nation.[(26)]

By contrast, the Northern and Southern branches of the American Methodist Church carried out missionary work separately, and there was therefore a strong inherent possibility that their separate identities would be maintained. It is true that, from the beginning, allied activities were carried out in many forms by the Presbyterian and Methodist Churches together or within the Methodist Church. However, in the case of the Methodist Church, the Korea Mission Conference of the Methodist Episcopal Church was launched on June 21, 1905, and the Korea Mission Conference of the Southern Methodist Church began in 1914. They subsequently developed separate Korea Mission Annual Conferences, to which individual local churches were assigned.

These Mission Annual Conferences seemed destined to continue as separate denominations. However, the "context" of the Korean mission field did not allow these divisions to continue. Eventually, the two Methodist organizations actively merged into a single body, the Korean Methodist Church, in 1930. Since this took place at a time when the Methodist Episcopal Church and Southern Methodist Church in the United States of America had not been able to achieve union, it provided a strong impulse for Methodist Churches in the world to pay a stronger attention toward the concept of "one church." The union of the Korean Methodist Churches can also be evaluated as "contextual power" as the tradition of the Korean Church exercised a strong unifying influence.

Although there might have been some friendly competition among the different Presbyterian denominations, a relatively stable cooperative atmosphere prevailed, leading to the movement to establish a single unifi ed church. This narrower unity was achieved even though the ideal for a wider unified church that would encompass both Presbyterian and Methodist Churches, failed.[23] The different Presbyterian missionary denominations started to elect Korean elders at major individual churches and implement theological education in alliance with each other quite early. The Korean elders and missionaries from many Presbyterian orders joined hands and organized the first Korean Presbyterian Council in September 1901, this was the first step in the formation of the One Presbytery in 1907, when the first graduates were produced from the Pyongyang Union Theological Seminary and ordained as ministers in the name of the single Korean Presbyterian Church. At this time, there were as many as 47 Korean elders and 160 helpers.[24] They then organized regional representative agencies which were turned into seven presbyteries in 1912. This was at the time of the fi rst General Assembly of the single Presbyterian Church in Korea, which was organized through a meeting held at the auditorium of the Pyongyang Seminary from September 1 to 4, 1912 96 ministers, including missionaries as well as 125 elders, became the first commissioners to the unified General Assembly.

Underwood was nominated to become the first President of the General Assembly and Rev. Kil Sun-Joo was appointed as Vice President.[25]

This achievement of becoming a representative organization occurred almost 30 years after the beginning of the Korean Presbyterian missiona truly significant development for the Korean Church by any measure. The numerous circumstantial elements which contributed to the process of establishing this one Presbyterian Church can also be seen as examples of "contextual power." While the direct impetus for the establishment of a unifi ed Presbyterian was "mission ecumenism," the energy generated by the Great Revival Movement

sionary headquarters. The most decisive factor must have been the opposition of the denominationally organized missionary headquarters, as they provided funds that were still vital to the survival of the indigenous churches. Nonetheless, despite the fact that a single united Protestant church was not established in Korea, the movement had some results. First of all, as was mentioned above, in many areas including education, medical services, and literary works, different denominations and missionary organizations were able to unite to achieve their shared aims ; this ended segregation and resolved conflicts among them. Their eff orts achieved a partial success when both the Methodists and the Presbyterians were able to form separate united churches based on different missionary organizations, and these churches were able to exist even though the missionary organizations at home were operating independently of each other. In this respect, the unity was the result of the "context power" of the Korean mission fi eld, strengthened by the willingness of many missionaries to be sensitive to the needs of the new context.

6) Realization of a Single Korean Church Separately by the Presbyterian and Methodist Churches

In the case of the Presbyterian Church, as was described above, the mission work of Korean evangelists themselves, supported by the Scottish Presbyterian Church of the NMR, resulted in the establishment of an indigenous church. It is true that the first organized church, the Saemoonan Church, was established by Underwood from the Presbyterian Church in the U.S.A., but this was only possible because of the combined work of the NMR and the SMR, the translation and distribution of the Bible, and evangelistic eff orts of both the missionaries and local evangelists under their influence.

After Underwood, the Presbyterian Church in the U.S., Australia, and Canada launched missions in Korea, which led to overlapping Presbyterian missions.

nominational churches and that the early missionaries had relatively strong denominational identities. However, as is often the case, from the point of view of the "indigenous churches" themselves, it was not always easy to clearly distinguish the differences in faith and theology among the different denominations. This has, in fact, been the common "contextual" experience of missionaries in different areas since early period of the modern mission era. This experience was shared and discussed at missionary meetings, which, as is widely known, pioneered the modern ecumenical movement. Korea, as a place of missions, was no exception. With mission belonging to a variety of denominational churches all at work in narrow missional areas, it was not surprising that this provided a "context" for missionaries to raise the fundamental question of the "transplantation of a denomination."(20) Subsequently, there developed a movement among the early missionaries to establish a non-denominational, "unified church" in Korea.

Even before that time, missionaries in Korea had been increasing the degree of mutual cooperation, primarily through the Union Council of Missions. Finally, on September 11, 1905, all missionaries from the four Presbyterian and two Methodist denominations organized the General Council of Protestant Evangelical Missions in Korea. Article 2 of the regulations of the organization states : "The aim of this Council shall be cooperation in mission eff orts, and eventually the organization in Korea of but one native evangelical Church."(21)

The future unified church was even given a name, "the Korean Christian Church."(22) An executive committee meeting of January 1906 took note of steps being taken at this time in North America to form what became began the United Church in Canada, and began to review the doctrines which the unified church would adopt. Missionaries in Korea were confi dent that there would not be any problems in establishing one united church, once the important issue of doctrine had been settled.

But in contrast to their unanimous support, disagreement arose from mis-

holds, sometimes causing an overlap in mission investments.[16]

In addition to this, it was vitally important for the different missions to join hands and cooperate in large programs, such as the establishment of a college and the management of a general hospital. The need for cooperation was felt strongly in other programs as well, including the theological education for ministers, although the two denominations did not want to lose their own theological identity completely. The moves to meet these needs were eventually implemented when "mission ecumenism" reached a peak in Korea, and this led to the joint operation of schools and hospitals. The most salient examples include the organization of the united Christian foundation for the Chosun Christian College (Yonhi College)[17], the joint operation of the Severance Union Medical College and Hospital[18], and the Pyongyang Union Christian Hospital, a union of the Jejung Hospital of the Presbyterian Church and the Hall Memorial Hospital of the Methodist Church in Pyongyang.[19] The work of the Presbyterian and Methodist Churches was divided between four Presbyterian and two Methodist denominations. For the theological education of future ministers, however, the Methodist Church established the Union Bible Institute in Seoul, which was run jointly by the Methodist Episcopal Church and Southern Methodist Church of the United States of America, while the Presbyterian Church instituted the Pyongyang Presbyterian Theological Seminary in Pyongyang, which was operated jointly by the Presbyterian Church in the U.S.A., the Presbyterian Church in the U.S., and the Presbyterian Churches in Canada and Australia in union. There existed clear theological differences among the denominations, but the common operation of the sensitive theological education programs is truly an outstanding example of emphasizing "context" in the field of the mission in Korea.

5) Plan for the Establishment of a Single Korean Protestant Church

It is clear that the Protestant mission in Korea developed on the basis of de-

Literary works played a critically important role in the early mission of the Korean Church because of the adoption of Hangul, the Korean alphabet used chiefly by the common people of the time. As a matter of course, the missions of the Presbyterian and Methodist Churches in Korea devoted a great deal of energy to the publication of doctrinal works and periodicals, such as newspapers and magazines.

The first Christian newspaper was the Choson Krisdoin Hoebo, which was published under the English title Korean Christian Advocate by the Methodist Church beginning in 1897. It was followed by Krisdo Sinmun［The Christian News］, which was launched by Underwood of the Presbyterian Church, in the same year. Eventually the two newspapers were integrated into Krisdo Sinmun［The Christian News］by the Presbyterian and Methodist Churches in 1905 at the height of mission ecumenism in the Korean Church. English missionary magazines were published separately by diff erent denominations at first until they were unified into The Korea Mission Field（1905-1941）, the representative missionary magazine of the denominational alliance.(13) However, what established the tradition of the "team spirit" of different denominations most firmly in the literary mission was the combined foundation of the Korean Religious Tract Society, known today as the Christian Literature Society of Korea. It is evidence of the strength of the tradition of union in the early Korean Church.(14)

4）Combination of Education and Medical Programs

In Korea, the Protestant mission utilized what this author has termed the "triangle method," which called for the establishment of three institutions-a school, a hospital, and a church-once a mission station was secured.(15) Although most areas in Korea were separately allocated to either the Presbyterian or Methodist Churches according to the Comity Arrangement, large areas such as Seoul and Pyongyang were used by both denominations as missional strong-

3) Union of the Bible, Hymnals, and Literary Missions

As was stated above, the NMR mission with the translation of the Bible into Korean. The publication of the "Ross Version" and the use of colporteurs for its distribution were all made possible through assistance from the British and Foreign Bible Society and the National Bible Society of Scotland. The SMR began preparing in Japan for its mission to Korea. Of particular importance was the publication of both the Gospel of Mark in Korean and the "Hyonto Bible," a Chinese character Bible with Korean morphological affixes, by Lee Soo-Jung and Henry Loomis, general director of the American Bible Society.

Of course, the work of the Bible societies increased as Protestant missionaries arrived in Korea and began to produce and distribute translations of the Bible with the official authorization of their missionary headquarters. Unfortunately, because of contemporary circumstances, the different bible societies at times proceeded with independent or even conflicting programs. Although some process was needed, however, the tradition was established in Korea where different Bible programs were integrated into a unified "Korean Bible Society" which bible societies from other countries supported.[(11)]

Meanwhile, Korean hymnals started to be published, starting with the Chanmiga edited by George H. Jones of the Methodist Church in 1892, and the Chanyangga edited by Underwood the following year. Immediately after the publication of these early hymnals on denominational lines, however, there were discussions which developed into a movement for the common use of a unified hymnal. Eventually, Chansyongga was published in 1908 by the Presbyterian and Methodist Church as the fi rst common hymnal for different denominations in Korea. Since then, denominations have both published separate hymnals and cooperated in producing unified versions, depending on the influence of conservative or liberal theology. However, overall, there has been a strong tradition in the Korean Church for a unified hymnal.[(12)]

ple" of the SMR. In other words, the NMR missionaries concentrated on evangelizing Koreans who could proselytize their compatriots, while the SMR missionaries came to Korea themselves in order to establish a church through their own eff orts.[7] Many types of conflict could have arisen between these two mission routes. The NMR missionaries came from the United Kingdom and Scotland and their mission strategy emphasized an "indigenous church" with relatively little weight being given to denominational considerations. On the other hand, the SMR missionaries, who came from the United States of America, were guided by the concept of the "missional church," a therefore followed a mission strategy of transplantation and fi rm denominationalism. Taken in abstract, at a "text" level, the different backgrounds and expectations seemed bound to lead to disputes and divisions.

However, in the "context" of the actual mission fi eld, the two routes harmonized and integrated. For example, when people who had been converted through the work of the NMR visited H. G. Underwood in Seoul and asked him to baptize them, this did not cause any problems.[8] In fact, when Underwood established the first organized Presbyterian Church in Korea with fourteen baptized members at his home on September 27, 1887, two years after his visit to Korea, thirteen of them were believers who had entered the faith through the work of the NMR.[9] This church eventually developed into today's Saemoonan Church, whose origin therefore lies in a community of faith established by the two early Korean mission routes working in union.

Underwood, laying bare his heart, regretted somewhat that Christian believers existed in Korea even before his arrival, in spite of the fact that he had the honor of being the first Protestant missionary to Korea. However, he was able to welcome and praise this occurrence with a generous spirit. "While this was a period of wide seed-sowing, at the same time we were permitted to gather in our fi rst-fruits,"[10] said he, revealing both his ambivalence and broadmindedness.

ued to manifest a "team spirit" . H. G. Underwood, the first Presbyterian evangelistic missionary to Korea, actively supported the commencement of Korean missions by the Presbyterian Church in Australia and the Presbyterian Church in the United States. In addition, he directly helped many independent missionaries, including individual missionaries from Canada, providing support until they had firmly established their own missions in Korea. Moreover, the organization of the Council of Missions in Korea and the "Comity Arrangement" that divided Korea into separate areas for different missionary organizations, are also the result of the positive energy that unity gave to the eff orts of missionaries representing different denominational traditions in the Korean mission fi eld.(6)

2) The Union of Different Mission Routes into Korea

The early mission routes in Korea can be divided into the "Northern Mission Route (NMR)" and the "Southern Mission Route (SMR)." The NMR refers to the mission led by Scottish Presbyterian missionaries John Ross and John MacIntyre, whose work spread from Manchuria into Korea. They made the fi rst translation of the Korean Bible into Korean, sent Korean colporteurs into Korea from the north, and saw the establishment of Sorae Church by Korean converts themselves as the fi rst Protestant church in their native land. The leading colporteur Suh Sang-Ryun went all the way to Seoul and opened a Bible distribution agency which led to many conversions.

The SMR refers to the route taken by Presbyterian and Methodist missionaries from the United States of America who volunteered for the Korean mission and traveled to Korea via Japan. Although they received help from missionaries working in Japan and the early Korean evangelist Lee Soo-Jung and his work on the translation of the Bible, they established their own missions after they came to Korea. The two routes can be characterized by their different principles : the "personal principle" of the NMR and the "territorial princi-

ace N. Allen, a medical missionary appointed to Korea by the Presbyterian Church in the United States of America. He arrived in 1884 and was able to save the life of Min Young-Ik, a high-ranking official who had been seriously injured in the violence of the Coup d'Etat of 1884. In recognition of this medical service, the Korean state supported the establishment of the Chejung-won ("House of Universal Helpfulness"), which was both the first modern hospital and the first missionary agency in Korea.(1)

As the first Protestant missionary institution in Korea, Chejungwon naturally became an important center for the missionaries who came to Korea after Allen. Although》 it was formally affiliated to the Presbyterian Church in the U.S.A., Chejungwon help to prepare missionaries from various denominations for the Korean mission fi eld, including Henry G. Appenzeller and William B. Scranton of the Methodist Church, as well as Horace G. Underwood and John W. Heron, who belonged to the same mission board as Allen.(2) They formed a community in Seoul, attending religious services together(3) and holding discussions on how to conduct their evangelizing tasks.

The Korean Protestant mission can, of course, be defi ned as a mission of denominational churches. This has been a distinctive characteristic throughout Protestant mission history. No one can deny that the sending of missionaries, the establishment of mission stations, the provision of mission expenses and the mission boards that coordinated overseas activities all resulted from initiatives taken by individual denominational churches.(4) However, mutual interdependence led to supra-denominational solidarity among missionaries belonging to different denominations and this is clearly illustrated by the Chejungwon, the first Protestant missionary agency in Korea.(5) This can be interpreted as the effect of the "context" of the fi eld on the "text," that is, on the universal modes of missionary activity, including different denominational positions and missionary organizations.

Even after this tradition of the Chejungwon, missionaries in Korea contin-

第15章 The Dynamics of Union and Schism in Korean Church History

Introduction

From a theological point of view, all history can be said to be contextual in the sense that it can only be understood according to specific geographical and chronological boundaries. Context is relative, but the text itself is universal. In the "context" of the history of Christian missions, the "text" comprises the broad principles of mission work, the message to be spread and the methods for doing so. The historical and geographical "situation," the "power of the fi eld," or any other elements that qualify the text and cause it to evolve into completely new, forms may be referred to as the "context."

The power of the context in this sense is evident throughout Korean church history. The premise of this paper is that identifying and analyzing this power may therefore be an effective tool in uncovering the fundamental dynamics in the history of the Korean mission and the church that developed out of it. The discovery of these dynamics may also aid in the search for solutions to the many problems that the Korean Church faces today.

The "Context" and the "Mission Ecumenism" of Early Protestant Korean Christianity

1) The Tradition of Chejungwon, the First Modern Hospital in Korea

As is well known, the first Protestant missionary to remain in Korea for an extended period of time and explore ways to evangelize the country was Hor-

初出一覧

第一章
明治学院大学教養教育センター紀要『カルチュール』二〇一六年三月、掲載。
『韓国キリスト教と歴史』韓国キリスト教歴史研究所、第四三号、二〇一五年九月、韓国語掲載。

第二章
『近代東亜国際視國下的基督教教育与文化認同』（中国語）、復旦大学出版社、上海、二〇一九年四月、中国語掲載；復旦大学国際シンポジウム、二〇一六年九月一六日中国上海、復旦大学、発表。

第三章
明治学院大学キリスト教研究所『紀要』第四五号、二〇一二年一二月、掲載。
『韓国キリスト教と歴史』韓国キリスト教歴史研究所、第三四号、二〇一一年三月、韓国語掲載。

第四章
明治学院大学教養教育センター紀要『カルチュール』第七巻、二〇一三年三月、掲載。
「韓国キリスト教歴史学会」・「韓国教会史学会」合同学術大会、二〇一〇年一二月四日、韓国ソウル、漢城大学、発表。

第五章
上海大学国際学術会議、二〇一九年一一月二日、中国上海、上海大学、発表。

第六章
明治学院大学教養教育センター紀要『カルチュール』、第一一巻、二〇一七年三月、掲載。
キリスト教史学会第六六回大会」、東京女子大学、二〇一五年九月一八―一九日、発表。

第七章
明治学院大学キリスト教研究所『紀要』、第四八号、二〇一六年二月、掲載。
『神学と教会』第三号、恵岩神学研究所、二〇一五年六月、韓国語掲載。

第八章
『キリスト教文化』第一〇号、かんよう出版、二〇一七年一月、掲載。

第九章
明治学院大学教養教育センター紀要『カルチュール』第一三巻、二〇一八年三月、掲載。
『韓国神学論叢』Korea Journal of Theology, Vol.16. 韓国神学教育研究院・全国神学大学協議会、二〇一七年一二月、韓国語掲載。

第一〇章
韓国中央大学・外国語大学共同国際カンファレンス、二〇一八年一一月九日、韓国ソウル、中央大学、発表。

第一一章
『福音と世界』第七二号、新教出版社、二〇一七年三月、掲載。

第一二章
『日本の神学』、基督教学会、第五五号、二〇一六年、掲載。基督教学会大会シンポジウム「キリスト教と戦後七〇年」、二〇一六年九月、東京、桜美林大学、発題。

第一三章
明治学院大学キリスト教研究所『紀要』第五〇号、二〇一八年一月、掲載。
『濟南大学学報』(濟南大学)、第二八号、二〇一八年五月、中国語掲載。明治学院大学キリスト教研究所アジア神学セミナー開講記念国際シンポジウム、東京、明治学院大学、基調発表。

第一四章

明治学院大学キリスト教研究所『紀要』第五六号、二〇二四年二月、縮約掲載。

第一五章

PRIME vol.40, 2017. 3 International Peace Research Institute Meijigakuin University 英文掲載。キリスト教史学会第六三回大会、福岡女学院大学、二〇一二年九月一四―一五日、発表。

ま行

や行

ら行

わ行

た行

な行

は行

か行

さ行

人名索引

あ行

徐正敏（ソ・ジョンミン）

韓国生まれ。延世大学と大学院修了、同志社大学大学院より博士学位取得。延世大学と大学院教授及び神科大学副学長歴任。現在明治学院大学教授。明治学院大学キリスト教研究所長歴任。主要著書（日本語文）に『日韓キリスト教関係史研究』（日本キリスト教団出版局、2009年）、『韓国キリスト教史概論』（かんよう出版、2012年）、『日韓キリスト教関係史論選』（同、2013年）、『韓国カトリック史概論』（同、2015年）、『日韓関係論草稿』（朝日新聞出版、2020年）、『東京からの通信』（かんよう出版、2021年）など。

日韓関係論とキリスト教史

2024年12月25日　初版第1刷発行

著　者……徐正敏

発行者……松山献
発行所……合同会社かんよう出版
〒 530-0012 大阪市北区芝田2-8-11 共栄ビル3階
電話　06-6567-9539 Fax 06-7632-3039

装　幀……堀木一男
印刷・製本……亜細亜印刷株式会社

ISBN 978-4-910004-63-1　C0016　Printed in Japan

徐正敏著

韓国キリスト教史概論―その出会いと葛藤―
（アジアキリスト教史叢書1）
四六判並製　一一〇頁　定価一、六五〇円

韓国カトリック史概論―その対立と克服―
（アジアキリスト教史叢書2）
四六判並製　一三二頁　定価一、六五〇円

日韓キリスト教関係史論選
四六判並製　二九八頁　定価二、六四〇円

東京からの通信
四六判並製　三五二頁　定価二、六四〇円

かんよう出版